NZZ **Libro**

Thomas Zaugg

BLOCHERS SCHWEIZ

GESINNUNGEN, IDEEN, MYTHEN

Verlag Neue Zürcher Zeitung

Bibliografische Information der Deutschen Nationalbibliothek

Die Deutsche Nationalbibliothek verzeichnet diese Publikation in der Deutschen Nationalbibliografie; detaillierte bibliografische Daten sind im Internet über http://dnb.d-nb.de abrufbar.

© 2014 Verlag Neue Zürcher Zeitung, Zürich

Umschlag: TGG Hafen Senn Stieger, St. Gallen
Gestaltung, Satz: Claudia Wild, Konstanz
Druck, Einband: CPI – Ebner & Spiegel, Ulm

Dieses Werk ist urheberrechtlich geschützt. Die dadurch begründeten Rechte, insbesondere die der Übersetzung, des Nachdrucks, des Vortrags, der Entnahme von Abbildungen und Tabellen, der Funksendung, der Mikroverfilmung oder der Vervielfältigung auf anderen Wegen und der Speicherung in Datenverarbeitungsanlagen, bleiben, auch bei nur auszugsweiser Verwertung, vorbehalten. Eine Vervielfältigung dieses Werks oder von Teilen dieses Werks ist auch im Einzelfall nur in den Grenzen der gesetzlichen Bestimmungen des Urheberrechtsgesetzes in der jeweils geltenden Fassung zulässig. Sie ist grundsätzlich vergütungspflichtig. Zuwiderhandlungen unterliegen den Strafbestimmungen des Urheberrechts.

ISBN 978-3-03823-885-0

www.nzz-libro.ch
NZZ Libro ist ein Imprint der Neuen Zürcher Zeitung

Meinen Eltern Sylvia und Dieter Zaugg-Zambelli

INHALTSVERZEICHNIS

Ein konservativer Provokateur in seiner Epoche –
   Einleitung **9**

1. Geistige Landesverteidigung in den 1930er-Jahren –
   auf der Suche nach einer Mitte **13**
2. Geistige Landesverteidigung im Kalten Krieg –
   in einer Zukunft der Vergangenheit **41**
3. In Thürers Turm **59**
4. Der SVP-Intellektuelle **83**
   4.1 Der gesunde Volksgeist **86**
   4.2 «Kirche» und Auftrag **101**
   4.3 Sonderfall und Alleingang **117**
5. Im Sonnenschein und im Schatten
   einer kargen Bergwelt **131**
6. Blochers «Wirklichkeit» **147**
7. Am Ende der Geschichte – Schlusswort **167**

Anmerkungen **171**

Abkürzungsverzeichnis **205**

Bibliografie **207**

Bildnachweis **225**

Namenverzeichnis **227**

EIN KONSERVATIVER PROVOKATEUR
IN SEINER EPOCHE – EINLEITUNG

1
Ich gehe nicht von einer These,
sondern von einer Geschichte aus.

2
Geht man von einer Geschichte aus,
muss sie zu Ende gedacht werden.

Friedrich Dürrenmatt,
21 Punkte zu den «Physikern»[1]

Das vorliegende Buch ist weder eine Biografie noch soll es als politische Streitschrift gelesen werden. Es erzählt die Geschichte einer alten konservativen Mitte der Schweiz. Von ihr zehrt Blochers Schweiz noch heute. Es gibt – davon handeln die ersten drei Kapitel – mentalitätsgeschichtliche Voraussetzungen für den Aufstieg der Nationalkonservativen in den 1990er-Jahren: eine Gesinnungslage, die über die Krise der 1930er-Jahre und den Zweiten Weltkrieg hinaus bis in die 1960er-Jahre dominierte. Zu den entfernten geistigen Inspiratoren des 1940 geborenen Christoph Blocher gehören Persönlichkeiten, deren Namen und Werke kaum mehr bekannt sind: politische Poeten der Aktivdienstgeneration wie Emil Egli, Peter Dürrenmatt, Georg Thürer oder Karl Schmid. Sie prägten das Bild des Landes, ein Kleinod im Zeitalter der Extreme. Es ist kaum übertrieben, nach dem 1. August 1891 von einer zweiten Erfindung der Schweiz zu reden: Schriftsteller, Historiker, Journalisten, Politiker und Militärs brachten in der «geistigen Landesverteidigung» die alten Geschichten von Tell, dem Rütli und den alteidgenössischen Schlachten zu neuer Blüte. Bereits im 19. Jahrhundert zur Einheitsstiftung benutzt, dienten diese Erzählungen im Zweiten Weltkrieg wieder als gesellschaftliches Band.

Selbst der mythenkritische junge Germanist Karl Schmid begann auf einmal vom Tell zu schwärmen, der den zahm gewordenen Liberalismus wie eine gewaltige Lawine von den totalitären Feinden befreien würde. Georg Thürer, ein Historiker und Lehrer in St. Gallen, verglich die Schweiz mit einem Igel, den niemand schlucken wolle. Disziplin und Dichtung, Geist und Vaterlandsliebe schossen zusammen. In Graubünden kam ein gewisser Werner Oswald auf die Idee, für die Treibstoffunabhängigkeit des Landes aus den umliegenden Wäldern Benzin zu gewinnen. Auch Wirtschaft und Landschaft standen nun in patriotischen Diensten.

Ein oftmals einsilbig vaterländisches Reden, wie es auch im Kalten Krieg Hochkonjunktur haben würde, verband diese Männer. Deren lautstarkes Echo ist Christoph Blochers Stimme. Bei Professor Schmid besucht der Student Blocher in den 1960er-Jahren Vorlesungen, mit Thürer verbindet ihn 1965 die Herausgabe eines Prachtbandes zum Gedenken an die Schlacht bei Marignano. Nach dem Tod Oswalds, zu dem er bereits während des Studiums beinah eine Vater-Sohn-Beziehung pflegt, führt Blocher die Emser Werke weiter. Dass ihn mit der alten Schweiz einiges verbindet, weiss man spätestens seit der Nazigold-Affäre 1997. Damals beharrte Blocher nicht ganz zu Unrecht auf Bundesrat Delamuraz' Äusserung, Auschwitz habe nicht in der Schweiz gelegen.

Das EWR-Nein, die Bewahrung kleinstaatlicher Freiheit und Eigenart, Überfremdungsängste, die Asyldebatte, das Bankgeheimnis sind weitere Rezepte der Vergangenheit, welche die Blocher-Bewegung in die Zukunft retten will. Diese Themen galten in den 1990er-Jahren als unschweizerisch, und Blocher sah sich mit europäischen Rechtspopulisten wie Berlusconi, Haider oder Le Pen gleichgesetzt. Gerade dieser Umgang vielleicht zeigt, wie sehr das Land damals die Auseinandersetzung mit der eigenen Vergangenheit scheute: Aus Selbstüberdruss sah in Blocher niemand die Übersteigerung der eigenen neutralen Kleinstaaterei. Niemand wollte im «Volkstribun» das Naheliegende sehen: die alte Schweiz zwischen Kleinmut, Hybris und herbem Realitätssinn, wie sie dem kulturellen Bruch von 1968 widerstanden hatte.

Es wäre allerdings ein vermessener geisteswissenschaftlicher Sprung, Blocher nur als letzten geistigen Landesverteidiger zu porträtieren.

Indem er gegen das Korsett der Konsensdemokratie die Auseinandersetzung sucht, darf sich Christoph Blocher durchaus einen 68er «von der anderen Seite» nennen. Als einer der Ersten erschloss er zudem mit der Ems-Chemie die Märkte in China, verband Jodeln mit Hightech. Zusammen mit dem Bankier Martin Ebner schrieb er ein Kapitel Schweizer Finanzgeschichte, das noch auf seine Aufarbeitung wartet und hier nicht besprochen wird.

Doch ist die moderne Verbindung von Heimattum und Kapitalismus, von Stall und Stahl nicht der innere Kern der konservativen Weltanschauung Blochers. Aus den historischen Quellen spricht ein überraschend bibelfester Jungpolitiker, der den Theologen Karl Barth zu zitieren pflegt und im liberalen Zürich der 1970er- und 1980er-Jahre ein Aussenseiter ist. Gegen «Gleichberechtigung» und für «Selbstverleugnung» war Blocher damals, gegen Friedensmärsche, gegen das neue Eherecht, für Führung und Disziplin. Als konservativer Provokateur hat der Pfarrerssohn seine Laufbahn begonnen, als Neinsager zum Zeitgeist, der Sinn und Zweck von Prügelstrafe, Gehorsam, Unterordnung durchaus nicht so sehr anzweifelte wie andere. In der Bibel, schrieb Blocher damals, habe die Liebe die Struktur der Autorität.

Selbst den geistigen Landesverteidigern erschien dieser junge Mann konservativ und ungestüm. Erst in den 1990er-Jahren, mit dem fast alleinigen Wahlkampf gegen die EWR-Vorlage, treichelt Christoph Blocher die politische Rechte um sich zusammen. Bevor er als nationalistische Unperson ins Zentrum rückte, war er nur ein Patriot unter vielen. Sein heutiger Bezug auf Förderer und Vorbilder ist teils konstruiert. Nicht mit allen Patrioten der Vergangenheit – sei es Egli, Schmid oder Thürer – hat Blocher so viel gemein, wie er möchte. Blochers Schweiz ist nie ein Panoramabild, sondern ein Ausschnitt.

Dieses Buch ist die überarbeitete und ergänzte Fassung meiner Lizentiatsarbeit im Fach der Politischen Philosophie, die Ende 2013 von der Philosophischen Fakultät der Universität Zürich angenommen wurde. Bereits in jener Fassung griff ich einiges nur wahlweise auf, breitete kaum Zahlenmaterial aus, bemühte selten die politologische Statistik. Es war von Beginn an eine Arbeit, die mit Einzelpersonen und deren Ideenwelt Motivforschung betrieb und Mentalitäten beschrieb, ohne sich gegen oder für sie auszusprechen. Indem ich die Quellen ausführlich zitierte und auf durchgängige, zwingende Textauslegung verzichtete, versuchte ich das kontroverse Thema zu beschreiben, statt zu bewerten. Vor Abgabe der Lizentiatsarbeit interessierte mich das Urteil eines historischen Akteurs meiner Darstellung. So hat Christoph Blocher im April 2013 zu der Rohfassung der Lizentiatsarbeit eine persönliche Stellungnahme verfasst. Diese kann nach Absprache mit mir in der Zentralbibliothek Zürich eingesehen werden.

Mein Dank geht im Besonderen an Prof. em. Dr. Georg Kohler. Nicht nur betreute er mit Rat und viel Vertrauen diese Arbeit, sondern prägte ihre Perspektive mit dem Hinweis, die «Blocher-Schweiz» sei aus ihren «kollektivhistorischen Beständen» zu deuten.[2] Kritische Anmerkungen und Mut gaben Martin Beglinger, Heinz Bösch und Michael Pfenninger. Balthasar Zimmermann verdanke ich viele Gespräche, kleine Geschichten und Beobachtungen, die nicht nur in einer These enden.

1. GEISTIGE LANDESVERTEIDIGUNG IN DEN 1930ER-JAHREN – AUF DER SUCHE NACH EINER MITTE

Am 9. Dezember 1938 ist es so weit. Der Bundesrat veröffentlicht eine «Botschaft über die Organisation und die Aufgaben der schweizerischen Kulturwahrung und Kulturwerbung». Sie handelt vom Berg St. Gotthard, von drei Strömen, die ihm entspringen, von der Idee, die sein Massiv verkörpert. Die «Kulturbotschaft» ist ein zeittypisches Dokument, auf das viele gewartet haben. Im Jahr vor dem Ausbruch des Zweiten Weltkriegs wappnet sich die Schweiz mit Metaphern gegen die Bedrohung von aussen. Bis auf die Kommunisten stehen alle Parteien hinter den Formulierungen. Schliesslich war es der Basler Sozialdemokrat Fritz Hauser, der den Bundesrat bereits 1935 entsprechende Massnahmen zu prüfen bat. So will es bis heute der Entstehungsmythos rund um die Kulturbotschaft.[3]

Mythos deshalb, weil derselbe Fritz Hauser im Endprodukt nur «ein Stück geistiger Verteidigung» auf einem «verhältnismässig bescheidenen Gebiet» gesehen hat.[4] Ende März 1939 debattiert die Bundesversammlung über den Inhalt der Kulturbotschaft, und «den poetischen Ergüssen, die wir nun gehört haben», möchte der Sozialdemokrat Hauser «ein klein bisschen nüchterne Prosa» hinzufügen.[5] Er spricht dem Vater der Kulturbotschaft ein zwiespältiges Lob aus:

> «Wie gesagt, ich bin Herrn Bundespräsident Etter sehr dankbar für seine Botschaft, sie weicht ein wenig ab von der üblichen Form der Ratschläge, von der Nüchternheit dieser Botschaften, sie ist mir persönlich ein bisschen zu poetisch, aber sie liest sich wenigstens so wie ein kleiner, hübscher Roman, und insofern bringt sie für die, die sich die Mühe geben, sie zu lesen, auch eine kleine Unterhaltung.»[6]

Die heutige Geschichtsschreibung hat dieses sozialdemokratische Urteil grösstenteils übernommen. Die gewaltigen Mythen der damals einset-

1 Bundesrat Philipp Etter in seinem Büro, um 1955.

Innerschweizer, Stiftschüler in Einsiedeln und Sohn eines Küfermeisters, war Philipp Etter (1891–1977) ein prägender Kopf der katholisch-konservativen Politik. Er gilt als Vater der Kulturbotschaft von 1938, mit der die geistige Landesverteidigung zur offiziellen Staatsräson erklärt wurde. Jahrelang war Etter für die *Zuger Nachrichten* journalistisch tätig. *Mein Kampf* las er 1927 und sah darin das Buch eines Psychotikers. 1933, nach der Machtergreifung Hitlers, rief Etter als Zuger Ständerat in einem Essay nach dem starken Staat, einer katholisch-korporatistischen Wende. Seine antiliberalen und judenfeindlichen Wortmeldungen aus den frühen 1930er-Jahren belasten bis heute das Bild von «Etternel», der von 1934 bis 1959 so lange Bundesrat war wie keiner nach ihm. In der Kriegszeit übte sich Etter in Rücksicht gegenüber dem faschistischen Italien und in Vorsicht gegenüber dem NS-Regime. Nach 1945 setzte er sich für die Einführung der Invalidenrente sowie eine Stärkung der AHV ein, den Ausbau der ETH sowie den Bau der Alpen- und Nationalstrassen.

zenden geistigen Landesverteidigung erscheinen heute zuweilen unheimlich, wenn sie einen nicht eher peinlich berühren oder realitätsfern wirken, wie eben ein kleiner, hübscher Roman. Als der propagandistische Teil eines Abwehrdispositivs sollte die «geistige» die wirtschaftliche und die militärische Landesverteidigung stützen. Entsprechend blickt die Forschung auf das Phänomen zurück: Viele Historiker schreiben die «Geistige Landesverteidigung» gross,[7] so als habe es sich um eine institutionelle, eine bürokratisch-militärische Angelegenheit gehandelt. Dazu passt, wie jene «Geistige Landesverteidigung» auf eine bestimmte Person zurückgeführt wird: auf den bereits angesprochenen Bundesrat Philipp Etter, einen führenden katholisch-konservativen Kopf mit antiliberalen Ideen, dessen 1933 erschienene Schrift *Vaterländische Erneuerung und wir* sich heute auf der Liste antisemitischer und faschistischer Schriften des Simon Wiesenthal Center wiederfindet.[8]

Etter stand aber bereits zu Lebzeiten in der Kritik. So erwähnt Fritz Hauser 1939 in seiner Würdigung der Kulturbotschaft eine «Broschüre» Etters,[9] «wo er immerhin mit dem Fascismus ein klein wenig liebäugelt, wenn er sagt, er habe sehr gesunde Elemente, die Tendenz zur Autorität und Ordnung, man müsse sehen, wie er sich weiter entwickelt». Hauser sagt: «Da werden wir uns nie finden.»[10]

Das Urteil der Historiker gereicht Etter kaum zur Ehrenrettung. Dieser Bundesrat habe «unter dem direkten Einfluss des in der Schweiz der Zwischenkriegszeit führenden katholischen Rechtsintellektuellen und erklärten Antidemokraten Gonzague de Reynold die so genannte ‹Kulturbotschaft› zur Geistigen Landesverteidigung verfasst», schreibt Philipp Sarasin.[11] Gleichlautend Hans Ulrich Jost: «Etter lässt sich [...] häufig von Gonzague de Reynold beraten. Dieser liefert die Grundlagen für eine neue Kulturpolitik, die in die Geistige Landesverteidigung mündet.»[12] Für Georg Kreis ist Etter «vielleicht der mächtigste ‹Intellektuelle› und zugleich der intellektuellste unter den politisch Mächtigen der Schweiz»[13] – und mit de Reynold verband ihn «so etwas wie eine Intellektuellenfreundschaft».[14]

Liess sich die Schweiz in der Bedrohungslage unter Kulturminister Etter von einem antisemitischen Schattenberater leiten? Von de Reynold,

2 Gonzague de Reynold (1880–1970), 1955.

Der Freiburger Patrizier Gonzague de Reynold (1880–1970) wirkte als Schriftsteller und Professor, er gilt als Vordenker aller autoritären Rechtsbewegungen in der Schweiz bis nach dem Zweiten Weltkrieg. Die liberale Demokratie erscheint in seinem Werk als Auslaufmodell. 1929, nach der Publikation seines damals bereits umstrittenen Werks *La démocratie en Suisse*, verlor de Reynold seinen Lehrstuhl in Bern und wechselte nach Freiburg. In *Selbstbesinnung der Schweiz* träumt de Reynold 1938 von einer Schweiz unter Führung eines Landammanns. Zwar wahrte er aristokratische Distanz gegenüber dem Faschismus. Doch zwischen 1927 und 1935 ein Bewunderer des italienischen Diktaturregimes, erblickte er darin die einzige Weltanschauung, die das Proletariat zu seinem Recht bringe. Mit Bundesrat Etter pflegte de Reynold, 1955 Träger des Grossen Schillerpreises, einen regen Gedankenaustausch.

einem Freiburger Patrizier, der dem Volk seinerzeit einen «Landammann» zum Führer anempfahl?[15] Stand hinter aller geistigen Landesverteidigung – dieses Duo?

Es handelt sich schlicht um eine Überinterpretation – eine unter vielen in der vorliegenden Geschichte. Martin Pfister, der Einblick erhielt in Etters Privatnachlass, versteht den Zuger Bundesrat als eigenständigen Intellektuellen, der de Reynolds Demokratieverachtung das Idealbild der Landsgemeinde entgegenhielt.[16] Aram Mattioli, auf dessen Dissertation sich alle genannten Autoren beziehen, erwähnt zwar die Gespräche, den Briefverkehr, die Freundschaft de Reynolds mit Etter. Hinweise auf eine ferngesteuerte geistige Landesverteidigung sucht man jedoch vergeblich. Mattioli zählt im Gegenteil zu jenen Historikerstimmen, die neben betont rechtsstehenden Intellektuellen viele «mutige Verteidiger der liberalen Ordnung» und in der Vielzahl vaterländischer Voten «auch eine freisinnige und sozialdemokratische Spielart» entdecken.[17] Bundesrat Etter betreffend könne man von «überraschend großen Forschungslücken» sprechen, schreibt Philipp Sarasin, ohne sie zu schliessen.[18] Klarheit scheint nicht einmal darüber zu bestehen, inwieweit die Kulturbotschaft als persönliches Werk Etters zu betrachten ist – so der Grandseigneur Edgar Bonjour[19] – oder aus Kreisen der Neuen Helvetischen Gesellschaft mitinspiriert wurde.[20]

«Etters» Kulturbotschaft steht da wie ein Symptom. In der Diskussion über die politische Kultur der Zwischenkriegszeit gibt es nicht nur Forschungslücken, es mangelt vielmehr an Verständnis damaliger politischer Prosa und Poesie. Eine «Sonderphantasie»[21] habe die Schweiz seit je, schreibt der Germanist Peter von Matt. Geistige Landesverteidigung war so gesehen ein generationen- und klassenübergreifender Männertraum. Hinter ihm stand: die Suche nach einer politischen und kulturellen Landesmitte, die eigentliche Erfindung der Schweiz des Ausgleichs, der Konkordanz, des Konsenses.

Daher zurück zur Kulturbotschaft vom 9. Dezember 1938. Denn wie nie zuvor schlägt sich die helvetische Sonderphantasie in dieser «Magna Charta»[22] der geistigen Landesverteidigung nieder. Ausgangsproblem der Schrift ist die «Propaganda», die in moderner Zeit «ungeahnte Ausmasse angenommen» habe.[23] Nachdem der Erste Weltkrieg «nicht allein durch die Überlegenheit der Waffen und der wirtschaftlichen Kriegsbereitschaft, als letzten Endes ebensosehr durch die Überlegenheit der Propaganda entschieden worden ist»,[24] zieht der Bundesrat nach mit der Schaffung einer Stiftung zur Kulturwahrung und Kulturwerbung – der Pro Helvetia.[25] Doch sollte die Werbung für die Schweiz vor allem eines nicht sein: staatlich verordnet. An oberster Stelle wolle man «stets der Wahrheit bewusst bleiben, dass der Staat wohl in der Lage ist, das geistige Leben des Landes durch den Einsatz staatlicher Mittel zu heben und zu fördern, dass aber letzten Endes immer die freie menschliche Persönlichkeit in ihrer schöpferischen Kraft die eigentliche Trägerin des geistigen Lebens sein wird».[26] Die «Freiheit der Kultur» und die «Kulturhoheit der Kantone» hält die Propaganda nach Schweizerart hoch.[27] Und: «Verteidigung des schweizerischen Geistes nicht durch Defensive und Negation, sondern durch schöpferische Tat und schöpferische Aktion!»[28] Die neutrale Schweiz soll mit ihrer Propaganda nicht angreifen, nicht provozieren. Sie wendet sich nach innen. Die Kulturbotschaft benennt die «Konstanten, die bleibenden Linien»[29] des Landes in knapper Aufzählung: Mehrsprachigkeit, Föderalismus, direkte Demokratie sowie Ehrfurcht vor Würde und Freiheit des Menschen.[30]

Dann erst, nach diesen Voraussetzungen, vollzieht das Dokument eine Wendung ins Mythische. Die Sonderphantasie bricht sich Bahn, sobald der «Berg der Mitte» auftritt.[31] Der St. Gotthard ist zugleich «Berg der Scheidung» und «Pass der Verbindung».[32] Denn hier finden sich drei Ströme dreier geistiger Lebensräume – Rhein, Rhone und Tessin –, und es wäre ein «naturwidriges Unterfangen»,[33] diese topografisch vereinten Geistesströme zu trennen. Daher bezeichnet die Kulturbotschaft die Sammlung der alten Eidgenossen rund um den einen Berg als «providentiell»[34] – ein Werk der Vorsehung.

Darüber hinaus wird aus einem christlichen Standpunkt heraus angekämpft gegen die nationalsozialistische Auffassung, eine Nation definiere sich durch Rasse und Sprache. Das ist der Hintersinn der berühmten Formel:

«Der schweizerische Staatsgedanke ist nicht aus der Rasse, nicht aus dem Fleisch, er ist aus dem Geist geboren. Es ist doch etwas Grossartiges, etwas Monumentales, dass um den Gotthard, den Berg der Scheidung und den Pass der Verbindung, eine gewaltig grosse Idee ihre Menschwerdung, ihre Staatwerdung feiern durfte, eine europäische, eine universelle Idee: die Idee einer geistigen Gemeinschaft der Völker und der abendländischen Kulturen! Diese Idee, die Sinn und Sendung unseres eidgenössischen Staatsgedankens zum Ausdruck bringt, bedeutet im Grunde genommen nichts anderes als den Sieg des Gedanklichen über das Materielle, den Sieg des Geistes über das Fleisch auf dem harten Boden des Staatlichen.»[35]

Stärker als das schwache «Fleisch» ist die gewachsene Kultur, der gemeinsame «Geist». Ein Streit zwischen den Sprachkulturen wird schliesslich verunmöglicht durch den Föderalismus, er sei der «stärkste Wall gegen geistige Gleichschaltung, der stärkste Schutz für die Erhaltung geistiger Schweizer-Eigenart».[36]

Auch wenn es einen Austausch mit de Reynold, ein verschollenes Konzeptpapier de Reynolds gegeben hat,[37] ist Philipp Etter hauptsächlicher Autor dieser wenig verfänglichen Zeilen aus der Kulturbotschaft. Schon früher hat der Innerschweizer mit der Symbolik der Flüsse am «Gotthardblock» gespielt.[38] Und Anfang der 1960er-Jahre, in einem Brief an de Reynold, der es in seinen Memoiren anders darstellen will, unterstreicht Etter sogar: «Die ganze Botschaft über Kulturwahrung und Kulturwerbung mit der Errichtung der Stiftung ‹pro Helvetia› [sic] habe ich persönlich ohne fremde Hilfe und Mitarbeit konzipiert und eigenhändig niedergeschrieben.»[39]

Doch mischte Etter seinen Schriften wenige Jahre vor der Kulturbotschaft auch andere Töne bei – zumindest einige Zwischentöne. Deren Nachhall mag zu einer negativen Beurteilung der Kulturbotschaft geführt haben: 1933, nach Hitlers Machtergreifung, entwickelt Etter das Bild einer Gesellschaft, die sich nach mittelalterlichem Vorbild korporatistisch-autoritär in Ständen zusammensetzt. Etter ist damals noch journalistisch tätig und Zuger Ständerat. Im Frontenfrühling regen sich auch in der Schweiz reaktionäre, vor allem junge Kräfte – sie schiessen verschiedenartig «wie Pilze aus dem Boden», schreibt Etter in *Vaterländische Erneuerung und wir*.[40] Konfrontiert mit dieser Jugend, die dem Traum der totalitären «Erneuerung» verfällt, wolle er, Etter, nicht nur darüber spötteln wie die sozialdemokratische Presse.[41] Einzelne Programmpunkte seien «vom schweizerischen Standpunkt aus rundheraus abzulehnen»,[42] manchen Frontisten aber will Etter doch «gesunde Gedankengänge»[43] zugestehen – etwa die scharfe «Kampfansage an den Sozialismus und an den Kulturbolschewismus», die «scharfe Abkehr von den Grundlagen des geistigen, politischen und wirtschaftlichen Liberalismus», die «Um- und Abwertung des vom Liberalismus geprägten und bis zum zersetzenden Individualismus übersteigerten Freiheitsbegriffes».

Etter befürwortet mit den Fronten eine «Wiederherstellung der geistigen und sittlichen Grundlagen des öffentlichen Lebens» sowie eine «Neugestaltung der Demokratie durch stärkere Betonung der Autorität und stärkere politische Bindungen des wirtschaftlichen Lebens».[44] Zur Front dieser Neugestaltung erklärt er schliesslich seine, die katholische Jugend: «Unsere Jungmannschaft braucht nicht nach neuen Fronten und neuen Programmen sich umzusehen. Wir haben sie schon, die Front: die katholische Front!»[45]

Das sind antiliberale Grundstimmungen, da und dort verbunden mit einer Judenfeindlichkeit, die Etter, der sie als Führer und Stellvertreter vieler aussprach, geschadet haben. Als Aram Mattioli in den 1990er-Jahren um Einsicht in den Privatnachlass bittet, stellen sich Etters Nachkommen quer. Die Familie lässt Mattioli wissen, dass sie der neueren Geschichtsschreibung nicht ganz traue: Aus einzelnen Briefen und Veröffentlichungen lasse sich leicht ein Bild erstellen, das Etter gesamthaft nicht gerecht werde.[46]

Unbestritten dient Philipp Etter bis heute manchen Historikern als «Zielscheibe».[47] Stellvertretend für diese Praxis ist Hans Ulrich Josts Besprechung des Prachtbandes *Schweizer Wehrgeist in der Kunst* von 1938. Etter verherrlicht im Vorwort die «Vermählung zwischen Kunst- und Kriegshandwerk». Beide seien «Früchte des gleichen Geistes», die Kunst sei «Tochter eines wehrhaften Volkes», werde nun «Mutter des neuen wehrbereiten Geistes»: «Wir Schweizer sind ein kriegerisches Volk.»[48] Jost sieht in derselben Publikation in einem Beitrag von Gonzague de Reynold eine «befremdliche Verknüpfung von Ästhetik und Militär».[49] Und tatsächlich meint de Reynold in der französischen Ausgabe, *Art et armée*, recht martialisch: «Kunst und Armee stehen sich wie zwei Spiegel gegenüber. Zwischen diesen beiden erscheint das Angesicht der Schweiz. Der Spiegel der Armee gibt ihr wirkliches, jener der Kunst ihr ideales Profil wieder.»[50] Doch in der deutschen Ausgabe fehlt de Reynolds Beitrag. An seiner Stelle schreibt der Basler Schriftsteller Emanuel Stickelberger.[51] Zur Publikation tragen etliche Autoren bei, die Bundesräte Celio[52] und Minger und andere, die in den allgemeinen Bellizismus teils einstimmen, ihn teils bremsen. Auch wenn dieser Prachtband nicht mit modernster Kunstbetrachtung glänzt, ist er zeittypisch in der Art, wie er verschiedene Stimmen versammelt: Das Personal der geistigen Landesverteidigung ist konservativ, liberal oder sozialdemokratisch, martialisch bis kriegerisch, ängstlich, uneins, auswechselbar.

Geistige Landesverteidigung ist eine so diffuse Propaganda, dass ihr «Vater» Philipp Etter sie drei Jahre vor der Kulturbotschaft aus dem Ruder laufen sieht. «Wir sprechen heute viel von *geistiger Landesverteidigung*», sagt der Bundesrat 1936 in einer Ansprache über den *Sinn der Landesverteidigung*.[53]

> «Ich sage in aller Offenheit, daß ich fürchte, es werde diese Losung von der geistigen Landesverteidigung auch wieder eines jener Schlagworte, die sich rasch abgreifen und dann mehr einschläfern als aufrütteln. Ich habe sogar den Eindruck, daß heute schon mitunter versucht wird, hinter der Flagge der geistigen Landesverteidigung im Grunde genommen recht materielle, einseitige, egoistische und selbst bedenkliche Ziele zu verstecken.»[54]

Auf wen Etter hier auch anspielt, er ist weder der Einzige noch der Erste, der von «geistiger Landesverteidigung» spricht. Insofern darf man der späteren Darstellung in der Kulturbotschaft durchaus folgen: Die Forderung nach geistiger Landesverteidigung habe von selbst «in wachsender Kraft weiteste Kreise» erfasst, in der «Presse, in Vereinigungen und Versammlungen», ja von «allen Seiten erhob sich immer dringender der Ruf» nach Mobilisierung der geistigen Kräfte.[55]

Wie kommt es, dass die Geschichtsschreibung der letzten Jahrzehnte zu anderen Schlüssen gelangt? Allenthalben diagnostiziert sie den Totalitarismus. Mit einer neuen Sensibilität interpretiert sie die bekannten Ereignisse – den Zusammenschluss der Parteien, das Vollmachtenregime, die Abweisung von Verfolgten und Todgeweihten an der Landesgrenze, die Militarisierung der Öffentlichkeit, die umstrittene Vollstreckung der Todesstrafe an Landesverrätern. Doch wenn sie dies alles auf den Begriff bringt, wirkt die neuere Geschichtsschreibung mitunter selbst wie von einer Sonderphantasie gebannt.

Der «helvetische Totalitarismus» dient heute in Schulen und Universitäten als Sammelbegriff, um die Mentalität in der bedrohten Schweiz zu umschreiben. Weshalb diese Wortschöpfung? Wie konnte der vom Faschismus umzingelte demokratische, föderalistische, neutrale Kleinstaat so «totalitär» werden? Es beginnt Anfang der 1980er-Jahre, als das Studienwerk *Geschichte der Schweiz und der Schweizer* erscheint. Hans Ulrich Jost schreibt darin über die 1930er-Jahre und die Kriegszeit: «Es entstand ein helvetischer Totalitarismus, der in der vermeintlichen Verteidigung von Unabhängigkeit und Demokratie nicht selten die politische Kultur des faschistischen Gegners aufnahm.»[56] In der französischen Ausgabe allerdings zügelt der Übersetzer[57] das Original: Die öffentliche Meinung habe «la forme d'une sorte de totalitarisme helvétique»[58] angenommen. Die beiden Ausgaben unterscheiden sich ferner in der Titelsetzung: Während für die deutsche Leserschaft fraglos «Helvetischer Totalitarismus»[59] herrscht, beschränkt sich die französische Ausgabe auf einen «TOTALITARISME HELVÉTIQUE?»[60] mit Fragezeichen. Letztere scheinen nach und nach vergessen gegangen zu sein.

Denn zuallererst schrieb nicht Jost vom «helvetischen Totalitarismus», sondern Georg Kreis 1979 in einem Artikel im *Magazin* der *Basler Zeitung*. Kreis erwähnte den Zusammenschluss der Parteien, das Vollmachtenregime und den gesellschaftlichen Militarismus als Reaktionen auf die aussenpolitische Situation. Sein Schluss aber lautete: «Die Ausnahmesituation hat letztlich nur eine Intensivierung des Normalfalles gebracht.»⁶¹ Statt der geforderten «neuen Persönlichkeiten» habe das Parlament «eher farblose Durchschnittspolitiker» gewählt. Und es gab zwar den Ruf «nach einer starken Führung», doch alles über das «Normalmass» Hinausgehende wurde abgelehnt.⁶² Das «totale und totalitäre Schweizertum»⁶³ trat an der Landesausstellung 1939 mancherorts hervor, in der Übernahme nationalsozialistischen Vokabulars oder in der Diskriminierung von Randgruppen. Doch betont Kreis die Verschwörung der einzelnen Bürger, die sich dem Staat entzog: Schliesslich glaubte «jeder an einer anderen Ecke des geliebten Schweizer Hauses den Brandherd» entdeckt zu haben, es «meinte jeder zu wissen, und das heisst besser zu wissen, wie das drohende Unheil abzuwenden sei».⁶⁴ Held zu sein, war jedermanns Leidenschaft: «Wenn etwas totalitär war, dann nicht der Staat, sondern der Bürger.»⁶⁵ So schliesst die einzige Stelle, an der Kreis in seinem Artikel von 1979 die Wendung «helvetischer Totalitarismus» verwendet, mit folgender Relativierung:

> «Wenn wir aber in unserer Beurteilung der Haltung des engagierten Bürgers zumal zum Staat und seinen Repräsentanten Rechnung tragen, müssen wir erkennen, dass dieser helvetische Totalitarismus zugleich die entscheidende Kraft war, welche die Schweiz in doppelter Hinsicht resistent machte: gegen fremde Lockungen und Einschüchterungen, aber auch gegen die interne Versuchung, den Staat im Einsatz gegen die äussere Bedrohung eine alles beherrschende Maschine werden zu lassen.»⁶⁶

Georg Kreis sieht seine Position – nach eigener Aussage⁶⁷ – übersteigert durch den Linkshistoriker Jost. Verfremdet allerdings war bereits Kreis' Artikel: Mittels Bildmontage suggerierte die *Basler Zeitung* fälschlicherweise, in einem Buch der Landesausstellung 1939 sei ein Nazi-Aufmarsch zusammen mit einer schweizerischen «Soldatengestalt»⁶⁸ abgedruckt worden.

Montage, Popularisierung und Übersteigerung prägen den Deutungsstreit bis heute. 1997 nennt Hans Ulrich Jost in einem Streitgespräch mit Kurt Imhof weitere Beispiele für den helvetischen Totalitarismus.⁶⁹ Einen Blut-und-Boden-Kult sieht er in der geistigen

Landesverteidigung am Werk, die Rückkehr zu bäuerlichen Werten, die Kritik an den demokratischen Errungenschaften der Französischen Revolution, die Betonung von Führerprinzipien. Weil statistisch jeder achte Schweizer eine ausländische Frau heiratete, war an der Landesausstellung 1939 ein «achter Schweizer» symbolisch unter eine Glocke gestellt worden. «Ich könnte jetzt noch fortfahren», sagt Jost, «noch lange fortfahren», «Hunderte von Beispielen» habe er noch.[70]

Zweifellos hätte Jost fortfahren müssen. Er hätte an sein letztes Beispiel anknüpfen können mit *Der 8. Schwyzer*, einem Film von Oskar Wälterlin, der 1940 das fremdenfeindliche Motto der Landesausstellung problematisierte. Bezeichnenderweise verbot das militärische Zensurkomitee die Aufführung. Viel bezeichnender aber erscheint ein Detail, das die Interpretation in eine andere Richtung weist. Betrachtet man die Figuren auf der Auslage, fällt auf: Die ausländische Frau des achten Schweizers trug 1939 an der «Landi» – so der Volksmund – eine Hakenkreuzflagge. Die Abwehr der Fremdherrschaft verlief über ein völkisches Denkmuster. Es scheint beides gewesen zu sein: in der Ablehnung solcher Stereotypen zugleich Anlehnung an sie.

Mit dem Blick für solche Doppeldeutigkeiten liesse sich ein Forschungskonsens formulieren, statt mit Hunderten von Beispielen fortzufahren. Vertreter der neueren Geschichtswissenschaft haben die wirtschaftlichen Beziehungen zwischen der offiziellen Schweiz, Schweizer Industriellen und Hitler-Deutschland aufgearbeitet. Doch will diese Forschungsrichtung ihre Resultate oft zu einer umfassenden Kollaborationsthese ausweiten. Sie geht darin so weit, dass sie sich in zahlreichen Studien mit semantischen Ähnlichkeiten zwischen der nationalsozialistischen und der «schweizerischen» Sprache befasst. In Wort und Bild spürt sie dem helvetischen Totalitarismus nach. Innerhalb von 20 Seiten findet so eine jüngere Studie für die Kultur der geistigen Landesverteidigung Schlagworte wie «geografischer Rassendeterminismus», «biologistisch-rassistische Rhetorik des Nationalsozialismus», «konservativ-xenophobe Grundstimmung», «modernitätskritische Diskurse der Schund-und-Schmutz-Debatte» und «antisemitische und totalitäre Ideen».[71]

1. Geistige Landesverteidigung in den 1930er-Jahren 25

3 «Jeder 8. Schweizer heiratet eine Ausländerin», warnt die «Landi» mit dem Paar unter der Glocke.

Dieser Ton begann ab den 1990er-Jahren Überhand zu nehmen. Der Historiker Jakob Tanner stiess 1997 einige seiner akademischen Lehrer vor den Kopf, indem er die These von der «Demutsgeste»[72] offen aussprach. Nach der Einkreisung durch das faschistische Italien und NS-Deutschland sei es General Guisans geniale Idee gewesen, den Rückzug der Armee in die Alpen, ins Reduit, zu beschliessen. Tanner setzte hinzu: Der General habe mit der Reduit-Idee die Rückzugspläne deutschfreundlicher Offiziere in einen Verteidigungsplan umgewandelt, die Armee demobilisieren und zusätzliche Arbeitskräfte in die mit Hitler kollaborierende Schweizer Wirtschaft abkommandieren können. Guisan habe aus der «Demutsgeste» der Deutschfreundlichen einen scheinbaren Verteidigungsplan gemacht.

Tanners These schlug ein. Sie überwarf sich mit einer alten Geschichtswissenschaft, die höchstens «Anpassung» im Kleinstaat Schweiz eingestanden, daneben aber viel «Widerstand» anerkannt hatte. Wohl gerade weil die Rede von der «Demutsgeste» den historischen Realitäten widerspricht, hält sie sich als unwiderlegbare Absurdität. Die Alpenfestung war eine Drohkulisse gegenüber dem übermächtigen Hitler, doch nicht einmal mehr an die Ernsthaftigkeit hinter jener Kulisse glaubten die jungen Historiker. Das Ideengut vieler geistiger Landesverteidiger sei «eben grundsätzlich mit der nationalsozialistischen Ideologie kompatibel» gewesen, schreibt Tanner. Es hätte «– falls sich das Blatt der Weltgeschichte auf die andere Seite gewendet hätte – [...] auf die im Entstehen begriffenen neuen Realitäten umgedeutet werden können».[73] Nach dieser Lesart hätten sich bald selbst die Widerständigsten NS-Deutschland angepasst.

Tanners Einschätzung liegt schlicht die «Verabsolutierung»[74] der wirtschaftshistorisch gut belegten Kollaborationsthese zugrunde. Zwar hätte die Kulturbotschaft auf nationalsozialistische Verhältnisse umgeschrieben werden können. Doch viele geistige Landesverteidiger, die sie mitinspirierten, wären in Konzentrationslagern gelandet. Die damalige Zeit war, wie Tanner schreibt, «ambivalent».[75] Um Ambivalenzen, eine «Anpassungs-Widerstands-Symbiose»[76] zu beschreiben, gilt es aber die Arena dieser Schlagworte zu verlassen – und damit den «helvetischen

Totalitarismus»[77], den «Widerstand» ebenso wie die «Anpassung»[78], die «Kollaboration»[79], die «Resistenzschwäche»[80] und die «Demutsgeste». Schlicht «Helvetismus» nannte es 1950 der Journalist und Zeitzeuge Pierre Béguin in *Le balcon sur l'Europe*.[81] In der Schweiz, dem Balkon über Europa, machte sich eine «Belagertenmentalität»[82] breit, schreibt der Historiker André Lasserre, auch er ein Zeitzeuge. Bald hyperventiliert der Helvetismus im Belagerungszustand, mehr und mehr kulturelle Verbindungen zu den Nachbarländern sind abgebrochen – und Sehnsucht nach etwas Ureigenem kommt auf.[83]

Um in dieser Höhenluft nicht die Orientierung zu verlieren, eignet sich die Zeitstimme eines gemässigten, damals einflussreichen Historikers.[84] Wie ging einer vor, wenn er über die Geschichte, das Ureigene sprach? Gab es wiederkehrende Muster? Eine Tendenz ins Totalitäre?

Ende 1936 hält Leonhard von Muralt in Zürich einen Vortrag *Über den Sinn der Schweizergeschichte*, nachdem Bundesrat Etter im Mai desselben Jahres an der ETH über den *Sinn der Landesverteidigung* referiert hatte. Sinnfragen überall: Unabhängig vom katholisch-konservativen Bundesrat sucht der Protestant von Muralt in seinem Referat vor der Allgemeinen Geschichtsforschenden Gesellschaft nach historischen «Keimen» der Schweiz. So entsteht zwei Jahre vor der Kulturbotschaft ein geschichtstheoretischer Überbau der geistigen Landesverteidigung, wenn von Muralt fragt:

«Was heißt Sinn?
Sinn heißt Richtung.
Das geschichtliche Geschehen ist in ständiger Gefahr, zurückzufallen in vor uns liegende Zustände. Die moderne Geldwirtschaft ist in Gefahr, zurückzufallen in die Naturalwirtschaft, unsere Rechtsordnung ist in Gefahr, zurückzufallen in einen Zustand des Faustrechts, des Kampfes aller gegen alle, die mit vielen Opfern erkämpfte Freiheit droht unterzugehen in erneute Gebundenheit. Unser Bundesstaat ist in Gefahr, auseinanderzufallen und schließlich wieder aufzugehen in den Machtbereich unserer starken Nachbarn.»[85]

Angesichts dieser Gefahr verschmelzen Sinnfragen, Mythen, kritisches Denken selbst in den Reihen der Historikerzunft. Leonhard von Muralt amtet als Sinnstifter, seine Geschichten sollen die theoretischen Existenzgrundlagen des Kleinstaates in Alarmbereitschaft sichern.

Damit kommt ein heute verbotener Stil zur Anwendung. Otto von Bismarck sei nicht allein nach den modernen Grundsätzen der Rechtsgleichheit, der Menschenrechte und des Selbstbestimmungsrechts zu beurteilen, schreibt von Muralt über eine der Hauptfiguren seiner Geschichtsbetrachtungen.[86] Auch er, von Muralt, ist ein Kind seiner Zeit. Während sein akademischer Lehrer Karl Meyer die Existenz von Wilhelm Tell wider alle Vernunft beweisen will,[87] betätigt sich auch von Muralt, etwas nüchterner, als Mutbringer und Mythologe. Noch 1952 schreibt er, dass ohne Mythos die vaterländische Geschichte nicht nur sinnlos, sondern schlicht nicht zu begreifen sei: «Also dürfen wir uns nicht fürchten vor dem Mythos der Schweizergeschichte, vielmehr ist es unsere Aufgabe, den lebendigen, den echten, den wahren Mythos vom falschen, vom verzerrten Mythos, vom bloss willkürlichen Phantasieprodukt zu unterscheiden.»[88]

Er könne «dem Mythologischen gar nicht entrinnen», schreibt von Muralt, denn jede Geschichte brauche einen «Sinnzusammenhang».[89] 1936, als er *Über den Sinn der Schweizergeschichte* redet, wehrt sich der Historiker zwar gegen den blossen Heroenkult. Doch auch er will sinnsüchtig einen Beitrag leisten – und schafft mehr als nur einen «Sinnzusammenhang». Er weiss, es gibt ihn dort nicht, und dennoch sucht er den Sinn am historischen Entstehungsgrund der Eidgenossenschaft:

«Wie ist aber die Richtung des geschichtlichen Geschehens bestimmt? Durch den Anfang? Was wissen wir darüber? Nichts! Wo liegt der Anfang geschichtlichen Geschehens auf dem Boden der Schweiz? Im Waldkirchli? Ist das noch Natur oder ist es schon Geschichte? Wir wissen über den Anfang des geschichtlichen Geschehens in der Schweiz und über den Anfang des geschichtlichen Geschehens überhaupt viel zu wenig, als daß wir daraus einen Hinweis auf die Richtung der Geschichte gewinnen könnten.»[90]

4 Leonhard von Muralt (1900–1970) entstammte einer aus Locarno geflohenen protestantischen Familie.

Er war seit 1930 Privatdozent und wirkte von 1940 bis 1970 als Ordinarius für neuere allgemeine und schweizerische Geschichte an der Universität Zürich. Ein Geschichtsdeuter aus evangelisch-reformierter Sicht, arbeitete von Muralt als Redaktor der *Zwingliana* und betreute die kritische Zwingli-Ausgabe mit. Bismarck, Machiavelli und Zwingli hiess die Trias seines Forschungsinteresses. In der Tradition der historistischen Geschichtsschreibung Rankes beugte sich von Muralt über diese bedeutenden Persönlichkeiten, deren Tun er mit viel Verständnis für die historische Situation aus der Zeit heraus erklären wollte.

Nicht am Anfang der Landesgeschichte findet sich der erhoffte Sinn – und in einem zweiten Versuch auch nicht an ihrem Ende. Denn das Ziel der Geschichte sei zwar als Bild vorhanden, bleibe aber doch im Ungefähren.[91] Von Muralt ist zu sehr Wissenschaftler, als dass er aus dem Nichts ein letztes Ziel der Geschichte zaubern könnte. Schliesslich löst von Muralt sein Problem mit der «Mitte der Geschichte».[92] Sie sei die Richtung der Geschichte und der Sinn des Vaterlandes.

Eine ganze Generation wurde mit diesem Wort auf den Lippen erwachsen. Die «Mitte» findet sich in zahlreichen Schriften aus den 1930er-Jahren wieder. In der Kulturbotschaft ist der St. Gotthard ein «Berg der Mitte». Die Schweiz selbst ist diese Mitte: «Die dreisprachige europäische Mitte hat sowohl Mittlerin als Vermittlerin zu sein.» Auch Alice Meyer schreibt 1965 in *Anpassung oder Widerstand*, dem grossen Buch der Aktivdienstgeneration: «Dadurch, daß gewissermaßen die Sozialdemokratie einen Schritt nach rechts und die Freisinnigen, indem sie die dargebotene Hand zur Zusammenarbeit ergriffen, einen Schritt nach links taten, kam es zu einer Sammlung auf die Mitte, die wohl als das wichtigste Ereignis der Vorkriegszeit auf innenpolitischem Gebiet bezeichnet werden kann.»[93]

Für von Muralt verweist die «Mitte» zurück auf das zentrale Datum 1291, den Rütlischwur der drei Talschaften. Zu dieser Mitte gesellen sich weitere «Mitten»: die Schlachten am Morgarten und bei Sempach, die Vermittlungskünste Niklaus von Flües, die Schlacht bei Marignano, der Reformator Zwingli, die Eroberung der Waadt 1536 sowie die Symboljahre 1798 und 1848.[94] Wegweisend, sinnstiftend aber bleibt der Bundesbrief von 1291 – oder doch nicht?

> «Müssen wir nicht in allererster Linie diesen Bundesbrief als den in unserer ganzen schweizerischen Geschichte die Richtung gebenden Wegweiser anerkennen? Die Bejahung dieser Frage scheint auf unüberwindliche Schwierigkeiten zu stoßen; denn unsere heutige Forschung ist noch keineswegs einmütig in der Deutung und Erklärung dieses Dokumentes. Ein Haupteinwand gegen den Versuch, den Bund von 1291 zur sinngebenden Mitte unserer schweizerischen Geschichte zu machen, könnte man ja

schon darin sehen, daß die vertragsschließenden Männer aus den drei Tälern kaum ahnten, daß aus ihrem Bunde einmal ein selbstständiges Staatswesen hervorgehen werde.»[95]

Zweifel über Zweifel. Was der Historiker schreibt, entspricht dem damaligen Forschungsstand. Und doch ahnt es von Muralt wohl seinerzeit schon: 1952 erwähnt er, die Befreiungsgeschichte der alten Eidgenossen habe Joseph Eutych Kopp im 19. Jahrhundert als Mythos entlarvt.[96] Im Vortrag von 1936 zählen für Leonhard von Muralt aber andere Massstäbe. Das gelehrte Gewissen mag es ihm verbieten, von einer Heilsgeschichte auszugehen.[97] Dennoch beginnt die Quelle des Historikers plötzlich ein Eigenleben zu führen. Der Bundesbrief von 1291 spricht mirakulöserweise. Es geschieht genau in der Mitte der nachträglich herausgegebenen Broschüre.

«Dieses unscheinbare Pergamentstück von 1291 lebt noch, es spricht noch zu uns, es redet uns an, es ruft noch in unsere Gegenwart hinein und stellt Ansprüche und Forderungen an uns. Wir brauchen nur zum Wortlaute zu greifen, um sofort wieder von seiner Lebendigkeit ergriffen zu werden.»[98]

Mit dem sprechenden Bundesbrief gewinnt der Historiker seinen Sinn: «Dadurch, daß dieser Wille zum Zusammenschluß, zur Verteidigung, zur Hilfeleistung, zum Recht in diesem Bunde Gestalt gewonnen hat und eine geschichtliche Wirklichkeit geworden ist, ist der Sinn unseres schweizerischen geschichtlichen Daseins gesichert.»[99]

Die Geschichtspredigt, damals hallt sie in ganz Europa wider, fällt bei Leonhard von Muralt differenziert aus. Die «Mitte» bleibt Programm: Varianten, Ausfransungen bewahren den Helvetismus vor dem Extremismus. «Keime» und «Früchte» fügt von Muralt der Landesgeschichte hinzu. Dazu gehört neben 1291 auch 1536, die Eroberung der französischsprachigen Waadt. Das Jahr steht für die Integration sprachlicher und kultureller Minderheiten: Die Schweiz sei eben nicht nur ein vielsprachiger «Nationalitätenstaat», schreibt von Muralt, sondern ein «kleiner Völkerbund», eine «Brücke» mit internationaler Vorbildfunktion, die über das «Sonderdasein» hinausführe.[100] 1798 – die Eroberung durch Napoleon – und 1848 – die Gründung des Bundesstaats – folgen als die «reifen Früchte»[101] der Keime 1291 und 1536.

Auch die Arbeiterbewegung vermag von Muralt in sein Referat zu integrieren, nachdem sich 1935 die Sozialdemokratie zur umfassenden Landesverteidigung bekannte.[102] Es sei der vierte Stand des Proletariers, «der die Zukunft, der das Reich des sozialen Ausgleichs und des Glücks aller in sich trägt. Mit dem Aufkommen des Proletariats ist endlich das gekommen, was die Geschichte einem sinnvollen Abschluß entgegenführen wird, einem Abschluß, für den es sich lohnt zu leben und sein Leben einzusetzen.»[103]

Am Ende zögert von Muralt, ein frommer Mann, Zwingli-Kenner und Redaktor der *Zwingliana*, seinen Glauben dem Mythos der Mitte aufzuzwingen. Die Mitte könnte dadurch Schaden leiden. Deshalb nur als Frage formuliert: «Haben wir vergessen, daß das weiße Kreuz im roten Feld, auf das wir so stolz sind, das christliche Kreuz ist?»[104] Dem ganzen Vortrag liegt dieses leichtfüssige, freie Räsonieren zugrunde.

Innerhalb der geistigen Landesverteidigung sind damals offenbar Richtungsdiskussionen möglich, unter dem Äusseren einer Einheitsideologie kursieren Vorschläge, Thesen, divergierende Sonderphantasien über die Schweiz. Es gibt eine freisinnige «Sammlung der Mitte», eine sozialdemokratische «Richtlinienbewegung». Beide lenken früher auf den grossen Konsens ein als der politische Katholizismus mit Etter, dem vermeintlich einzigen Vater der geistigen Landesverteidigung.[105]

Trotz der «Mitte» aber zeigen sich Auswüchse einer Belagertenmentalität: Der providentielle St. Gotthard und der magisch sprechende Bundesbrief sind nur zwei Beispiele von Symbolen, mit denen der Liberalismus Stärke zu markieren versucht.[106] Auch die Landesausstellung 1939 in Zürich verfügt über einen solchen mystischen Kraftort – nebst vielen «Mitten» und «Keimen». Weniger Mythos als vielmehr «Wahrzeichen»[107] der «Landi» ist die über 900 Meter lange Schwebebahn, gespannt über den Zürichsee. Sie war die angeblich erste ihrer Art, mit der grössten Spannweite der Welt und Europas schnellsten Liften. Sie ver-

1. Geistige Landesverteidigung in den 1930er-Jahren 33

5 Ein prototypischer Landgasthof im Dörfli der Landesausstellung 1939.

6 Dreikreuzsymbolik 1939: das Internationale Rote, das Schweizer und das christliche Kreuz.

sinnbildlicht den Versuch, das traditionelle, das rechte «Dörfli» beim Riesbach-Quartier mit dem modernen Enge-Seeufer zu verbinden. Als eine «Super-Gondelbahn»[108] hat Georg Kreis sie beschrieben – der «Hauptspaß der Landi», heisst es damals.[109] Ein Berichterstatter fragte sich: «Ist das noch die Schweiz? Oder ist es ein internationales Stück Europa? Oder gar ein bisschen Amerika?»[110]

Eine «totalitäre Landi» hätte die Schwebebahn anders inszeniert. Totalitär wäre die Zurückweisung jeglicher Vermittlung oder Überbrückung, die Unterweisung der Gesellschaft unter dieselbe Staatsideologie, die Herrschaft des Staatlichen.

Unter dem Regime eines «helvetischen Totalitarismus» hätte auch das Kunsthaus Zürich in seiner Ausstellung *Zeichnen, Malen, Formen* kaum moderne Schweizer Maler und Plastiker gezeigt. Bereits bei Ferdinand Hodler falle es schwer, heisst es überaus modern im Ausstellungskatalog, ein «gemeinsames Thema» der Kunst zu erkennen:

> «Heute scheint die Vielseitigkeit der Tendenzen noch grösser, und auf die Frage, was denn heute Thema der künstlerischen Bemühung sei, stellt sich die Antwort ein: Alles; und der Eindruck, nicht was geschaffen werde, sondern dass geschaffen werde, sei wichtig; die präzisere Antwort geht eher dahin: nicht was, sondern wie.»[111]

Wie war es nun? Modern, ein bisschen Amerika? Oder im Schatten der Super-Gondelbahn eben doch eine auf Krieg getrimmte «Landi»?

Verschiedenste Quellentypologien und Stimmen sind abzuwägen.[112] Wer die «Landi» an ihrem Selbstanspruch messen will, geht entlang der «Höhenstrasse» – und sucht dort ihren Kraftort auf. Als «Schlagader unseres Volkes» beschreibt sie 1939 der junge Historiker Georg Thürer in der NZZ.[113] Die Höhenstrasse war «eine Gott und dem Vaterland geweihte Kathedrale» mit der Fahnenhalle als Altar, erinnert sich der damalige Nationalratspräsident Vallotton.[114] Nachdem sie die langen Hallen am Enge-Seeufer durchwandelt hatten, sollen Frauen und Männer vor der fast 6 Meter hohen Gipsfigur eines wehrhaften Soldaten geweint haben. Kränze sollen vor Hans Brandenbergers *Wehrbereitschaft* niedergelegt worden sein, und im Saal ertönte ununterbrochen «Rufst du, mein Vaterland».[115] Brandenbergers Statue zeigt einen Mann mit nacktem Oberkörper, die Verwandlung in einen Soldaten ist Ausdruck bewaffneter Neutralität. Der Mann wirft sich einen Mantel um, zu seinen Füssen liegt ein Soldatenhelm, kein Gewehr. Ein Erinnerungsband bespricht die Gipsfigur:

> «Die Wehrpflicht jedes Bürgers ist in der Schweiz keine Erfindung der Neuzeit, sondern 650jährige Tradition, so dass die Pflicht fast mehr als ein selbstverständliches Recht aufgefasst wird. Wenn das Vaterland ruft, legt der Schweizer das bürgerliche Kleid weg und zieht den Waffenrock an. Hans Brandenbergers ‹Wehrbereitschaft› gibt diese Wandlung vom friedlichen zum kampfbereiten Bürger plastisch wieder. [...] Wir sind bereit!»[116]

Die Höhenstrasse verlässt man «unter dem tiefen Eindruck des Gelöbnisses», das Land «mit dem letzten Einsatz» zu verteidigen.[117]

Doch wird diese Andacht bald wieder durchbrochen. Im Kinderbuch *Globi an der Landes-Ausstellung* von 1939 wird der Vogel aus Afrika zum Helden der «Landi», nachdem er zunächst vor allem durch Streiche auffiel. Einzig der Gang durch die Höhenstrasse flösst Globi Erfurcht ein («Wehr-Bereitschaft»).[118] Er sieht moderne Kriegsmaschinen, Panzer, Flakabwehr-Geschütze. Der Vaterlandsgedanke beschäftigt ihn so sehr, dass er mit einer eigenen Armee seinen Beitrag leisten will. Zum Appell erscheint Globis Heer nicht nur mit Morgensternen und Sicheln, sondern auch mit Trichterhelmen und Besenstielen bewaffnet.

Ironie und Grössenwahn lassen einen komplexbehafteten Liberalismus, einen fröhlichen Belagertensarkasmus erkennen. Verherrlichung, Pathos und Selbstironie sind vereint in einer geistigen Landesverteidigung, die der Volksmund «Ge-La-ver»[119] nannte – ewiges vaterländisches «Gelaber». Georg Kohler spricht vom «helvetischen Basiskonsens»[120] und Kurt Imhof vom «antitotalitären Basiskonsens», von einer «antitotalitären Gemeinschaftssemantik», die aus damaligen Zeitungen der verschiedensten politischen Couleur spricht.[121]

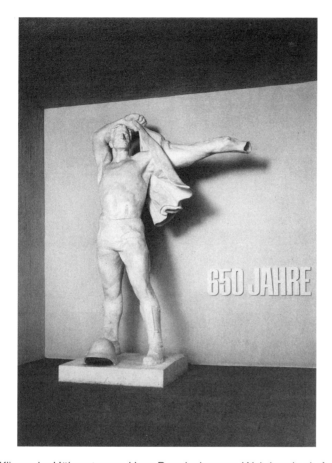

7 Die Klimax der Höhenstrasse: Hans Brandenbergers *Wehrbereitschaft*.

Denselben Basiskonses findet der «Landi»-Besucher in den 3000 Gemeindewappen am Ende der Höhenstrasse, einer stillen Demonstration gegen den Zentralismus Hitler-Deutschlands.[122] In einer der Ruhmeshallen stehen das Internationale Rote, das Schweizer sowie das christliche Kreuz – humanitäre Tradition, die Nation und Religion lauten die Identifikationsmotive.

Selbst der Stil des sozialistischen Realismus darf an der «Landi» Gestalt annehmen. Mit seinem Panoramabild – nach der Konzeption des bekennenden Kommunisten Konrad Farner – präsentiert Hans Erni *Die Schweiz, das Ferienland der Völker*. Nicht zuletzt sind es sozialdemokratische Forderungen, die an der «Landi» Aufnahme finden. Der Burgfrieden zwischen den Bürgerlichen und der Linken wirkt sich etwa im offiziellen Ausstellungsführer aus. Dort findet sich die Skizze einer künftigen Sozialpolitik, wie sie nach dem Krieg stückweise realisiert wird:

> «Als Zukunftsgedanken der schweizerischen Sozialpolitik nennen wir den Ausbau des gesetzlichen Schutzes der Arbeitnehmer in den gewerblichen und Handelsbetrieben und die Verwirklichung der Alters- und Hinterbliebenenversicherung, vielleicht eine Mutterschaftsversicherung, Bundesgesetz über bezahlte Ferien und Lohnzahlung während des Militärdienstes.»[123]

Ein Merkmal für den Modernismus der «Landi» ist, dass sie so widersprüchliche Signale wie Brandenbergers *Wehrbereitschaft*, Ernis Panoramabild und Globis Streiche verband. Man habe zeigen wollen, «was schweizerisch ist», schreibt Ausstellungsdirektor Armin Meili. Die «eifersüchtig freiheitlich eingestellten Schweizerbürger» und die Einzelaussteller seien aber nicht leicht zu gewinnen gewesen.[124] Geistige Landesverteidigung war ein Mythos der viel zu vielen Mitten.

Hans Ulrich Jost macht zu Recht darauf aufmerksam, dass dieser neue Schweizermythos an den realen Bedürfnissen der Bevölkerung nicht selten vorbeizielte.[125] Rationierung, Gebundenheit an den Schwarzhandel und abwesende Männer seien die wirklichen Probleme gewesen.

Dennoch, wer künftig über die Schweiz redete, hielt sich an die in den 1930er-Jahren festgelegten Regeln ihrer politischen Poesie. Indem sie zurückgriff auf so vielfältige Motive wie das providentielle Gotthardgebiet der Kulturbotschaft, den sprechenden Bundesbrief, allerlei Mitten und Keime, die Schwebebahn, die Höhenstrasse oder Globi, bündelte die Sonderphantasie Kräfte, die zuvor noch auseinandertrieben.

So trat Ende März 1939 Bundesrat Philipp Etter vor die Bundesversammlung. Der Sozialdemokrat Hauser hatte ihn gerade persönlich angegriffen. In einer seiner Schriften habe Etter mit dem Faschismus ein klein wenig geliebäugelt, wie Hauser meinte. Auch Etter wählte daraufhin den Ausweg der «Mitte». Der Bundesrat appellierte an die Mitwirkung der Arbeiterschaft. Denn ohne sie – Etter wandte sich an Hauser – sei eine erfolgreiche Tätigkeit der Stiftung zur geistigen Landesverteidigung unvorstellbar. Erst ganz zum Schluss meinte Bundespräsident Etter laut Bundesblatt:

«Herr Nationalrat Hauser hat aus einer Schrift, die ich vor meiner Wahl in den Bundesrat über die schweizerische Demokratie geschrieben habe, einen Passus vorgelesen über den Faschismus, aus dem hervorgehen könnte, dass ich faschistenfreundlich gesinnt wäre. Ich möchte doch die Lektüre, die Herr Nationalrat Hauser nur angefangen hat, noch etwas fortsetzen und Ihnen auch jene Sätze vorlesen, die dann gleich den Sätzen folgen, die Herr Nationalrat Hauser vorgelesen hat: ‹Ebenso fest und klar steht bei mir die Ueberzeugung, dass die faschistische Lösung für unser Land undenkbar ist, ohne die geschichtliche Grundlage und damit den Weiterbestand der Schweizerischen Eidgenossenschaft in Frage zu stellen. Der Faschismus ist ein System der Diktatur; dieses System widerspricht der ganzen Tradition unseres Landes.› Ich möchte Herrn Nationalrat Hauser bitten, die ganze Broschüre bis zum Schluss zu lesen; er wird vielleicht auf Dinge stossen, die auch ihn interessieren.

Ich komme zum Schluss, indem ich kurz zusammenfasse, was die Ihnen unterbreitete Vorlage verwirklichen möchte: Sie will helfen, die Freiheit des Landes und die Freiheit der menschlichen Persönlichkeit zu verteidigen, sie will helfen, in unserem Volke und namentlich in unserer Jugend den Glauben an das Land, den Glauben an die Sendung des Landes, den Glauben an die Zukunft des Landes wachzuhalten und zu vertiefen. Solange ein Volk an sich glaubt, wird es nie untergehen, in keiner Not und in keiner Stunde der Gefahr. (Lebhafter Beifall.)»[126]

2. GEISTIGE LANDESVERTEIDIGUNG IM KALTEN KRIEG – IN EINER ZUKUNFT DER VERGANGENHEIT

Ist die Schweiz eine tadellos funktionierende, aber unnütze Maschine? Diese Frage richtet sich an eine geistige Landesverteidigung, die nach dem Krieg weitergeht. Kalte Krieger, von denen später die Rede ist, übernehmen die alte Propaganda wortgetreu für den 1947 gegründeten Schweizerischen Aufklärungsdienst (SAD). Auf erste Kritik stossen der SAD und seine Umkreise in den frühen 1960er-Jahren: Die heisse Phase des Kalten Krieges ist vorbei, und Herr und Frau Schweizer stellen sich bald die Frage, was man eigentlich sei.

Perfekt, unnütz: So charakterisiert der italienische Semiologe Umberto Eco ein Kunstwerk Jean Tinguelys namens *Heureka*, erstmals vorgeführt an der Landesausstellung 1964. Die *Heureka* sei ein «monströses Räderwerk, dessen Räder und Bolzen, Schienen und Wägelchen, Pleuelstangen, Kurbeln, Ventile, Differenziale und Ritzel sich in perfekter Synchronisation bewegen, jedes Teil auf das benachbarte ausgerichtet und das Ganze auf nichts», schreibt Eco und spannt den Bogen zur Expo.[127] Tinguelys Exponat macht sich einen Spass aus ihr. «Millionen tadellos funktionierender Rädchen» sieht Eco in Lausanne, sie skandieren «die Stunden der Schweizerischen Geschichte und die Minuten ihrer Arbeit»:[128]

> «In der Expo stellt die Schweiz vor allem ihre Expositionsfähigkeit aus, einen ihr eigenen Sinn für Ordnung und Einteilung. Die Expo stellt eine Expo aus, und die Inhalte sind nur ihr Vorwand.»[129]

Der Fortschrittsoptimismus der 1950er-Jahre herrscht fort an der Expo 64. Das Land will schön sein, offen, korrekt. Problemlagen thematisiert es in einem wohlinszenierten Rahmen, selbst Subversives wie die *Heureka* wird integriert, «nützlich» gemacht. Avantgardistische Kunst jagt dem Bürger nicht denselben Schreck ein wie in der Vorkriegsmoderne.[130]

8 Am Tag der Urschweiz an der Expo 64 in Lausanne trifft Wilhelm Tell auf Tinguelys *Heureka*.

Zwar provoziert die *Heureka* nicht nur harmlose Empörung. Der Theologe und Schriftsteller Kurt Marti berichtet von einer «Wallung», in die Tinguely «das ominöse ‹gesunde› Volksempfinden» versetzt habe – von «Zornergüssen» noch vor der Eröffnung.[131] Doch das offizielle Erinnerungsbuch der Expo nimmt das Skandalobjekt mühelos in das Ausstellungskonzept auf:

> «Die Liebe des Schweizers für alles Nützliche ist ein echt helvetisches Erbgut. Es ist deshalb amüsant, dass ausgerechnet ein Schweizer eine Maschine erfand, die keinen andern Zweck hat, als den Betrachter mit dem reinen Bewegungsspiel ihres Räderwerks zu erfreuen.»[132]

Und noch etwas, eine Belehrung entnimmt das Erinnerungsbuch Tinguelys Skulptur: «Möge nie ein Tag kommen, an dem der Mensch der Maschine unterworfen wird!»[133] Umberto Eco warnt jedoch vor der Sprengkraft einer anderen, einer politischen Frage, die in Lausanne verdrängt werde. Die Expo sei eine «Manifestation innerhalb des schweizerischen Systems, in der das System sich selbst zur Schau stellt, seine besonderen Aspekte aufrichtig kritisiert, sich selbst als System aber nicht in Frage stellt».[134] Das ganz andere System, auf das Eco wohl anspielt, liegt hinter dem Eisernen Vorhang.

Die Sowjetunion ist der neue Feind vieler geistiger Landesverteidiger. Nach dem Krieg lerne die bürgerliche Schweiz «ausserordentlich rasch die These vom doppelten Totalitarismus und gibt der Bedrohung einen anderen Namen», schreibt Kurt Imhof.[135] Stalin wird der neue Hitler – und Sozialismus gleichgesetzt mit Nationalsozialismus. In dieser «zweiten geistigen Landesverteidigung»[136] fehlen laut Imhof sozialdemokratische, linksliberale Positionen,[137] wie sie zum nationalen Selbstverständnis in den 1930-Jahren gehörten. Das «Böse»[138] liege nun eindeutig im Osten. Neu aber werde es auch im Innern gefürchtet: «Der Staat selbst ist eine sozialistische Gefahr.»[139]

Haben sich die geistigen Landesverteidiger von einst radikalisiert? Wurden sie kalte Krieger? Ein Blick auf die Lausanner Expo 64 entspricht kaum diesem Bild von einer verschärften «zweiten» geistigen

9 Der «Wehrigel» im Armeepavillon der Expo 64.

Landesverteidigung. Viele, die 1939 den Geist der «Landi» heraufbeschworen hatten, prägen auch die neue Landesausstellung. Und längst nicht alle sind Kommunistenfresser. 1959 wird von der Expo-Direktion eine Studiengruppe einberufen, zu der namhafte Vertreter gehören: Herbert Lüthy, Denis de Rougemont und Karl Schmid, wenn auch ihr Einfluss auf die Ausstellung nicht überschätzt werden sollte.[140] Alle drei befinden sich auf einem Balanceakt zwischen Öffnung und Tradition.

Denis de Rougemont gehörte 1940 nach der Einkreisung durch die Achsenmächte zu den Gründern des Gotthardbundes,[141] in dem sich Patrioten der unterschiedlichsten politischen Richtungen zusammenschlossen. Später, 1965, fordert er in *La Suisse ou l'histoire d'un peuple heureux*, die Eidgenossenschaft solle zum Bundesdistrikt der künftigen Vereinigten Staaten von Europa werden.

Karl Schmid, Oberst im Generalstab, Vortragsredner der Propagandabteilung Heer und Haus und Professor für deutsche Sprache und Literatur an der ETH Zürich, veröffentlicht ein Jahr vor der Expo 64 seine grosse Schrift *Unbehagen im Kleinstaat*, in der er Max Frisch angreift. Den jungen Schriftsteller, den er fördert, sieht Schmid wie viele andere Schweizer Autoren an der «Schicksalslosigkeit» des Kleinstaates leiden – sie sehnten sich nach grösseren Verhältnissen.[142] Doch Karl Schmid war nicht nur kleinstaatlich-konservativer Mahner. Fast in Vorwegnahme von Tinguelys *Heureka*[143] schreibt er 1957 eine noch zaghafte Kritik am schweizerischen Bürgertum: an einer «Denkweise – nennen wir sie *Perfektionismus* –, die dadurch gekennzeichnet ist, dass die Frage nach den Zielen und Zwecken des Lebens und nach den wirklichen Werten ganz in den Schatten der Frage nach der Perfektion der jeweiligen Leistung tritt. Dann mag es zu einer wahren Travestie des sinnvollen Lebens kommen; Sorgfältigkeit, Säuberlichkeit, Ordentlichkeit beanspruchen den Rang des Nichtanzufechtenden, und die Heiligung des Schul- und Ordonnanzgemässen ist in schönstem Gange.»[144]

Der sensibelste, feingeistigste Landesverteidiger in der Expo-Studiengruppe ist der 1918 geborene Historiker Herbert Lüthy. Den jungen Lüthy bewegte bereits während des Zweiten Weltkrieges das Weltgeschehen mehr als die Schweizer Innenschau. Doch konnte auch er in seiner

10 Herbert Lüthy (1918–2002) war der grosse Stilist und Einzelgänger der schweizerischen Geschichtsschreibung und Publizistik.

1942 bis 1944 kommentierte der Sohn eines Indien-Missionars für das *St. Galler Tagblatt* das Kriegsgeschehen. Im Kalten Krieg wendete sich Lüthy kritisch gegen die Dominanz linker Ideologien, ebenso sehr aber warnte er vor dem Abbruch jeglicher Ostkontakte. In seinem Essay «Die Schweiz als Antithese» verstand er 1961 sein Land als Ausnahme in der europäischen Entwicklung, als einen Ort, an dem die grosse Zusammenballung unter einem zentralisierten Regierungsapparat noch nicht stattgefunden habe. Das Zeitgeschehen beobachtete Lüthy meist von Paris aus, über Frankreich schrieb er seine angesehensten Werke. Ende der 1950er-Jahre wurde er zusammen mit J. R. von Salis zu einem der kritisch beäugten «Journalisten», die an der ETH über «Questions actuelles» dozierten. 1977, nach der Berufung Jean Zieglers, gab Lüthy sein Ehrendoktorat auf Druck der Philosophieprofessorin Jeanne Hersch an die Universität Genf zurück.

Kolumne im *St. Galler Tagblatt* zu Verteidigungsreden ansetzen. Ende 1944 wehrt sich Lüthy gegen den Vorwurf, die schweizerische Aussenpolitik sei «sowjetfeindlich und profaschistisch». Das sei eine «plebejische Simplifikation». Die eidgenössische Haltung habe eher dem «Geisteszustand von Grossaktionären» entsprochen – der Haltung «durchaus guter Demokraten, die bei aller Standhaftigkeit» kein einträgliches Geschäft verpassten.[145] Dasselbe tadelnde Lob teilt Lüthy 1961 aus: Die Eidgenossenschaft habe «ihre Staatsform *gegen* den Strom der allgemeinen europäischen Entwicklung der letzten Jahrhunderte aufgebaut», «das Wesentliche ihrer mittelalterlichen Strukturen» bewahrt und auch die «Identifizierung von Staat und Nation nicht gekannt».[146] Ohne am nationalistischen Zeitalter teilzunehmen – «die Epoche, vor deren Ruinen das heutige Europa steht» –, setzte die Schweiz dem Nationalismus «ständig die Herausforderung ihres multinationalen und pluralistischen Bundesstaates»[147] entgegen. Lüthy bewundert diese «regelwidrige Geschichte»[148] – und warnt zugleich vor ihren Folgen:

> «Ich glaube immer noch, dass wir uns, alles wohl erwogen, nur dazu beglückwünschen können; doch zweifellos hat uns dies auch gezeichnet. Es hat uns vor allem geprägt während jenes Triumphzugs eines frenetischen und blutrünstigen Rassennationalismus, der im grossen Weltkrieg endete. Während jener Jahre, in denen die Schweiz einer verlorenen Insel im teutonischen Meer glich, hat sie sich so stark auf sich selbst zurückgezogen und mit einer derartigen Inbrunst nur an die Werte ihrer eigenen Geschichte geklammert, dass es ihr noch nicht ganz gelungen ist, wieder aus dieser Igelstellung herauszugelangen.»[149]

An der Expo, drei Jahre nach diesem Aufsatz, wird Lüthys Igelstellung Teil der Schau. Im Armeepavillon steht ein von Polyedern umspanntes Gebäude: ein Wehrigel, in dessen Innern die Eidgenossenschaft liegt. Im Eingangsbereich des Igels flüstern unbekannte Stimmen dem Besucher subversive Botschaften ein – Stimmen aus dem Osten.[150] Damit hat sich die zweite geistige Landesverteidigung ein Symbol geschaffen und viele Kritiker eingebracht.

«Die Neurose des Igels» diagnostiziert der Philosoph Arnold Künzli in einem zur Expo erscheinenden Aufsatzband. Einen «Nonkonformisten» nennt man Künzli damals, es ist die gängige Bezeichnung für einen Kritiker, der sich über das «Konventionelle» hinauslehnt.[151] Dabei war auch Künzli 1939 als Student ein begeisterter «Landi»-Besucher gewesen und – ein glühender Antifaschist – wie Denis de Rougemont Mitglied im Gotthardbund.[152] Es tut Künzli deshalb «in der Seele weh»,[153] an der Expo Kritik üben zu müssen. Doch er sieht die Ausstellung als eine von vielen «Stationen auf dem Wege unseres inneren Kreuzzugs gegen den Kommunismus».[154] Künzli fordert nüchterne Information über den Kommunismus. Stattdessen werde der Expo-Besucher «durch das martialische Bild einer mit aufgepflanztem Bajonett im Paradeschritt daherstechenden Formation von Sowjetsoldaten empfangen. Niemand kann mir weismachen, daß dieses Bild nicht ganz bewußt mit der Absicht hierhergestellt worden ist, dem Besucher zu suggerieren, daß der Feind sei, der uns bedrohe und gegen den diese ganze Wehrschau sich in erster Linie richte.»[155]

Der Igel mutiere zu einem «bedenklich neurotischen Tier, das außerhalb der Wirklichkeit lebt», schreibt Künzli.[156] Und tatsächlich läuft in jenen Jahren die Fichierung politisch «links stehender» Personen bereits auf Hochtouren. Mitglieder der Armeesektion Heer und Haus gründen 1947 den SAD.[157] Angesichts der kommunistischen Machtergreifung in der Tschechoslowakei 1948 und des Ungarnaufstands 1956 agitiert der Aufklärungsdienst gegen innere Feinde. Die kommunistische PdA wird als «Partei des Auslandes» diffamiert. Die NZZ publiziert nach dem Ungarnaufstand die Wohnadresse des Kunsthistorikers Konrad Farner. Das PdA-Mitglied hatte einst Hans Ernis «Landi»-Panoramabild *Die Schweiz, das Ferienland der Völker* konzipiert. In Thalwil am Zürichsee richtet sich nun eine seitens der Polizei geduldete Volkshetze gegen Farner und seine Familie. Hier setzt der Igel seine Stacheln nicht nur zu Verteidigungszwecken ein.

Veränderung liegt dennoch in der Luft. Noch vor den Jugendunruhen 1968 brechen allenthalben Widersprüche auf. Max Frisch, Markus Kutter und Lucius Burckhardt schreiben 1955 in *achtung: die Schweiz* gegen die geplante Expo an. Die Autoren diskutieren stattdessen Ideen zu einer Musterstadt. Trotz der verhältnismässig braven Streitschrift gilt Frisch als «68er avant la lettre»,[158] und Burckhardt bricht mit seinem Boykott und wirkt an der Expo 64 mit.[159] Weiter bedauert der Staatsrechtsprofessor Max Imboden 1964 im *Helvetischen Malaise* «die offenbar urhelvetische Neigung, das Urteil über das sachlich Mögliche von vornherein auf das politisch Tragbare auszurichten».[160] Der Schriftsteller Adolf Muschg geht 1965 mit seinem Erstling *Im Sommer des Hasen* in Japan, im ganz anderen, gewissermassen fremd. Und im selben Jahr sorgt Walter Matthias Diggelmann mit *Die Hinterlassenschaft* für einen Literaturskandal. Hinter der Thalwiler Hetze gegen Konrad Farner stünden, so Diggelmanns These, dieselben kalten Krieger, die sich in den 1930er-Jahren bei den Frontisten heimisch gefühlt hätten.

Mitten in diesem aufgeregten Klima gehen auch alte Gefährten geistiger Landesverteidigung auf einmal getrennte Wege. Am 2. April 1964 fehlt an der «Konferenz zu Fragen der geistigen Landesverteidigung» ein prominenter Name: Jean Rudolf von Salis, der Präsident der im Schicksalsjahr 1939 gegründeten Pro Helvetia. Seit 1952 im Amt, begründet von Salis sein Fernbleiben damit, dass die weitergeführte geistige Landesverteidigung «zum helvetischen McCarthyismus, zur Gesinnungsschnüffelei und schliesslich zur Bevormundung» führe.[161]

«Wir verloren», meint J. R. von Salis bereits 1961, «den Zusammenhang mit der kämpfenden und leidenden Menschheit. Geistige Landesverteidigung kam in Gefahr, in geistige Selbstgenügsamkeit, ins Glück im Winkel, in Fremdenhaß umzuschlagen.»[162]

«Wir», sagt von Salis. Aber es ist klar, dass er zwischen sich und einigen ehemaligen Mitstreitern einen Keil treibt. «Einzig in ihrer Art war die geistige Landesverteidigung, die Professor J. R. von Salis während des Krieges in seiner ‹Weltchronik› betrieb», schreibt Alice Meyer 1965.[163] Diese Stimme verabschiedet sich nun aus dem Chor. Von Salis' Kritik gilt Persönlichkeiten wie dem konservativen Publizisten und Nationalrat Peter Dürrenmatt, dem Leiter der besagten «Konferenz zu Fragen der geistigen Landesverteidigung», und nicht zuletzt Hans Armin Huber, Frauenfelder Verleger, Oberst im Generalstab und Chef des SAD. Doch was machte deren «zweite» geistige Landesverteidigung so unausstehlich? Warum kamen Männer wie Dürrenmatt und Huber zu so ganz anderen Lageeinschätzungen als von Salis?

Vor allem Hubers Schriften lassen eine Radikalisierung in der Sprache erkennen. 1962 glaubt Huber, es sei «wieder wie zur Zeit Hitlers: Die ganze zukünftige beziehungsweise die geplante Entwicklung ist im Schrifttum unseres Gegners haargenau aufgezeichnet. Man müsste sie nur zur Kenntnis nehmen, um sich sinnvoll dagegen zur Wehr setzen zu können. Aber man *will* die Wahrheit nicht sehen.»[164] Eine verzweifelte Warnung aus *Geistige Landesverteidigung im revolutionären Krieg*, einer SAD-Broschüre.

Gegründet wird der Aufklärungsdienst als ziviler Nachfolger von «Heer und Haus» – einer Armeeabteilung, die Vortragsredner während des Krieges zur Stärkung des Wehrwillens durch die Schweiz schickte. Doch bereits die Gründungszeit ist nicht sorgenfrei. Die rund 7000 Adressen umfassende Kartothek von Heer und Haus wird zwar an den SAD übergeben, doch Huber muss bald erkennen: «Leider zeigten schon die ersten Veranstaltungen, zu denen diese Leute eingeladen worden waren, dass sich etliche darunter befanden, welche wohl erbitterte Kämpfer gegen die Nationalsozialisten gewesen waren, aber nicht bereit waren, mit dem gleichen Eifer auch gegen den roten Totalitarismus aufzustehen.»[165]

Huber dagegen vertritt diese These ganz in seinen Worten: erbittert und mit dem gleichen Eifer. Schliesslich kann er sich auf Bundesrat Etter berufen, der 1934 schrieb: «Mir scheint, dass im National-Sozialismus in der Tat, dem Namen entsprechend, viel Sozialismus mitschwimmt.»[166] Dreissig Jahre später ist der Feind raffinierter, subversiver geworden. Nun drohen unsichtbare Krankheiten, Zersetzung und Tod. Der bürgerliche Körper kommt in Gefahr:

«Wir können diesen Prozeß mit einer schweren Infektionskrankheit vergleichen: Im Augenblick, wo die ersten Krankheitssymptome äußerlich sichtbar werden, ist die Krankheit selbst für den von ihr betroffenen Organismus bereits lebensgefährlich geworden, weil der ganze Körper mit unsichtbaren Krankheitskeimen durchsetzt ist. Ist die Zersetzung einmal weit genug gediehen, so ist die politische Willensbildung bereits gelähmt. Der zu Tode erkrankte Volkskörper ist nicht mehr fähig, auf den Angriff gegen seine lebenswichtigen Organe, die staatliche Ordnung, durch eine revolutionäre Minderheit im Landesinnern oder einen militärischen Angriff von außen zu reagieren.»[167]

Nicht zuletzt eine solche Wortwahl lässt J.R. von Salis zum «helvetischen McCarthyismus» auf Abstand gehen.

Davon ungetrübt bedienen sich Huber und der SAD helvetischer Weihen und einer Mitte, die sie längst verlassen haben. Er wolle, schreibt Huber, nicht nur Antikommunismus betreiben, denn im Kalten Krieg sei das Band mit der Arbeiterschaft unbedingt zu pflegen.[168] Vorsicht ist dennoch geboten: Wankelmütige Liberale wie von Salis bestätigen die neue Kampfsituation, in der man sich, um nicht zu verzweifeln, die Existenz des unsichtbaren Feindes selbst vor Augen führen muss.

«Am Schlusse», schreibt Huber, «wird die Freiheit über die Tyrannei, der Geist über den Materialismus siegen.»[169] Damit bezieht er sich auf die Kulturbotschaft von 1938. Diese hoffte auf den «Sieg des Gedanklichen über das Materielle».[170] Den gleichen «Ungeist des Materialismus»[171] sieht Huber nun in der sittlichen Gefahr des Kommunismus. Dagegen helfe nur noch «christliche Nächstenliebe»[172], denn wir seien «im materialistischen Denken nicht weit vom Kommunismus entfernt. Deshalb droht von dieser Seite her eine der größten inneren Gefahren.»[173]

Die geistigen Landesverteidiger wenden sich nach innen, verkrümmen sich unter Gesinnungsprüfungen: «Geistige Landesverteidigung verlangt von uns, daß wir vor allem ‹Marx und Lenin in uns selbst› bekämpfen, indem wir jene Grundwerte, auf denen unser Leben aufgebaut ist, lebendig erhalten und zur ständigen Richtschnur für all unser Denken und Handeln machen.»[174] Daher auch die Angst vor guten Menschen – Huber nennt sie «Kryptokommunisten»:

«Wir müssen aber auch die Gefahr erkennen, die von den *Kryptokommunisten* ausgeht, den Mitläufern, Rückversicherern, intellektuellen Opportunisten und weltfremden Schwärmern, jenen zahlreichen meist gutgläubigen, naiven Leuten, die keiner Partei angehören, die aber auf irgendeines der Schlagworte der kommunistischen Propaganda hereingefallen sind und die Gefährlichkeit des Systems nicht erkannt haben. Ich meine vor allem jene Hochschulprofessoren, Theologen, Lehrer, Juristen, Ärzte usw., welche dank ihrer Intelligenz und Überzeugungskraft die Mittel besitzen, eine große Gefolgschaft, [sic] vor allem junger Leute zu verführen. Der Kampf gegen diese Leute setzt wiederum die Bereitschaft aller einsichtigen Bürger voraus, aktiv mitzuhelfen, wo immer diese Personen auftreten und wirken.»[175]

Diesen Kampf konnte der SAD nur verlieren. Zu viele schlechte Gutmenschen, finster dräuende Gefahren und vermeintliche Viren sahen die SAD-Leute, zumal Hubers Vorträge bis zu seinem Rücktritt 1963 äusserst repetitiv blieben.[176] Der Aufklärungsdienst verlor an Zugkraft mit der Entspannungspolitik zwischen West und Ost. Spätere SAD-Präsidenten – darunter Hans W. Kopp – verliessen den antikommunistischen Kurs. 1982 wurde der Aufklärungsdienst in Schweizerische Arbeitsgemeinschaft für Demokratie umbenannt. Heute nennt sich der Verein «Horizonte», nichts mehr erinnert an seine Entstehungszeit.

Einen ähnlichen, wenn auch längeren, lebenslangen Kampf von anderer Güteklasse führte Peter Dürrenmatt. Ein Gradmesser konservativer Befindlichkeit, war er Gründungsmitglied und Vizepräsident des SAD, 1936 Gründungsmitglied des Redressement National, einst Sekretär des Bundes für Volk und Heimat, Präsident des Forum Helveticum, Chefredaktor der *Basler Nachrichten* sowie Verfasser einer populären *Schweizergeschichte*. Als seinen «biederen Vetter», einen «der borniertesten kalten Krieger» beschrieb ihn der Schriftsteller Friedrich Dürrenmatt.[177]

Das Klappern von Tinguelys *Heureka* an der Expo 64 deutet Peter Dürrenmatt als Kritik an der seelenlosen modernen Technik und der Spassgesellschaft: «Worin aber bestand, ausser dem klingenden Geld und dem mit ihm bewiesenen Erfolg, der Geist dieses Betriebes? Sehr humorvoll hatte der Plastiker Jean Tinguely diesen Zustand [...] karikiert. ‹Heureka› arbeitete fieberhaft, mit Rädern und Gestängen, aber das Produkt blieb null. Besser gesagt, es bestand ausschliesslich im Vergnügen des Zuschauers.»[178]

Peter Dürrenmatt, geboren 1904, pflegte sich über seine Sympathien für den frontistischen Erneuerungsgedanken während der 1930er-Jahre auszuschweigen.[179] Sein Vetter, der Schriftsteller, hatte weniger Mühe, ein «nebulöses Parteinehmen für Hitler» einzuräumen.[180] In Peter Dürrenmatts Würdigung des Grossvaters Ulrich erscheint dieser als der «letzte echte, protestantisch-konservative Politiker der neuern Schweizergeschichte»[181] – kein Wort von den antisemitischen Hasstiraden seines Grossvaters.[182] Doch sind diese Blindheit auf dem rechten Auge sowie der Antisozialismus nur die eine Seite von Peter Dürrenmatt. Die andere führt bis in die jüngste Gegenwart. Denn der Nationalrat träumte seit jeher von einer Partei konservativen Zuschnitts. In Dürrenmatts Elternhaus in Herzogenbuchsee wurden 1919 Gründungsgespräche der Bauern-, Gewerbe- und Bürgerpartei (BGB) geführt – der späteren SVP.[183] Eine «klare, profilierte Rechtspartei»[184] sei die BGB damals gewesen, schreibt Dürrenmatt, und genau eine solche Kraft vermisst er: Patriotisch soll sie sein, staatskritisch, wirtschaftsfreundlich wie ländlich, nüchtern in asylpolitischen und gesellschaftspolitischen Fragen.

Es bleibt ein einsam gehegter Traum, bis sich 1979 zwei Lebensläufe kreuzen. Dürrenmatt tritt aus dem Nationalrat zurück, und der SVP-Präsident des Kantons Zürichs, ein aufstrebender Unternehmer namens Christoph Blocher, wird neu in den Nationalrat gewählt. Bald wird Blocher nach einer konservativen Wende rufen. Es scheint, als hätte er damit den Lebenstraum eines anderen erfüllt. Dürrenmatts Schriften lesen sich auszugsweise wie das heutige SVP-Parteiprogramm.

Eine konservative Kraft fehlt ihm nicht nur im Politischen. Auch die Landeskultur erscheint Dürrenmatt allzu urban. Daher bemängelt er an der Expo 64, ihre Schöpfer hätten «die Ausdrucksformen einer bestimmten, städtisch orientierten Schicht von Zeitgenossen zum Massstab» genommen.[185] Man wollte schlicht «das Zukünftige als das kommende Bessere» gewertet haben.[186]

1979, in seinem Rücktrittsjahr, erscheint mit *Sonderfall oder Endstation?* Dürrenmatts Abrechnung. Der sprechende Untertitel des Buchs

11 Peter Dürrenmatt hält eine Rede zum 1. August 1950 in Basel.

Peter Dürrenmatt (1904–1989) sehnte sich zeitlebens nach einer Partei konservativ-bürgerlichen Zuschnitts. Zuletzt sah er mit dem Aufstieg der politischen Linken und einem schwächelnden Liberalismus die Schweiz im «sozialistischen Zeitalter». Nach vier Jahren als Lehrer in Deutschland wurde Dürrenmatt in den 1930er-Jahren Zentralsekretär des Bundes für Volk und Heimat mit Nähe zu frontistischen Ansinnen. Nach dem Krieg hatte Dürrenmatt das Vizepräsidium des Schweizerischen Aufklärungsdienstes inne, er war 20 Jahre lang Chefredaktor der *Basler Nachrichten* und sass von 1959 bis 1979 im Nationalrat. Dürrenmatts *Schweizer Geschichte* war ein populäres Standardwerk. In den 1960er-Jahren federführend in Erneuerungsbestrebungen der geistigen Landesverteidigung, stirbt er als einer der «borniertesten kalten Krieger» (so sein Vetter Friedrich Dürrenmatt) im Jahr, als die Sowjetunion zusammenbricht.

lautet *Die Schweiz im sozialistischen Zeitalter*. Der «Siegeszug eines rein materiellen Fortschritts- und Erfolgsdenkens» sei Tatsache geworden, schreibt Dürrenmatt.[187] Der urbanen, bewegten Jugend steht der Sinn nach sexueller Befreiung, anderen Lebensformen, weniger Krawattenzwang. Mit Sorge sieht Dürrenmatt diese Generation im «sozialistischen Zeitalter» das staatliche Steuer übernehmen:

> «Seit Anfang der sechziger Jahre drängt nun aber eine neue Generation in die politische, soziale und wirtschaftliche Verantwortung. Sie kennt den Krieg und die Vorkriegszeit nur aus der Literatur, vom Hörensagen der Alten, und nicht aus persönlicher Erfahrung. Krieg und Vorkriegszeit erscheinen ihr als Geschichtsepoche absurd und widersinnig. Sie selbst ist in einer politischen Begriffswelt aufgewachsen, die nur vom Vordergründigen ausgeht, weil sie für die Geschichte nur Verachtung empfindet. Diese neue Generation ist nach vorwärts gerichtet, frönt einem Sozialismus, der nicht über das Schlagwortmässige hinauskommt, merkt jetzt allerdings, daß solch ‹progressives› Verhalten ins Leere zu stoßen droht.»[188]

Für die 68er-Generation war die Schuld der Väter das grosse Thema. Peter Dürrenmatt sieht es leicht anders: «Die Ahnungslosigkeit der Jugend ist die Schuld der Väter.»[189] Dürrenmatt fühlt sich mitschuldig an einer Dekadenzgeschichte, die eine sozialistische, wirklichkeitsferne Jugend hervorbrachte. Die geistige Landesverteidigung habe die politische Diskussion vor 1968 zu sehr entschärft. Nachdem man sich gegen den totalitären Nachbarn zusammengeschlossen habe, sei das Land durch diese Eintracht gefährdet worden,

> «weil wir in der Schweiz die Fähigkeit zum inneren freien Gespräch und zur oft auch harten geistigen Auseinandersetzung nach 1945 immer mehr verloren. Die Diskussion um Strömungen und Auffassungen, die vom Ausland auf uns eindrangen, hörte auf. Widerstand und Trotz waren ein und dasselbe geworden. Eine ganze Generation (im weitesten Sinne des Wortes) ist in diesen Vorstellungen groß geworden.

> Dann aber wurden wir gleichsam über Nacht in die heutige neue Lage hineingestellt, da die politische Diskussion ganz selbstverständlich europäische und weltweite Dimensionen annahm. Mehr noch, jetzt kam das Wort auf, Demokratie sei Diskussion. Das Pendel schlug auf die andere Seite aus; denn Demokratie ist gewiß auch Diskussion, aber niemals bloß Diskussion, niemals Diskussion als Selbstzweck.»[190]

Dürrenmatt bringt das innere Krisenempfinden des Bürgerblocks zum Ausdruck.[191] Der grosse vaterländische Konsens der Nachkriegszeit unterband die lebendige politische Auseinandersetzung. Dennoch will Dürrenmatt die Diskussionsunkultur der jungen Generation nicht übernehmen – aus Abscheu vor deren Themen: «Die Gesellschaft wurde pluralistisch, der Kampf gegen ‹alle Tabus› nannte sich nun Kampf für die ‹Mündigkeit des Menschen›.»[192]

Hinzu kommt, dass nicht nur die Jugend dem Sozialismus gegenüber freundlich gesinnt ist. Sozialismus, auch in seiner parlamentarischen Form, delegiere die Befriedigung zu vieler individueller Bedürfnisse an den Staat, schreibt Dürrenmatt. Der Sozialismus verwirkliche sich so Schritt für Schritt am Volksempfinden vorbei und die Konkordanz werde ein «Konglomerat», dem ein Gegenpol fehle:

> «Die Kritik stellt fest, das Zusammenleben in der Konkordanz, dieses Ausweichen vor den Alternativen, habe zu einer gewissen Verlogenheit in unseren politischen Zuständen geführt. Die Folgen lägen offen zutage: eine weit verbreitete Stimmung des ‹ohne mich›, ausgedrückt in der großen Stimmabstinenz; die Verärgerung über ein politisches ‹Establishment›, das zwar Abstimmungen veranstalte, aber hinterher doch mache, was es wolle; die Mißstimmung über einen vermuteten maßgeblichen Einfluß ‹anonymer Mächte› auf unser öffentliches Leben, um nur einiges zu nennen. Ist aus der Konkordanz ein Konglomerat geworden? Das schweizerische Konglomerat im sozialistischen Zeitalter?»[193]

Mit diesen rhetorischen Fragen ist die neue schweizerische Rechte jenseits der alten Mitte geboren. Dürrenmatt nannte es «Konglomerat», Blocher wird es in Classe politique umtaufen. Beide verstehen darunter ein Establishment von Berufspolitikern, die ihren Staat ohne das Volk verwalten.

1999 redet Christoph Blocher im Albisgüetli über *Unsere Politik im 21. Jahrhundert*. Er bezeichnet «Zentralismus, Kollektivierung, Vermassung, Zwangsregulierung, gleichmacherischen Sozialismus, gigantische Staatsgebilde, die dem Einfluss des Bürgers möglichst entzogen sein sollen», als grösste Gefahren des neuen Jahrhunderts.[194] 1985 kritisierte Blocher als Vizepräsident der bürgerlichen Lobbyvereinigung Redressement National, die Politiker würden sich immer mehr einer «Kastensprache»[195] bedienen. Peter Dürrenmatt hatte im Redressement bereits 1973 über den Beamtenstaat referiert, der immer mehr zur «öffentlichen Klasse» werde, statt «Diener des Volks» zu sein.[196] Zufällig sind diese Übereinstimmungen kaum. Dürrenmatt war eine bekannte Person, ein vielgelesener Autor. Die Gemeinsamkeiten zwischen Blochers Classe politique, Dürrenmatts «öffentlicher Klasse», zwischen der «Kastensprache» und dem «Konglomerat» entspringen einer Gesinnungslage, wie sie seinerzeit in bürgerlichen Reihen verbreitet war.

1979 allerdings verströmte die Idee einer konservativen Partei noch den Stallgeruch des Faschismus, und jeder, der sich im Freisinn rechts von der Mitte bewegte, sah sich einem Verdacht ausgesetzt. Dürrenmatt erzählt aus dem Nationalrat:

> «Ein sozialdemokratischer Sprecher ging eines Tages sogar so weit, jenen freisinnigen Flügel, der dem sozialen und wirtschaftlichen politischen Konzept der Sozialisten ungefähr diametral gegenüberstehende Auffassungen vertritt, als ‹extreme Rechte› zu schelten und den Freisinn dafür zu rügen, daß er solche Meinungsäußerungen in seinem Lager dulde.»[197]

Peter Dürrenmatt dagegen sieht ein «Konzept der Rechten, das mehr wäre als Abwehr und Bremsung»,[198] in gewissen Spuren vorgezeichnet:

> «Wir sind der Suggestion erlegen, ‹rechts› habe einerseits soziale Bremswirkung, neige aber dafür in wirtschaftlicher Hinsicht zu ungehemmter Wirtschaftsfreiheit; daß es rechts angesiedelte Konzepte einer Sozial- wie

einer Wirtschaftspolitik geben könnte, ist uns fremd geworden. Von rechts akzeptiert man vielleicht noch den entschiedenen Einsatz für die Landesverteidigung. Aber bereits bei den Meinungen über den Schutz des Rechtsstaates vor Revoluzzern und Terroristen hapert es schwer. Wer immer sich für den von der Verfassung verlangten Schutz des Rechtsstaates einsetzt, wird des Rechtsextremismus verdächtigt. Rechts zu stehen hat einen Beigeschmack bekommen, den man scheut; so zieht man sich auf die harmlose ‹Mitte› zurück.»[199]

Wie kann das konservative Volk mit dem vorauseilenden sozialistischen Establishment wiedervereinigt werden? Gibt es mehr als nur die harmlose Mitte der geistigen Landesverteidigung? Und wer rettet den Begriff der Nation, den – laut Dürrenmatt – viele nur noch als «Hilfskonstruktion» gebrauchen, wo er doch die Schweiz in einen fröhlichen Dualismus zwischen Staat und Gesellschaft zusammenschweisst?[200]

Solche Fragen übernimmt der neu gewählte Nationalrat Christoph Blocher 1979 vom zurücktretenden Dürrenmatt – Fragen, die natürlich nicht nur Dürrenmatt während Jahrzehnten in seinen Schriften aufgeworfen hatte. Noch vor dem kulturellen Bruch von 1968 kam es innerhalb der geistigen Landesverteidigung zu einer stillen Revolte gegen den eigenen, vor dem Krieg geschlossenen Konsens. Die Intellektuellen der Aktivdienstgeneration trennen sich bereits in den frühen 1960er-Jahren. Jahrelang in der Abwehrhaltung geeint, richten nicht nur Nonkonformisten wie Arnold Künzli, sondern auch Herbert Lüthy, Denis de Rougemont, J. R. von Salis und Karl Schmid sowie konservativere Gemüter wie Huber oder Dürrenmatt ihren Blick neu aus. Zwanzig Jahre nach dem Zweiten Weltkrieg und dem Rückzug ins Reduit werden alte Fronten wiederentdeckt.

Könnte die SVP der 1990er-Jahre die alte BGB sein, wie sie sich während der Gründungsgespräche im Hause Dürrenmatt angehört haben muss – eine «institutionalisierte politische Rechtsbewegung»?[201] Ist Christoph Blocher der Erneuerer einer konservativen Gesinnung, die in der Schweizer Parteienlandschaft erst nach der Ära der «Mitte» wiederkehren konnte?

3. IN THÜRERS TURM

In den 1930er-Jahren erfüllte sich in der Schweiz ein politischer Traum: Man fand zu jener «Einmütigkeit», die sich seit der Wahl von zwei Sozialdemokraten in den Bundesrat 1959 eine etablierte «Konkordanz» nennt. Die gespaltenen Bürgerlichen, zwischen Frontismus und Kommunismus lavierend,[202] verschwisterten sich bereits in der Zwischenkriegszeit mit der Sozialdemokratie in einer allseits beschworenen «Mitte».

Der so glücklich geeinte Kleinstaat musste sich nach dem Krieg, im Schutzraum der Westmächte, weder neu beweisen noch erfinden. Viele Bürgerliche hielten der geistigen Landesverteidigung die Treue. Sie konnten nicht ins 19. Jahrhundert, in die Zeit des «pragmatischen schweizerischen Liberalismus» zurückkehren, wie Kurt Imhof vorschlägt.[203] Denn da war ein Systemfeind im Osten und eine gestärkte Sozialdemokratie im Innern. Da war inzwischen auch die bewegte, hedonistisch-amerikanisierte Jugend von 1968, und dazu kamen Emanzipations- und Umweltbewegungen sowie neuerliche Überfremdungsängste. Nicht jeden dieser «Fortschritte» wollte der Bürgerblock mit seinem altehrwürdigen Staatswesen mittragen. Durch den Burgfrieden mit der politischen Linken fühlte sich die konservative Basis des Freisinns vielmehr in die «Mitte» gerissen, in ein «sozialistisches» Zeitalter überführt. Dieser Eindruck übersteigerte sich während des Kalten Kriegs zuweilen, als mancher Demokrat den durchlässigen «Volkskörper» vor kommunistischer «Infizierung» bewahren wollte.

Wie konnte diese Geschichte weitergehen? Zunächst mit Nostalgie: Noch 1968 erinnert das Buch *Zivilverteidigung* an die «Einmütigkeit» der 1930er-Jahre mit Ferdinand Hodlers gleichnamigem Wandbild. Längst aber begannen sich an dieser Einmütigkeit bürgerliche Kritiker, Nonkonformisten und die 68er-Bewegung abzuarbeiten. Ein Mythensturm fegte über das Land, und es schien, als seien Tell, das Rütli, das Reduit, die ganze geistige Landesverteidigung rasch überwunden. Bis in den 1980er-Jahren in der Zürcher SVP der Ruf nach einer konservativen Wende laut wurde.

12 Georg Thürers Einsatzort im Krieg: der St. Galler Postturm auf einer Aufnahme von 1937.

Diese Geschichte, hier in aller Kürze gehalten, lässt sich am Beispiel Georg Thürers nacherzählen. Kein anderer hat die bürgerlichen Sehnsüchte nach Einmütigkeit so bedient wie dieser Historiker. Thürer war einer der einflussreichsten Vaterlandsveredler, und sein Leben und Werk spannen den Bogen über alles bisher Ausgeführte.

1908 im Bündner Bergdorf Tamins geboren, bietet der Pfarrerssohn seinen Zuhörern bis zuletzt eine «Schweizer Innenschau», «Besinnungen aus zeitloser Sicht», wie er sein öffentliches Reden verstand.[204] Historiker und Dichter zugleich, hat er das kleinstaatliche Selbstverständnis mitgeprägt, es ist immer dieselbe Sendung von der demokratischen, föderalistischen, neutralen Insel inmitten der Arglist der Zeit. Wenn für den Kulturgeografen Emil Egli, einen Freund Thürers,[205] der St. Gotthard wie in Bundesrat Etters Kulturbotschaft die «Mitte» symbolisierte,[206] war der unkenntliche Berg Thürer 1934 ein Theaterstück wert und ein «Wegweiser» in einem NZZ-Leitartikel während des Zweiten Weltkrieges.[207]

Kaum jemand kennt Georg Thürers Prosa, Theater oder Gedichte heute, doch vor den 1970er-Jahren drängten sie ins kollektive Gedächtnis der Jugend. In Geschichtsbüchern, Dichtungen, Liedern, Bildbänden, Zitatsammlungen arbeitete Thürer an seinen ewigen helvetischen Motiven.[208] Er sollte damit auch den jungen Christoph Blocher nachhaltig inspirieren, obwohl er dem Helvetismus nach SVP-Art heute vermutlich entgegenhielte. Einer der wenigen direkten Kontakte mit Blocher kam Mitte der 1960er-Jahre zustande, einer Zeit, in der sich so vieles anbahnte, was die Einmütigkeit bald aufbrechen würde. Thürer aber hatte bis dahin bereits ein bewegtes halbes Jahrhundert Schweizer Geschichte durchlebt.

«Es gibt eine Clique», schreibt 1940 der Germanist und Generalstabsoberst Karl Schmid an einen Freund. Eine Clique «von Leitartiklern und professionellen Rhetoren, wie Mojonnier, Thürer usf., die ich nicht mehr vertrage. Für die ginge ich freiwillig in einen Schulungskurs. Denen sollte man die rhetorischen Eier einmal schleifen.»[209] 1943 gehört Thürer ausgerechnet zu den Mitbewerbern für die ETH-Professur, die Schmid schliesslich zugesprochen bekommt. Thürer sei «allerdings fachlich kaum qualifiziert», schreibt sein Konkurrent, «er ist – ich kenne

13 Otto Baumbergers Wandbild *Die Entstehung der Eidgenossenschaft* an der Landesausstellung 1939 mit Georg Thürers Texten.

ihn vom Studium her – auf den nationalen Wellen seit 1938 hochgeschwommen».[210] Dem wortkräftigen Schmid ist beizupflichten, denn Georg Thürer bevorzugte nicht selten den martialischen Ausdruck. Beide, Schmid wie Thürer, standen weit über die Kandidatur für die ETH-Professur hinaus in einer Konkurrenzsituation um das wirksamere Wort. Es muss ein Balanceakt gewesen sein, der Bevölkerung Mut zu spenden und sich doch nicht unter Wert anzubiedern.

Wie ritt Thürer auf dieser Welle? Ende Mai 1939 hat er einen seiner bedeutendsten öffentlichen Auftritte, er prägt die Igel-Formel der wehrhaften Neutralität. Da «erklomm die Kundgebung einen Höhepunkt von wahrhaft gewaltiger Grösse», schreibt die *National-Zeitung*, als Thürer in Basel ans Rednerpult tritt und auf Glarnerdeutsch sagt: «Es gibt keinen Diktator, der einen Igel frisst und verdaut.»[211] Thürer sieht sich nicht als alleinigen Erfinder des Igels,[212] doch zeugt es von den poetisch-politischen Höhenfeuern jener Jahre, dass ein dichtender Historiker der Idee vom Rückzug ins Alpenreduit so vorgreifen konnte.

Schwierig ist es, sich als junger Mann politisch zu finden. «Ich verschweige nicht», schreibt Thürer 1989, «dass ich mich in der Frühzeit der Fronten fragte, ob es angemessen wäre, in der an sich erfreulichen Einsatzbereitschaft der vorab jungen Leute mitzumachen und dabei die Schwungkraft der Bewegung vor Auswüchsen bewahren zu helfen, oder aber den Frontismus schon in seinen Anfängen zu bekämpfen. Dass ich den zweiten Weg beschritt, gereicht mir nun wohl zur Genugtuung, lag aber nicht zum vornherein auf der Hand.»[213] In Thürers Fall spielen verschiedene Freundschaften eine Rolle: Spätere «tüchtige Staatsmänner und Gelehrte»[214] folgen zunächst den Fronten – Freunde, deren Namen Thürer später nicht preisgibt. Er selbst geht bald auf Distanz, als er die Frontistenführer agitieren hört. Während andere Jungakademiker Vorlesungen über völkische Literatur halten oder gutmeinend aus *Mein Kampf* zitieren,[215] ist für Thürer die Diktatur 1934 «der neue Erzfeind der Demokratie».[216] 1939 hat er sogar vor dem Bundesstrafgericht zu erscheinen.[217] Benno Schaeppi, ein Frontist aus St. Gallen, der später als sechster Schweizer der Waffen-SS beitritt, bezichtigt Thürer der Beleidigung eines fremden Staatsoberhaupts.[218] Thürer habe in einer seiner Reden

14 Georg Thürer (1908–2000) kam in Tamins, Graubünden, als Sohn eines Pfarrers zur Welt und wuchs im Glarnerland auf.

In seiner Wahlheimat St. Gallen wirkte er jahrelang als Lehrer und später Professor an der Handelshochschule. Sein Schwanken gegenüber dem Frontismus erklärt er mit Freundschaften zu bekennenden Anhängern der Bewegung. Mitte der 1930er-Jahre stellte er sich ganz in den Dienst der geistigen Landesverteidigung und seines Professors an der Universität Zürich, Karl Meyer. Thürer arbeitete als Sekretär der Widerstandsorganisation Res publica, war Mitglied der Aktion nationaler Widerstand und hielt kraftspendende Vorträge in Stadt und Land. Nach dem Krieg leistete er in München Aufbauhilfe. Der Kämpfer für die Mundart sprach sich bald für einen UNO-Beitritt aus. Sein wissenschaftliches Hauptwerk ist die umfassende *St. Galler Geschichte*. Thürers Bücher wie der *Bundesspiegel* gehörten in jede Familienbibliothek, in zahlreichen dichterischen und historischen Publikationen vertrat er den Standpunkt einer Schweiz, die durch Rückbesinnung auf den Rütli-Mythos und die Neutralität seit der Niederlage bei Marignano 1515 zukunftsfähig sei. Thürer arbeitete mit am *Soldatenbuch* und an *Zivilverteidigung*, dem Normenbuch der bürgerlichen Schweiz von 1969. In den 1990er-Jahren gab der Dichter der ewigen Neutralität starke Öffnungssignale gegenüber der Europäischen Gemeinschaft zu erkennen. 1998, zwei Jahre vor seinem Tod, erhielt Thürer für seine väterliche Betreuung polnischer Internierter während der Kriegsjahre das Kommandeurkreuz des Verdienstordens der Republik Polen.

15 Karl Schmid (1907–1974) war als Germanist und Generalstabsoberst der Inbegriff des schweizerischen Citoyens.

Während des Zweiten Weltkriegs hielt er landauf, landab vaterländische Reden für die Armeesektion Heer und Haus. Schmid war Förderer und Fürsprecher der jungen Schriftstellergeneration, allen voran Max Frischs. Im Kalten Krieg warnte er vor einer Weiterführung der geistigen Landesverteidigung gegen innere Feinde oder den roten Totalitarismus. Seine Vorlesungsreihen als ETH-Literaturprofessor waren beliebt, der Saal überfüllt und Schmids Stimme einflussreich. In *Unbehagen im Kleinstaat*, seinem Hauptwerk von 1963, arbeitete Schmid die Mentalität des Literaten im Kleinstaat heraus, der sich Grösse und Bedeutung ersehne und in die Ferne schweife.

Adolf Hitler einen «Lügner» genannt. Da hatte der kleingewachsene Mann aus Tamins – trotz Freispruch – seine demokratische Stellung längst bezogen.

Während des Krieges besetzt Georg Thürer einen für sein gesamtes Schaffen bezeichnenden Posten. 1928 wurde er «infolge meiner Kurzsichtigkeit als hilfsdiensttauglich befunden. So hatte ich während der nächsten Jahre keinen Dienst zu leisten. Erst bei drohender Kriegsgefahr bekamen wir Hilfsdienstpflichtigen unsere Uniform und Bewaffnung. Ich wurde dem Fliegerabwehr- und Meldedienst zugeteilt und hatte als Telefon-Soldat der MZ 7 A im militärischen Telefonnetz Gespräche zu vermitteln.»[219] Thürer verbringt den Aktivdienst oben im Turm des Postgebäudes beim St. Galler Bahnhof:

> «Es gab auch Stunden, in denen ich mich ein wenig als ‹Türmer› fühlte. Das war dann der Fall, wenn sich die Weltlage verfinsterte. War dann eine Nacht infolge dichten Nebels besonders dunkel, so dass keine Bombenflüge zu gewärtigen und Verbindungen herzustellen waren, so durfte der Soldat in der Telefonzentrale lesen oder etwas schreiben. Mehr als einmal habe ich auf diese Weise im Nachtdienst einen Leitartikel für die ‹Neue Zürcher Zeitung› geschrieben, den ich, sobald mich frühmorgens mein Kamerad ablöste, auf die nahe Bahnhofpost trug; so konnte er günstigenfalls noch im Abendblatt des gleichen Tages erscheinen.»[220]

Markig schreibt er aus dem Turm für den Volksgeist, bemüht sich um enge Kontakte mit der Sozialdemokratie und wird für die Aktivdienstgeneration zur patriotischen Integrationsfigur. Werner Rings erwähnt Thürer 1974 in seinem Standardwerk *Schweiz im Krieg* als den «Lehrer», der «den Réduitgedanken vorwegnahm».[221] Und Alice Meyer, die Frau von Thürers akademischem Ziehvater Karl Meyer, würdigt ihn 1965 mehrseitig im Generationenbuch *Anpassung oder Widerstand*.[222]

Überall im Kleinstaat spielt der «Türmer» bald eine Rolle. Für die «Landi» 39 schreibt der 30-Jährige die Texte zu Otto Baumbergers Wandbild *Die Entstehung der Eidgenossenschaft*.[223] Zum Geist der «Landi» gehört auch Thürers Überfremdungswarnung im grossen NZZ-Artikel

«Unsere Höhenstraße»: «Manchem Schweizerburschen – jeder achte heiratet eine Ausländerin! – möchte man statt ‹Hütet euch am Morgarten!› zurufen ‹Hüte dich in der Küche!› Nicht alle der vielen Zehntausende fremder Mädchen, welche ihr Schweizerbürgerrecht ‹ermannet› haben – wie die alten Landsbücher sagen, haben den guten Willen in die Ehe gebracht, Stauffacherinnen zu werden.»[224]

In Teufen wohnt Thürer mit seiner Familie neben Oberst Hans Hausammann, der ein Geheimdienstnetzwerk, das Büro Ha, im eigenen Haus aufgebaut hat. Seinem Zürcher Professor, Karl Meyer, dient Thürer als Sekretär der Res Publica, einer der einflussreichsten geistigen Widerstandsvereinigungen neben der Aktion Nationaler Widerstand, in der er später ebenfalls Widerstand bis zuletzt gelobt. Für die Propagandasektion der Armee, Heer und Haus, hält er Vorträge und publiziert Gedichte und Kernworte für Soldaten. Ein stetes Anliegen ist ihm die Erhaltung und Pflege der Mundart. 1941, zum 650-Jahr-Jubiläum der Eidgenossenschaft, nimmt Thürer die Jugend auf Glarnerdeutsch ins Gebet.[225] Er lobt in seiner Rede in Frauenfeld die Neutralität («Nüütralität»), die der ungestümen Jugend wohl als «Stillesitze» oder als «Schlummerrolle» vorkomme. Und besorgt ist er, «mini Woort chännted wie Wasser an Üuch ablaufe». Dann aber weiss Thürer von einem Rütli-Besuch mit «öppe zweituusig Schüelere us der Oschtschwyz» zu berichten – und von den zwei stärksten Abwehrmythen. Die Sprache selbst ist Kampfmittel in dieser Ode an die Mundart:

> «Tell und Rütli! Das sind zwei Sinnbilder – zwei Vorbilder! Der Tell, das isch der Alpemäntsch, wo im ruuche Läbe uf de Bärge erstarchet isch, der ‹gottskreffig Held›, wie der Zwingli gseit het. Vor em Härrgott hät er ds Chnüü boge, aber vor em Geßlerhuet hät er halt es Gnigg gha wie sis Wappetier, der Stier vu Uri. Er isch aber kein blindwüetige Muni gsy. Er hät Ehrfurcht gha vor em Schöpfer und sine Gschöpfe. Die Ehrfurcht isch em Vogt abgange, wo-n-er ne gheisse hät, der Oepfel vum Chind sim Chopf abeschüüße. Wer eso chly vum Mäntscheläbe und vum Vattergmüet tänggt, der verdienets nüd, as ne der Ärdbode vum Härrgott treit; der mueß undere Bode! […]

Und d'Rütlilüüt händ das Signal verstande. Si händ das gmachet, was eine allei nüd hetti chänne mache: si händ d'Burge proche und das vögtisch Pagg zum Tüüfel gjagt. Villicht hetti de meischte under de Verschworne der Muet zunere Telletat gfählt, aber i der Gmeinschaft sind sie starch woorde. Si händ enand d'Schwurhand gy. Es sind ekei Revoluzzer gsy. Si händ nu ds Rächt welle, und d'Macht händ si ghasset wie Gift. Ires Ideal hät gheiße: Gnosseschaft, und alles was nach Herrschaft gschmöggt hät, das isch ne i der Seel z'wider gsy. Si händ enand zuetruuet, as si sälber chänned usefinde, was de Lüüte im Land rächt sig und ds Land-Rächt sy söll. Dorum der tüüf Widerwille gäged fremdi Richter und Vögt. Das ghört eifach zum Wille zum eigene Rächt. Die Manne, wo nach der Sag uffem Rütli zämechuu sind, händ nüüt mih welle wüsse vu der Bluetrach. Sie händ welle di brutal Gwalttätigkeit usrotte und ds Rächt pflanze und pfläge – gad eso wie der Alemann, wo ds Rütli tauft hät, dette d'Wildnis usgrüüet und Gras und Chruut pflanzt und pflägt hät. Rütli – das heißt: e Liechtig, e Sunnebligg im Urwald. Ich wüßt kei schüünere Name für der liebscht Blätz Bode im Schwyzerland. Rütli! Das isch nüd bloß e Name, das isch es Bekänntnis und e-n--eebigi Losig!

Mer bruuched hütigstags wider Bundesgründergeischt. Wer weiß, villicht wird im Lauf vu dem Chrieg üüsers Land bsetzt, villicht staht emal e fremde Fane uf de beede Großmünschertüre obe, uffem Bundeshuus z'Bäärne und uf der Rütliwys. Dänn wird sich zeige, wer sis Schwyzertum ableit wie der Summermantel im Herbscht, und aber au, wer sis Schwyzertum im Häärz innehät, as er ummegaht und wachet und wärchet und nüd müed wird, bis der Schwyzerfane wider uufstaht, zündrot und schneewyß, ds Bluetfäld und ds Chrüüz.»

So blickt Georg Thürer auf sein «Volch vum Gotthard» im Jubiläumsjahr 1941. In der späteren Druckfassung erscheint die Rede zusammen mit den Vorträgen der Theologen Karl Barth und Emil Brunner. Die Broschüre *Im Namen Gottes des Allmächtigen 1291–1941* stösst dem nördlichen Nachbarn sauer auf und wird der Zensur zum Trotz unter der Hand weitergereicht.

In der Nachkriegszeit erlangt Thürer immer landesväterlichere Weihen. Er wirkt mit am *Soldatenbuch*, dem kleinen, von 1958 bis 1974 herausgegebenen Handbuch für den Schweizer Soldaten.²²⁶ Selbst Karl Schmid, inzwischen ETH-Literaturprofessor, der Thürer einst die «rhetorischen Eier» schleifen wollte, anerkennt den Kollegen mit immerhin wohlwollendem Befremden. 1963 lobt er Thürers Prosa- und Gedichtsammlung *Holderbluescht*. Er habe das Buch «oft gelesen, mit der Freude, die es ja machen soll», schreibt er an Thürer.²²⁷ «Schade», meint Schmid sogar, «dass der Thürer nur einmal vertreten ist!»²²⁸ Als Heimathistoriker gehört er nun schlicht zum Kanon, der Thürer: «Für jeden rechten und unverdorbenen Schweizer hast Du da etwas Schönes geschaffen, das die Liebe zur Heimat mehrt. Das danken wir Dir alle herzlich. In meinen nächsten ‹Neuerscheinungen› werde ich Dein Buch sehr warm empfehlen.»²²⁹

Am 1.9.1968 feiert Thürer im thurgauischen Amriswil den 60. Geburtstag. Carl Doka von Pro Helvetia und Peter Dürrenmatt gehören zu den Festrednern, Bundesrat Tschudi entsendet ein Glückwunschtelegramm.²³⁰ Auch Karl Schmid hält, wie er in einem privaten Brief meint, «einen kleinen Speech»²³¹ mit dem Titel «Haus und Heimat». Der Vortrag ist ein nachrangiges Ereignis: «heute Nachmittag hebe ich noch in Amriswil das Bein zu einem Thürer-Gratulationssprützlein», schreibt Schmid.²³² Er sei «bei einer (etwas provinziellen) Feier zu Ehren des Dichters + Professors Georg Thürer» gewesen, berichtet er später, «und sagte ein Verslein auf, 15 Minuten».²³³ Auch gegenüber Jean Rudolf von Salis äussert Schmid das Bedauern, nicht an dessen Preisverleihung teilgenommen zu haben: «Denn es lag mir näher als die Thürerfeier vom 1. Sept., an der ich auch ein Verslein aufsagen musste.»²³⁴

In seinem «Gratulationssprützlein» in Amriswil – «in diesem thurgauischen Athen»²³⁵ – anerkennt Schmid dann aber doch: «Volkstum ist gut, Volkstümelei geistfeindlich. Schweiztümelei kann lieblos-läppisches Pharisäertum sein. Der Fall Georg Thürer kann zeigen, dass ganz tiefe und bestimmende Verwurzelung im kleinen Kreis die geistige Einsitznahme in grösseren Kreisen nicht verhindert.»²³⁶ Thürer ist längst eine, wenn auch provinzielle, Landesinstitution, und Kritik an dessen vaterländischem Pathos erlaubt sich Schmid nur mehr liebevoll, ironisch. In einem Brief vom 15. Juni 1959 erliegt er dem Charme von Thürers Glarnerdeutsch, der Türmer durchkreuze mit einer Anfrage Schmids

Urlaubspläne: «Du bist ein Sackermenter! Nun hatte ich so schön geplant und meinen Sandhaufen eingehagt – da kommst Du mit dem Stecklein, guselst und machst mir alles durcheinander. Hättest Du Deinen Angriff schriftlich unternommen, auf hauchdeutsch, so wäre ich wohl stark geblieben. Aber wenn Du einen auf glarnerisch, so ums Vrenelisgärtli herum anföhnst, biegen sich im Unterland die stärksten Bäume ...»[237]

Dann grüsst Schmid den Thürer: «Mit Marignano-Gefühlen, aber ganz ohne Hodlersche Pose, sondern einfach geschlagen».[238] Diese wenigen Briefe zeigen eindrücklich, wie sich im Kalten Krieg die alten Geister – brüderlich – scheiden. Thürer blieb den Hodler-Posen treu, während Schmid und viele andere ihrer überdrüssig wurden. Für Thürer gehörte der poetische Dienst am Vaterland schlicht zur Bürgerpflicht. Als Hilfsdienstpflichtigem war ihm dieser Dienst wohl ehrenvolle Genugtuung. Auch an *Zivilverteidigung*, einer Art *Soldatenbuch*-Pendant für die Zivilbevölkerung, hilft Thürer Ende der 1960er-Jahre deshalb noch mit. 1967 wird er neben Peter Dürrenmatt vom Bund mit der Überarbeitung beauftragt. «Begrüsst das Buch», heisst es in einer Notiz vom November 1967. Professor Thürer sei einverstanden mit der Einleitung, er mache nur eine Reihe von «Verbesserungsretouchen».[239]

1969 geht *Zivilverteidigung* an alle Haushalte und wird zum «Normenbuch» der bürgerlichen Schweiz.[240] Den Atomkrieg schildert es als Bedrohung, die mit Schutzmassnahmen zu meistern sei. Viel bedrohlicher erscheint dem Leser eine innere Zersetzungsgefahr: durch einen Feind, der Zwietracht säe unter den Bürgern, einen Feind, der ungenannt und doch eindeutig der kommunistische bleibt. Die bewegte 68er-Jugend findet diesen Alarmismus lachhaft: *Zivilverteidigung* sei eine zu spät gekommene Publikation aus einer alten, militaristischen Zeit, die nach einem imaginären Feind suche. Auf Seite 267 findet sich die Zeichnung eines Igels, dazu eine Handlungsanleitung, «Wir machen den Igel», die an Thürers Symbolik erinnert. Was tun, wenn der Feind den Abwehrwillen der Bevölkerung mit Propaganda zermürbt?

> «Wir wissen, daß der Feind zu solchen Mitteln greift, wenn er die bewaffnete Auseinandersetzung scheut. Wir bleiben innerlich geschlossen, las-

sen keinen Volksteil gegen den andern ausspielen und lassen gegen außen keinen Zweifel, daß wir nötigenfalls kämpfen werden – auch ohne äußere Hilfe. Dadurch zwingen wir die uns wohlgewogenen Mächte zur Tat, und den Feind, von seinem Druck abzulassen, wenn er nicht das Risiko eines weltweiten Konfliktes eingehen will.»[241]

Doch die Dinge ändern sich. Während die Igelstellung ein militärstrategisches Mittel zu bleiben scheint, bewegt sich die Landeskultur längst in anderen Bildwelten. 1964, an der Expo, begreift Georg Thürer, was sich im Innern zu ändern droht. Der Fortschritt lässt die Eidgenossen glauben, alles wachse zusammen. Wie auf der Höhenstrasse der «Landi» 39 sucht Thürer wieder in einem NZZ-Artikel nach der «Besinnung»[242] in nationaler Sache. Doch 1964 auf dem neuen «Weg der Schweiz», im «Herzen der Ausstellung», stösst er auf Zeichen der Auflösungsbereitschaft.[243] Der Künstler Werner Zogg hat die Kantonswappen als dreidimensionales Mosaik transparenter Scheiben aufgehängt – «in heraldisch sehr freier Weise», findet Thürer.[244] Dann geht er vorbei an Serge Brignonis Plastik, einem Baum aus Rohrteilen, der die Verwobenheit der Landessprachen versinnbildlicht. Da schaudert es dem Verteidiger der Dialektsprache,[245] der seine wichtigsten Besinnungsreden auf Glarnerdeutsch zu halten pflegte:

> «Schon die Inschrift ist bedenklich: ‹Unsere vier Landessprachen wachsen ineinander.› Wirklich? Tun sie es? Sollen sie es? Das Wort ‹Zusammenwachsen› liesse zum mindesten ein organisch anmutendes Werk erwarten. Die zu einer Art Tierform zusammengestückelten Ofenrohrteile bieten aber weder eine thematisch noch künstlerisch überzeugende Lösung der Aufgabe, auch wenn wir gerne den guten Willen aufbringen, in den Farben der Einzelteile die Andeutung der Sprachen zu sehen. ‹Mich früürts!›, war eine der mildesten Äusserungen, welche der Stillstehende aus dem Munde der Vorüberziehenden vernahm.»[246]

Der Avantgarde begegnet Thürer hier mit Unverständnis. Lieber setzt er sich für heimatliche Werke ein, etwa mit den Bundesräten Etter, Feld-

16 Das Buch *Zivilverteidigung* erinnert 1969 mit Ferdinand Hodler an die «Einmütigkeit».

3. In Thürers Turm

Nach Ferdinand Hodlers «Einmütigkeit»

Der Plan des Feindes: Er kreist die Schweiz ein

Befehl der Zentrale an Wühler:

«Die FFP ist in zwei Kantonen an die Macht gelangt. Nützen S die Lage sofort aus und provozieren Sie einen Konflikt zwische der Bundesregierung und diesen Kantonen. Wir werden für die Kantone das Selbstbestimmungsrecht fordern. Erich Quibling bildet im Ausland eine Exilregierung, die im gegebenen Zei punkt die Bundesregierung verdrängen wird. Die beiden Kanto schließen sich der Exilregierung an und provozieren dadur eine militärische Intervention der Bundesregierung. Wir lasse vor der Weltorganisation auf Aggression klagen und versetze die Schweiz auf internationaler Ebene ins Unrecht. Das wird ve hindern, daß dritte Mächte im Zeitpunkt unserer Aktion ei greifen. Wir helfen mit ein paar Noten, mit Atomversuchen, m Wirtschaftsdruck und einer gleichzeitig ausgelösten Frieden offensive nach.»

Ausschnitte aus der feindlichen Presse:

> Unterdrückung der Minderheiten in der Schweiz

> Eidgenössische Truppen in zwei Kantone einmarschiert

> Bildung einer schweizerischen Exilregierung

266

17 «Wir machen den Igel»: *Zivilverteidigung*, 1969.

Wir machen den Igel

Wir machen uns über die Friedensoffensive keine Illusionen. Wir wissen, daß es zu den Kampfmitteln dieser Art Krieg gehört, daß der Staat, den man erdrücken will, von seinen Freunden getrennt wird. Befreundete Mächte werden entweder selbst bedroht und eingeschüchtert, oder sie werden durch Verhandlungen und Friedensangebote hingehalten, so daß sie im entscheidenden Augenblick nicht für das bedrohte Land einstehen.
Wir sind auf solches gefaßt und bereit, ohne fremde Hilfe solche Zeiten politischen Drucks zu überstehen. Unsere Außenpolitik ist durch die unbedingte Neutralität bestimmt. Wir sind in unserer Abwehrkraft auf uns selbst gestellt und verlassen uns nicht ohne weiteres auf ausländische Freunde.
Wir wissen, daß der Feind zu solchen Mitteln greift, wenn er die bewaffnete Auseinandersetzung scheut. Wir bleiben innerlich geschlossen, lassen keinen Volksteil gegen den andern ausspielen und lassen gegen außen keinen Zweifel, daß wir nötigenfalls kämpfen werden – auch ohne äußere Hilfe. Dadurch zwingen wir die uns wohlgewogenen Mächte zur Tat, und den Feind, von einem Druck abzulassen, wenn er nicht das Risiko eines weltweiten Konfliktes eingehen will.

267

mann und Kobelt für einen Heidi-Brunnen in Maienfeld.[247] Hätte Kunst an einer Expo nicht nationalen, wenigstens patriotischen Charakter zu beweisen?

«Sollen wir uns damit trösten, dass bei den Musikern von weitreichender Wirkung der Satz steht: ‹Die moderne Kunst ist immer weniger eine nationale Kunst›? Nun, wenn die Kulturlandschaften sich angleichen sollen, so besteht auch die Gefahr, dass sie versteppen und veröden. Dann braucht man ja eines Tages keine Landesausstellungen mehr, sondern dann kann man eine Wanderausstellung rund um den Erdball kreisen lassen. Gewiss sind wir allesamt gegen das überhebliche ‹Nur wir!› der Nationalisten; aber das ‹Wir hier!› der gesund national Empfindenden wollen wir als Lebensrecht des Kleinstaates ebenso entschieden bezeugen.»[248]

Ob alldem scheint sich Erschöpfung einzustellen, Thürer setzt sich «auf die Stufen, die zum Sitzen einladen», er wird «die Sorge nicht los», es fehle hier der Verteidigungswille.[249] Die «Monorail» fährt ihm um die Ohren, früher noch, an der «Landi», war es ein «Schifflibach», und lieber hätte Thürer an der Expo als Sinnbild des Staatswesens «ein gutes Bild einer Landsgemeinde oder einer Gemeindeversammlung» gesehen, statt Tinguelys *Heureka*, diese «Staatsmaschine», dieser Apparat, der «knackt und klinkt» und von dem sich die Besucher «kopfschüttelnd» und «geistig überfordert» abwenden.[250]

Ein Jahr später, 1965, begeht die Schweiz die 450-Jahr-Feierlichkeiten zur Schlacht bei Marignano. Ein letztes Mal ohne allzu grossen Widerspruch gedenkt die Aktivdienstgeneration der Vergangenheit. Der Niederlage der alten Eidgenossenschaft bei Marignano 1515 glaubt diese Generation das Rezept zu verdanken, das die Schweiz im Zweiten Weltkrieg gerettet habe: der Rückzug ins Innere, die wehrhafte Neutralität. Thürer darf sich um den Sinn eines Kunstwerks kümmern, bei dem es ihn nicht «früürt»: Ferdinand Hodlers *Der Rückzug von Marignano*. In einem populären Prachtband, *Die Wende von Marignano*, beschreibt Thürer die Niederlage von 1515 als erstes Wegstück auf dem heilsamen Abschied der Eidgenossen aus der Weltpolitik. Unter einer mitreissenden Sprachregie erhält der Rückzug einen symbolisch weitaus höheren Wert, als man dem Ereignis aus heutiger Sicht zuspricht. Geschrieben hat Thürer das Buch für Werner Oswalds Komitee zur Würdigung der Schlacht bei Marignano und ihrer Konsequenzen, dessen Sekretariat der junge Christoph Blocher innehielt. Der Journalist Viktor Parma erinnert sich:

«Sein Geschichtsbild empfing Christoph Blocher in jungen Jahren, 1965, als Sekretär eines ‹Komitees zur Würdigung der Schlacht bei Marignano und ihrer Konsequenzen›. Das von Ems-Gründer Werner Oswald präsidierte Komitee führte die Neutralität auf die Niederlage der Schweizer in Marignano im Jahr 1515 zurück. Es feierte das 450-Jahr-Jubiläum aufwendig, renovierte das Beinhaus in Marignano und gab einschlägige Bücher in allen Landessprachen heraus, alles, um, wie Oswald schrieb, ‹die staatspolitische Bedeutung von Marignano für das Werden unserer heutigen Eidgenossenschaft in Erinnerung zu rufen›. Oswald und die andern hochkarätigen Mitglieder des Komitees, darunter Alfred Schaefer (Präsident der damaligen Großbank SBG, einer der Fusionsbanken der heutigen UBS), wollten die Neutralität um jeden Preis heroisieren und huldigten deshalb einer falschen Ursprungslegende.

[...] Nach dem Zweiten Weltkrieg kehrten Konzernchefs wie Oswald, Schaefer & Co. die rein aristokratischen Ursprünge der Neutralität unter den Teppich. Der blutjunge Sekretär ihres Komitees, der spätere Ems-Patron Blocher, übernahm die von ihnen betriebene Heroisierung der Neutralität mit Feuereifer. Für ihn war und blieb Marignano ‹eine Niederlage, die zum Erfolg wurde›, wie er zu mir sagte, als ich in den 1980er Jahren mein erstes Porträt über ihn schrieb. Der Pfarrerssohn schenkte mir die von ihm einst in Oswalds Auftrag herausgegebenen Bücher wie Kostbarkeiten, die mir das tiefere Motiv seines politischen Wirkens erschließen sollten.»[251]

Was hier als ein raffiniertes Ideologiestück der Hochfinanz beschrieben wird, empfinden die hochkarätigen Anhänger der Marignano-Feierlichkeiten als längst überfällige Mythenpflege. 1965 begeistern sich Militärs,

Bundesräte, Bundesinstitutionen, Wirtschaftspatrons, Gelehrte wie Guido Calgari oder die Schriftsteller Meinrad Inglin und Maurice Zermatten für die Feier der Niederlage.[252] Da es erste Risse gibt im Geschichtsbild, bald auch inländische Infragestellung der Rolle der Schweiz im Zweiten Weltkrieg, soll im Gedenken an die wehrhafte Neutralität einem drohenden Anschluss an die Europäische Wirtschaftsgemeinschaft entgegengewirkt werden.[253] In Scharen wallfahrten die Patrioten – darunter auch der nirgends erwähnte junge Sekretär Blocher[254] – zum ehemaligen Schlachtfeld nach Norditalien. Während Oswalds Komitee das Beinhaus finanziert, präsidiert der inzwischen etwas betagte Altbundesrat Philipp Etter die Fondazione Pro Marignano, die für das Schlachtdenkmal des Künstlers Josef Bisa aufkommt.[255] In Etters Fondazione finden sich auch die Professoren Thürer und Schmid vaterländisch vereint. Der alte Helvetismus hält noch.

Die Wende von Marignano erscheint im Verlag des ehemaligen SAD-Chefs Huber, Zermatten bestellt die französische, Calgari die italienische Übersetzung. Mit grosser Geste sinniert Thürer über den «Auftrag des Kleinstaates» im Weltraumzeitalter:

> «Vielleicht meldet sich nun in manchem Leser die Frage, ob denn der Kleinstaat in der Zeit, in welcher man heute den ganzen Planeten in vierundzwanzig Stunden – etwa so lange dauerte die Schlacht von Marignano – draußen im Weltraum über ein dutzendmal umfliegen kann, überhaupt noch ein Daseinsrecht habe. Mißt man nur mit großem Flächenmaß den Boden und mit der Millionenzahl das Volk, so mag einem Weltraumflieger und einem Statistiker die Schweiz, die nur den zweihundertsten Teil Brasiliens ausmacht und nicht einmal vom fünfhundertsten Teil der Menschheit bevölkert ist, freilich geringfügig erscheinen. Die Sklaven der Landkarten und die Hörigen der Zahlenkolonnen haben aber nicht alle Werte gepachtet. Es gibt innere Werte, die im Kleinstaat mindestens so gut, wenn nicht besser gepflegt werden können als in Riesenreichen.»[256]

Das ist das Vermächtnis der Arbeit im Turm: Das Vorbild im Kleinen will Georg Thürer bewahren. In einem Rundumschlag kommt er vom Weltraum zurück auf den Kleinstaat, seine direkte Demokratie, seine Sachfragen, sein mikroskopisches Vorbild:

«Es ist nun nicht nur für das Abendland, sondern für die Welt überhaupt ein Dienst, wenn die Eidgenossenschaft das Beispiel lebendig erhält, daß auch im kleinen Raume etliche Sprachen in Frieden und Freiheit zusammenleben können und daß man den Bürgern nicht nur bei Wahlen, sondern selbst in wichtigen Sachfragen des Zusammenlebens das entscheidende Wort an der Urne anvertrauen darf.»[257]

Nicht nur ein «Lebensrecht» habe die Schweiz, sondern eine «Lebenspflicht»,[258] schreibt Thürer, als stünde das Heimatland kurz vor der Auflösung. Blumig, leicht alarmistisch, lassen sich solche Worte bald für dieses, bald für jenes vereinnahmen. Jahre später wendet sich diese Poesie des Kleinen gegen ihren Verdichter.

1992 erinnert sich Christoph Blocher, der Thürer 1977 anlässlich einer Gedenkfeier für Heidi-Autorin Johanna Spyri um eine Ansprache bat,[259] an das Marignano-Buch des Türmers. Blocher lässt *Die Wende von Marignano* in einer Kommissionssitzung an die Parlamentarier verteilen.[260] Eine historische Ermahnung soll es sein, der Beitritt zum Europäischen Wirtschaftsraum, meint Blocher, verstosse gegen alte Werte. Doch von Georg Thürer, dem EWR-Befürworter, der in seinem Geschichtsbild immer einen Horizont für Veränderungen andeutete, vernimmt man 1991 andere Töne zur Neutralität. 83-jährig schreibt er im *Schweizer Journal* einen Artikel, «Zeitgenossen sein – Eidgenossen bleiben», und spannt wieder jenen Bogen eidgenössischer Geschichte, den er seit Otto Baumbergers Wandbild an der «Landi» 39 landauf, landab predigte. Die geistige Landesverteidigung sieht Thürer nun ausklingen. Das Gleichgewicht der Supermächte ist nicht mehr vorhanden, ein neues Verständnis der Neutralität ist gefragt. Auch für diesen Neubeginn finden sich Worte des Zuspruchs:

«Die Neutralität zählt nicht zu den vier ‹Bundeszwecken›, die im Artikel 2 der Bundesverfassung aufgeführt sind. Sie ist kein Ziel, sondern wurde zum Mittel, um uns aus den Kriegen herauszuhalten. Entwickelt sich nun eine Ordnung der Welt so überzeugend, dass sie Kriege zu bannen im Stande ist, dann soll die Schweiz einem lebendigen Völkerrecht ihre Mitwirkung nicht versagen. Dass gewisse Verzichte in Kauf genommen werden müssen, gehört zum Wesen aller internationalen Vereinbarungen. Auf der Hut müssen wir indessen sein, dass nicht ein unmässiger Zustrom von Fremden unsere Eigenart gefährdet, denn nicht nur wir, sondern auch Europa wäre ärmer, wenn seine Völker ihre besondere Kultur verlören. Wir können durchaus Zeitgenossen sein und doch Eidgenossen bleiben.»[261]

Neu sind diese Formeln von 1991 nicht, sondern Teil der immer gleichen Besinnungsprosa. 1947 bereits verabschiedet Thürer in seinem Radiohörspiel *Eidgenossen – Zeitgenossen* den Igel als Leittier. Und 1954 schreibt er über Bundesrat Petitpierres neue Losung der «Neutralität und Solidarität»: Was an dieser Losung neu sei, «wollen wir lernen, und zwar als Eidgenossen und als Zeitgenossen».[262] «Zeitgenossen sein – Eidgenossen bleiben» heisst auch ein Abschnitt im *Soldatenbuch* von 1957.[263] «Ein Land und ein Volk», schreibt Thürer darin, «sollen ein klares Gesicht haben, also gleichsam eine Persönlichkeit sein, die man gleich beim ersten Hinblick erkennt.»[264] Doch jeder Eidgenosse habe zugleich ein «wacher Zeitgenosse» zu sein – «wir wollen gerne alles Neue kennenlernen und das Gute und uns Gemäße auch übernehmen, aber nicht, weil es neu, sondern eben, weil es gut ist; das blinde Nachäffen des Allerneusten (das morgen ja schon in den zweiten Rang zurücksinkt) wäre keine gute Schweizerart».[265] Wie kein anderes zeigt Thürers Beispiel, dass im «Sonderfall» Schweiz nicht nur Eigensinn, sondern immer auch utopische Sendung mitschwang: Die Einheit in der Vielfalt der Schweiz sollte stets auch die Hoffnung auf eine solidarische internationale Gemeinschaft sein. So Thürer im *Soldatenbuch*:

«Was in der vielgestaltigen und mehrsprachigen Schweiz im kleinen möglich geworden ist, sollte auch eines wirklich schönen Tages im großen erreichbar sein. Diese [sic] Hoffnung zum vornherein abzuschwören, wäre unschweizerisch; ihre Erfüllung schon für morgen oder übermorgen zu erwarten, wäre allerdings wirklichkeitsfremd.»[266]

Dreissig Jahre später, mit dem Untergang der Sowjetunion, scheint dieser schöne Tag aus dem *Soldatenbuch* von 1957 gekommen. Der Wunschtraum von Thürers politischer Poesie, der Einklang zwischen Eid- und Zeitgenossenschaft, rückt in greifbare Nähe. Auch ein Beitritt zu Europa ist nicht mehr auszuschliessen. Thürer geht nun daran, «unser Erbe zu sichten», «Musterung» zu betreiben: Man müsse, meint er 1991, «das angesichts der gewandelten Umstände auf lange Sicht Überholte» zurücktreten lassen.[267] Die Schweiz sei «aufgerufen, den ihr angemessenen Beitrag zum Weltfrieden zu leisten», sich noch mehr einzusetzen «für die Erforschung der Kriege und die Wahrung und Festigung des Friedens».[268] Zwar bewegt Thürer seit der «Landi» 39 und auch 1991 noch die Sorge, dass ein «unmäßiger Zustrom von Fremden unsere Eigenart» gefährden könnte.[269] Doch Thürer, das attestierte ihm Karl Schmid, war ein Patriot, der Patriotismus «von einem Nationalismus zu unterscheiden weiß, der sich vornehmlich in Verachtung der Nachbarn bezeugt».[270]

Zweifellos hat sich hier ein geistiger Landesverteidiger mit der eigenen Poesie selbst überwunden. Thürers Sohn Daniel wird als Völkerrechtler die neue Neutralitätsauffassung weiter ausarbeiten. Im *Schweizer Journal* schreibt der Rechtsprofessor 1991 über «Schweizerische Neutralität im Wandel».[271] Wegen eines Gutachtens, das Daniel Thürer für den Bundesrat verfasst, rückt ihn Christoph Blocher in der Albisgüetli-Rede 2013 in die Nähe landesverräterischer Tätigkeit.[272] Indem er das Völkerrecht der Europäischen Union als Recht einer höheren «Wertegemeinschaft» über das schweizerische stelle, leiste Rechtsprofessor Thürer der Entrechtung seiner Heimat Vorschub, meinte Blocher.[273] Doch diese Geschichte ist komplizierter. Sie verweist zurück auf Vater Thürer, auf die Friedenshoffnung in seiner Besinnungsprosa. Eine Utopie, an die Christoph Blocher nie glaubte. Blocher mag 1992 Georg Thürers *Die Wende von Marignano* ermahnend an die Parlamentarier verteilt haben. Doch Thürer hatte die immerwährende Neutralität ein Jahr zuvor wie eine lange Lebensleiter weggeworfen, auf der er hinaufgestiegen war.

4. DER SVP-INTELLEKTUELLE

In den frühen 1980er-Jahren erscheinen in der *Reformatio*[274] einige besonders wortstarke Kolumnen unter der Rubrik «Eidgenössisches». Als «schweizerische Zeitschrift für den gebildeten Protestanten»[275] wird die *Reformatio* von Pfarrer Peter Vogelsanger 1952 gegründet, mit Beiträgen der damaligen Intelligenz von Peter Dürrenmatt bis Werner Kägi und Kurt Marti bis Georg Thürer. Verglichen mit den anderen Autoren pflegt der 40-jährige Unternehmer und Politiker, der die besagten Kolumnen verfasst, den gleich hohen, aber drängenderen Stil. Christoph Blocher zitiert nicht selten aus der Bibel oder den Theologen Karl Barth, und er verwendet schon damals das Wort «Wirklichkeit», wenn er das Massgebende gesagt haben will. Der Theologe und Schriftsteller Marti erinnert sich an den Kolumnistenkollegen:

> «Er war der Zeitschrift empfohlen worden als einer der damals schon raren SVP-Intellektuellen, der zudem theologisch interessiert und offenbar erst noch ein unternehmerischer Blitzstarter sei. Ein vielseitig interessierter Mann jedenfalls, ein vielversprechender auch, ein moderner Konservativer, wie es schien, der ins Spektrum der politischen Kommentare einen neuen Farbton einbringen sollte.»[276]

Christoph Blocher, der «populist industrialist», «SVP-Haudegen», «SVP-Volkstribun», «Amokläufer» und «EWR-Schreck der Nation»[277] – ein einstmals Intellektueller?

Geboren 1940 in Schaffhausen, emigriert er früh aus der geistig-religiösen Atmosphäre des elterlichen Pfarrhauses in Laufen am Rheinfall, er verbringt mehr Zeit auf dem Hof des benachbarten Bauern. Bald absolviert er gegen den väterlichen Rat eine landwirtschaftliche Lehre, studiert auf dem zweiten Bildungsweg und wird, seinem Ursprungsmilieu scheinbar entfremdet, ein Grossindustrieller. Doch in vielem bleibt Blocher tatsächlich: ein Intellektueller, der seine Umwelt vor einem konservativen Ideenhorizont betrachtet.

18 Oberst, Nationalrat und Unternehmer Christoph Blocher, 1990.

Aus der Biografie ergibt sich eine der Fragestellungen der folgenden Seiten. Es habe für sie beide «vom Kosmos der Pfarrhausjugend» schlicht «kein Weg in die Welt von heute» geführt, schreibt Andreas Blocher in seinem 1994 mit vorsichtiger Innensicht geschriebenen Essay *Mein Bruder Christoph*. Statt sich anzupassen, habe der Bruder sich selbst in der fremden Umwelt angelegt.[278] Dabei wies er Eigenschaften auf, «denen gegenüber ein grösserer Teil der Bevölkerung und darüber hinaus der offiziösen Schweiz ihrerseits, ohne es recht zu bemerken, in einer Vakuum-Disposition stand und steht. Hier erfolgte, wenn ich es recht sehe, der Eheschluss zwischen Christoph Blocher und dem Schweizervolk, von dem gestern ein Zehntel, heute ein Fünftel, morgen ein Drittel ihm anhängen wird: Warten wir es ab.»[279] Blochers jüngster Bruder lag richtig. Denn aus jenem Fünftel von 1994 wurde bald ein Drittel der Wahlbevölkerung, der hinter der Schweizerischen Volkspartei steht.

Wie entstand diese «Vakuum-Disposition»? Warum ist die Schweiz für die Gesinnung des «SVP-Intellektuellen» empfänglich? Diese Fragen verlangen nach einer Zeitgeschichte, die den Blick auf den konservativen Landeskern nicht scheut.

Erste Antworten sind in den späten 1960er-Jahren zu suchen. Der junge Blocher studiert Jura in Zürich und agitiert mit einer Gruppe andersgesinnter Kommilitonen gegen die eigene, die bewegte Jugend und ihre utopischen Vorstellungen vom Paradies auf Erden. Den «Progressiven» von 1968 antwortet Christoph Blocher nicht nur mit einem Plädoyer für die Demokratie und den in der Schweiz gesund erhaltenen «Volksgeist». Vielmehr entgegnet ihnen der Pfarrerssohn in der hintergründig raunenden Sprache seines Glaubens. In jenen Jahren lernt Blocher auch seinen ersten grossen Förderer kennen. Werner Oswald und dessen Emser Werke stehen beispielhaft für Dichtung und Wahrheit über die Rolle der Schweiz im Zweiten Weltkrieg. Bei Oswald, geistiger Landesverteidiger und Kriegsgewinnler zugleich, wird Blocher Sekretär, und bald wird er ihn als Firmenchef ablösen.

Doch bestimmend bleibt der Pfarrhaus-Kosmos: In den 1980er-Jahren steht der Zeitgeist auf «Gleichberechtigung» und «Selbstverwirklichung», und von diesem «Linkskurs» will Blocher vor allem auch seine

Kirche abbringen. Die politischen Veränderungen – Friedensmärsche, Umweltbewegungen, die neue Stellung der Frau – widersprechen der «Lebenswirklichkeit», wie Blocher sie versteht. Ihm widerstrebt, wie gegen das Militärische mobil gemacht wird: Kaum etwas laufe mehr gemäss dem «Auftrag zum Dienst». Mit dieser politischen Agenda droht Blocher, UNO-Gegner und schärfster Kritiker des neuen Eherechts, mehr und mehr ins Abseits zu geraten.

Umso überraschender, dass 1992 ein «Spaltpilz»[280] wuchert, wie die Wirtschaftszeitschrift *Cash* damals berichtet. Eine um Blocher reformierte Rechte vereinnahmt für sich den Sonderfall Schweiz, für den zuvor fast jeder einstand. Eine Serie von Affären hat sich zum Gefühl einer Staatskrise ausgeweitet, an der insbesondere der staatstragende Freisinn Schaden leidet. Christoph Blocher manövriert sich zurück in die Mitte der Schweiz: mit Treicheln aus der Innerschweiz, mit einer kompromisslosen Asylpolitik, mit militärischen und zivilen Aufmärschen als «Volkstribun» gegen die Classe politique.

Trauen konnte er dieser Klasse noch nie. Denn seinen Aufstieg begann er nicht nur unten, auf den Feldern der Bauern, sondern im Eigensinn eines Pfarrhauses.

4.1 DER GESUNDE VOLKSGEIST

Mit gehörigem Optimismus begeht man in der Schweiz die Nachkriegsmoderne. Noch 1973 beobachtet Herbert Lüthy «das Festklammern am Normalzustand, das Verharren im etablierten *status quo*, das Weitermachen, ‹als wäre nichts geschehen›».[281] Als wäre nichts geschehen, streift auch die westliche Kulturrevolution am Land vorüber.[282] In Zürich glaubt sich 1968 nicht jeder befreien zu müssen, und einige Studenten rufen sogar zum Gegenprotest auf. Der junge Blocher findet sich in den «Stürmen» einer bewegten Jugend wieder, bald bildet er mit Gleichgesinnten ein «Bollwerk gegen die Achtundsechziger».[283]

«Wir benahmen uns, als ob tausend Leute hinter uns stünden, dabei waren wir zunächst zu dritt», wird Blocher später sagen.[284] Ende August 1968 gründen Harro von Senger, Alex Baumann, Christoph Blocher und

Neue Köpfe im Kleinen Studentenrat
Der Kleine Studentenrat (KStR), die studentische Exekutive der Universität Zürich, setzt sich für das Wintersemester 1968/69 wie folgt zusammen (v. l. n. r.): Adrian Honegger (Phil I, Präsident), Martin Hartmann (Phil I), Moritz Leuenberger (Jur), Enrico Rusconi (Jur), Klaus Jochims (Phil I). Das Sekretariat wird betreut von Frl. Brigitte Peter.

19 Der Kleine Studentenrat der Universität Zürich 1968 im *zürcher student* vor dem «Rechtsrutsch».

Max Giger – zu viert – den Studenten-Ring in von Sengers bescheidenem Domizil an der Schulhausstrasse 4 beim Bahnhof Enge.[285] Um sich dem Vorwurf zu entziehen, einem Aristokratensohn zu unterstehen, übernimmt Blocher statt von Senger das Präsidium. Gerade haben sowjetische Truppen in der damaligen Tschechoslowakei den Prager Frühling niedergeschlagen. Umso mehr stört die vier Studenten, wie unkritisch der Marxismus-Leninismus unter den Kommilitonen Verbreitung findet. Für viele der damals sogenannten Progressiven ist die Möglichkeit zum Kompromiss mit den Bürgerlichen ausgeschlossen.[286]

Auch die vier Gründer des Studenten-Rings enttäuscht zwar der professorale Auftritt mancher Lehrer, vor allem den linken Mitstudenten gegenüber – alle wünschten sich mehr Diskussion statt Autorität. Dennoch schien ihnen vieles in guter Ordnung gewesen zu sein, bevor linke Studentenführer wie Rudi Dutschke in Deutschland oder Thomas Held in Zürich auftraten. Zuvor hätten die Studenten noch am selben Strick gezogen, erinnert sich von Senger. Als Mitorganisatoren des Uni-balls 1965 hatten sich Blocher (Materialchef) und von Senger (Dekorationschef) näher kennengelernt, das Motto lautete «La grande illusion».

Bald gelingen den Gegenbewegten einige Nadelstiche gegen die Linke, die studentenpolitisch in der Mehrheit ist. Vor allem Blocher entfaltet im Grossen Studentenrat (GStR), dem Parlament der Studierenden, sein Redetalent gegen Held und andere. Im Sommer 1969 sorgen Mitglieder des Studenten-Rings, ohne dass sie unter diesem Namen auftreten, für einen kurzzeitigen Rechtsrutsch im Kleinen Studentenrat (KStR). Zu dieser fünfköpfigen Exekutive gehört damals auch Moritz Leuenberger, der mit Blocher dereinst im Bundesrat sitzen wird. «Christoph Blocher und seine 18 Leute», wie sie ein Student in einer Sitzung nennt,[287] bringen ihre Kandidaten zur Wahl, darunter der spätere FDP-Präsident Gerold Bührer und Beat Richner, der unabhängige Studentenpolitiker, der als musizierender «Beatocello» und Kinderarzt in Kantha Bopha bekannt werden sollte.

Im August 1969, ein Jahr nach der Zerschlagung des Prager Frühlings, spricht Richner als neuer KStR-Präsident in seiner «Fraumünster-Rede» gegen die Intoleranz der «Progressiven» und über Musik – Musik, warnt Richner, dürfe nicht instrumentalisiert werden im revolutionären Kampf. Nicht nur linke, auch liberale Studenten rügen «Beat» für dieses politische Statement aus einem unpolitischen Gremium.

Der grösste Erfolg gegen die «Progressiven» gelingt dem Studenten-Ring im Dezember 1969. Ein linksdominierter GStR will eine Spende an das Centre Sanitaire Suisse bewilligen – eine Hilfsorganisation für den Vietcong. Spenden an die Neutralen, IKRK und Caritas, lehnt der GStR ab. Die Mitglieder des Studenten-Rings fordern daraufhin eine Urabstimmung über das politische Mandat. Die Studentenschaft entscheidet mit grossem Mehr – 3860 gegen 1031 Stimmen –, ihr Parlament habe sich aus politischen Fragen künftig herauszuhalten. Der Studenten-Ring sieht sich von einer schweigenden Mehrheit bestätigt.

Doch politisch neutral sind damals gewiss auch die Konservativen nicht. Harro von Senger stellt in einer ersten Aktion im November 1968 ein Flugblatt her,[288] es wendet sich frontal gegen die Redaktion des *zürcher student*. Das offizielle Publikationsorgan der Studierenden habe sich zu einer «Zensurbehörde» entwickelt. Mit ihrer Artikelauswahl suggeriere die zs-Redaktion – Georg Kohler, Sepp Moser und Willi Wottreng –, alle Studenten seien «linksfixierte Konformisten». Obwohl Kohler, Moser und Wottreng, von der NZZ unter dringenden Linksverdacht gestellt,[289] das Feld ohnehin bald räumen,[290] gehen sie auf die Forderung nach Meinungspluralismus ein. Der Studenten-Ring darf auf den Artikel eines «Progressiven» antworten. Die folgende Debatte zieht sich über mehrere Ausgaben hin, sie zeigt, was die 68er «von der anderen Seite» vertraten und provoziert auch Christoph Blocher zu einem langen Kommentar.

Es beginnt im November 1968. Ein KStR-Mitglied, Klaus Jochims, fordert im *zürcher student* mehr studentisches Mitspracherecht. Vielseits beschuldigt, ein «ausländischer Drahtzieher» der Jugendproteste zu sein, wird Jochims von einem seiner KStR-Kollegen nicht aus den Augen gelassen: Im Auftrag seiner Kommilitonen beobachtet der spätere Bundesrat Leuenberger, «was dieser linke Deutsche so machte».[291] Sowohl Jochims wie Leuenberger fallen im Sommer 1969 als KStR-Mitglieder Blochers Rechtsrutsch zum Opfer. Was aber forderte der inkriminierte Deutsche zuvor in der Debatte Ende 1968? Junge Wissenschaftler hätten «auch die Strukturen der Gesellschaft selbst, ihre Werte, Normen, Vorstellungen» kritisch zu untersuchen, schreibt Jochims in seinem zs-Artikel.[292] Es solle wenigstens die Möglichkeit geben, «demokratisch neue Organisationsformen auszuprobieren»[293] – eine engere Kooperation also zwischen Dozenten, Assistenten und Studenten. In einer echten Demokratie solle nicht nur «in Befehlsausführung, Anordnung-Durchführung oder auch in Wille-Durchsetzen» gedacht werden.[294]

Im nächsten *zürcher student* folgt die erste Antwort von rechts. Harro von Senger, einst Benediktinergymnasiast in Einsiedeln, kritisiert Jochims fehlende «Realpolitik».[295] «Ist tatsächlich ‹wissenschaftliche Kooperation› zwischen Sachverständigen und Laien durchführbar und, wenn ja, wie im einzelnen, etwa bei den Juristen, Altphilologen, Sinologen, Medizinern?» Von Senger erscheint es «recht computerhaft!», wenn Jochims in einer «totalen Demokratie» sämtliche «Irrationalismen» und den Unterschied zwischen Lehrern und Lernenden ausblendet:

«Sind die Professoren nachgewiesenermassen so böse und heimtückische Menschen, dass – man verzeihe mir die wirklich ketzerische Frage – nicht auch mindestens teilweise *Mitsprache* genügte?»

Im Januar 1969 schaltet sich Christoph Blocher in die Debatte ein. Wenige Jahre später tritt er der Partei bei, die er fortan prägen wird. Sein zs-Artikel «Mehr Vertrauen in den gesunden Menschenverstand» enthält einige fast programmatische Punkte seines politischen Engagements. «Beat Blocher»[296] – ein Versehen der studentischen Redaktion – versteht unter einer demokratischen Alma Mater nicht jene autonome Uni, von der Klaus Jochims träumt:

> «Verfehlt ist es jedenfalls, ein generelles Mitbestimmungsrecht aus der Tatsache ableiten zu wollen, dass der Student als Teilnehmer am Lern-, Lehr-, Forschungs- und Erkenntnisprozess beteiligt sei. (Jochims) Was heisst das? Soll das vielleicht bedeuten, der Student sei 1. Lernender, 2. Lehrer und 3. Forscher? Oder vielleicht auch nur, er sei eines von den dreien, aber diese hingen doch irgendwie zusammen? Oder meint Jochims, der Student sei eine Hilfsperson des Lehrers und Forschers, weil er – vielleicht in höheren Semestern – bei gewissen Lehr- und Forschungsarbeiten behilflich ist? Dann aber hat Klaus Jochims das Putzpersonal vergessen, denn indem dieses die Forschungsräume reinigt, ist es wohl auch in diesen ‹Prozess› eingespannt.»[297]

Blocher entgegnet scheinbar ähnlich wie Studienkollege von Senger. Dennoch schiebt sich eine andere Tonlage zwischen die Zeilen: Studierende haben zu lernen, Dozenten sind beauftragt zur Lehre, Putzpersonal ist bestimmt zur Reinigung. Über die grundsätzliche Ausrichtung der Institution vermag keine dieser drei Gruppen zu entscheiden, auch die Professorenschaft nicht:

> «Als Demokrat bevorzuge ich – für einen Studenten *horribile dictu* – die Abhängigkeit der Gewählten vom Volk. Das heisst nichts anderes, als das Volk dem einseitig ausgebildeten und sich leider fast nur durch höheres Wissen auszeichnenden Akademikerstand vorzuziehen.»

Wie in den späteren Politikerjahren unterscheidet Blocher zwischen «Volk» und Elite – dem «Akademikerstand». Sowohl Studenten wie Dozenten gegenüber ist er misstrauisch. Warum?

«Abgesehen von der Problematik der ‹rationalen Wahrheit› (es gibt sie also anscheinend!) und der ‹gesellschaftlichen Relevanz› (die alleswissende Hochschule erkennt sie demnach!): Wer gibt denn der Gesellschaft die Gewissheit, dass die Hochschule auf dem ‹besten Weg› bleiben wird? Wurde nicht mit gleicher Vehemenz und gleichem Scharfsinn das Postulat von der wertfreien Wissenschaft überzeugend verfochten, wie heute die Kritik desselben?

Darf sich die Gesellschaft wirklich damit begnügen, sich am Weisheitsbrunnen der scheinbar von jedem wissenschaftlichen Irrweg gefeiten, von allem Bösen und eigenen Interessen freien ‹Priester› der Universität zu laben? Ist die Hochschule nicht gerade für die Gesellschaft zu wichtig, als dass man sie einfach sich selbst überlässt? Ueberlassen einer ganz bestimmten Schicht des Volkes: den Akademikern, die sich durch mehr Wissen und Bildung (aber auch nur dadurch) auszeichnen?»

Blocher warnt vor «falschen Priestern», vor «Irrwegen». Er redet damit nicht nur einer wissenschaftlichen Demut das Wort: Satz für Satz wird in diesem Artikel eine theologische Zeitkritik spürbar. Der Pfarrerssohn rebelliert antiautoritär auf seine Weise. Vom «Weisheitsbrunnen» trinkt er nicht, und kaum eine Obrigkeit bleibt bei ihm unwidersprochen. Und doch gibt es Ausnahmen: «Ist dagegen eine Frage zu lösen, deren Beantwortung besondere Erfahrung erheischt, so liegt es auf der Hand, dass *nur die Erfahrenen bestimmen sollen.*» Der junge Blocher schwankt zwischen Volksnähe, religiöser Demut und Expertentum.

Anders der Studenten-Ring. Im Herbst 1970 gründet er sich ein zweites Mal, nun offiziell, mit eigener Zeitung und ohne Blocher, der sein Studium abgeschlossen hat. In ihrer Präambel verpflichten sich die Mitglieder zu sachlicher Kritik an der herrschenden linken «Sozialphilosophie», sie sehen sich als die Anwälte konstruktiver Lösungen.[298] Harro von Senger gründet nebenher ähnliche Gruppen, er nennt sie die Morphologischen Studenten Zürich oder die Studentische Arbeitsgemeinschaft für Fragen der europäischen Gesellschaft. 1971 lädt der Studenten-Ring Emil Egli zu einem Vortrag ein, der Kulturgeograf und geistige Landesverteidiger der ersten Stunde redet über sein neuestes Buch, in dem er vor einer *Natur in Not* warnt. Im Rückblick auf ihre Überlegungen und Aktionen bezeichnen sich einige Mitglieder des Studenten-Rings als eigentliche Vorgänger der grünen Bewegung. Blocher derweil war in seiner Laufbahn bereits weitergekommen, und nicht einmal sein alter Freund Harro von Senger konnte ihn je für eine politische Initiative im Naturschutz erwärmen.

Ganz anderes, noch Notwendigeres bewegte Blocher. Stärker als seinen Mitstreitern widerstrebte ihm der Machbarkeitsglaube der Linken.[299] Den Lieblingsautoren der jungen Soziologen, Herbert Marcuse, bekämpfte er nicht mit dem renommierten Schweizer Physiker Fritz Zwicky und dessen morphologischer Theorie der Sammlung verschiedener Perspektiven. Der Glarner Zwicky stand im Studenten-Ring für Zukunftsmusik, Fortschritt und Technik durchaus auch im Dienst der Landesverteidigung.[300] Der junge Blocher übte sich in etwas Schlichterem. Sein zs-Artikel schliesst mit den Worten:

> «Ich hoffe, der Leser habe mich verstanden: Wir kommen nur weiter, wenn wir unsere Augen auf die Wirklichkeit richten und gewillt sind, diese zu akzeptieren, wie sie ist. Dann wird man nicht dauernd das Wort Demokratie auf der Zunge haben, um sein Recht auf Mitbestimmung hervorzustreichen, sondern merken, dass wir in einer Demokratie leben und leben wollen, in der Staatsform, in der das Recht sein Dasein im gemeinsamen Volksgeist, in dem Gesamtwillen hat. Diesen gilt es zu erkennen, sonst entsteht Vorrecht – der grösste Feind des Rechtes!»

An den Sinn für die «Lebenswirklichkeit» wird Christoph Blocher auch in späteren Reden appellieren. Nicht von ungefähr benutzt er diesen Begriff 1969 im *zürcher student* ein erstes Mal: Im Mai 1968 heisst es an der Pariser Sorbonne «L'imagination prend le pouvoir» oder «Le rêve est la réalité»,[301] und Zürichs Bewegte übernehmen und übersetzen diese Wandsprüche. Für sie ist der Traum die Wirklichkeit.

Vieles dagegen, was Blocher unter seiner Wirklichkeit versteht, ergibt sich aus dem «gemeinsamen Volksgeist». Weder fremde noch allzu viele Richter im Innern sollen über Recht und Unrecht verfügen,

4. Der SVP-Intellektuelle 93

20 Hans Nef (1911–2000) war Professor für Rechtsphilosophie und Staatsrecht an der Universität Zürich und zwischen 1976 und 1978 deren Rektor.

Als Student im Zürich der 1930er-Jahre stellte sich Nef in der Kampfgruppe gegen geistigen Terror der Frontenbewegung entgegen. Zwei der wichtigsten Themen dieses nüchternen Gutachters waren die Gesetzesinflation, deren Hauptgrund Nef in der zu starken Rolle des Staates sah, sowie der Konflikt zwischen Naturrecht und positivem Recht, zwischen Völkerrecht und Volksrecht. Man sollte eine Rechtsordnung nicht allein auf die «ethische Forderung der Gerechtigkeit» stützen, meinte Nef, sondern auch – «ein typisch schweizerischer Zug» – auf die «politischen Realitäten» und «vitalen Notwendigkeiten».

nicht der «Akademikerstand», sondern das Volk darf die Landesgesetze bestimmen. Blocher steht kaum allein mit dieser Haltung, es ist ein im verschonten Kleinstaat verbreitetes staatsrechtliches Denken. Dass der «Gesamtwille», das Recht im «gemeinsamen Volksgeist» auch über dem internationalen Völkerrecht stehen soll, bekommt der Jus-Student an der Universität Zürich in den 1960er-Jahren oft zu hören. Rechtsprofessor Hans Nef warnt vor allzu tief greifenden Beschränkungen des Landesrechts durch die Europäische Menschenrechtskonvention.[302] Nef studierte in den 1930er-Jahren bei Dietrich Schindler, war Mitglied der Kampfgruppe gegen geistigen Terror, die sich den Frontisten entgegenstellte,[303] und Nachfolger Georg Thürers als Sekretär der Widerstandsorganisation Res publica.[304] Doch nicht zuletzt bei Schindler, seinem Professor, beobachtete Nef den Wunsch nach höheren, unverrückbaren Menschenrechten. Grund dafür war der Zweite Weltkrieg, schreibt Nef 1948 in seinem Nachruf auf Schindler. Es war die Zeit der Naturrechtsrenaissance: Das Völkerrecht sollte eine Wiederholung des Kriegstraumas ein für alle Mal ausschliessen.[305] In den 1960er-Jahren jedoch warnt Hans Nef seine Studenten vor «überbordendem Optimismus», denn für die «inhaltliche Gestaltung der Rechtsordnung» könne nicht nur die «ethische Forderung der Gerechtigkeit» massgebend sein. Die Rechtsordnung müsse vielmehr nach «politischen Realitäten» und «vitalen Notwendigkeiten» gestaltet werden – darin liege «ein typisch schweizerischer Zug».[306]

Blocher erinnert sich an Hans Nef in einer Laudatio auf einen gleichnamigen Studienkollegen:

> «Robert Nef misstraute auch schon damals den ‹Naturrechtlern› unter den akademischen Lehrern, die von vor- und überstaatlichen ‹ewigen› Rechten schwärmten und diese über die demokratisch legitimierte Gesetzgebung stellen wollten.
>
> Wir hielten es mit dem staatskritischen und strikterem [sic] Rechtspositivismus und anerkannten jene Gesetze als verbindlich, die durch einen rechtsetzenden Akt zum Recht wurden. Uns beeindruckte Robert Nefs gleichnamiger Rechtsphilosoph, der Staats- und Verwaltungsrecht-

ler Hans Nef. Dieser konsequente Verfechter der Freiheit des Individuums hat uns Studenten durch die Logik, Einfachheit und Tiefe seiner Gedanken für die spätere Wirksamkeit zweifellos mehr geprägt, als wir damals ahnten.»[307]

Die jungen Gegenbewegten hielten es also mit nüchternen Positivisten wie Hans Kelsen oder Hans Nef von der eigenen Universität. Doch die grössten «geistigen Vorbilder»[308] der Studenten Blocher und Nef waren der Wirtschaftstheoretiker Ludwig von Mises und dessen Schüler Friedrich August von Hayek. Bei diesen Vordenkern des Neoliberalismus zählten in Zeiten des gesellschaftlichen Umbruchs noch Glaube und Demut: Als «Wunder»[309] versteht Hayek die freie Marktwirtschaft nach dem Krieg. «Demut gegenüber den Vorgängen» des Marktes[310] fordert er und muss sich bald des Vorwurfes erwehren, er sei kein Liberaler, sondern ein Konservativer.[311] Wie sein Lehrer von Mises flüchtete Hayek vor den Nationalsozialisten aus Österreich. Wer die Freiheit wirksam verteidigen wolle, folgert Hayek aus seinen Erlebnissen, müsse «notwendig unbeugsam, dogmatisch und doktrinär sein und darf keine Zugeständnisse an Zweckmässigkeitserwägungen machen».[312]

Freiheitlich-radikal gesinnt, fortschrittlich und doch mit gründlicher Ehrfurcht, findet sich der Laufener Pfarrerssohn in der Limmatstadt zurecht. Doch übt noch etwas anderes Einfluss auf den jungen Blocher aus. Wenn er der «mehrheitlich linken, ja geradezu kommunistischen Studentenschaft»[313] Lektionen erteilt, dann nur nebenbei, meist abends, wenn der Grosse Studentenrat tagt. Als Werkstudent schleppt er eine Zeit lang Säcke in der Sihlpost. Kollege von Senger erinnert sich an die unscheinbare, billige Jacke, die Blocher immer getragen habe.[314] Selten kommt er rechtzeitig in die Vorlesung, denn er unterrichtet die Kinder seines Patrons, in dessen Rechtsdienst er 1969 eintritt. Blocher lernt schnell, er steigt auf, widerspricht dem alternden Patriarchen. Bald wird er Intimus, dann Nachfolger des Chefs: Werner Oswald, Gründer der Emser Werke in Graubünden, kunstsinniger Agraringenieur, Oberstleutnant.

Wer war Oswald, der Ziehvater Blochers? Wer war der Präsident des 1965 gegründeten Komitees zur Würdigung der Schlacht bei

21 Werner Oswald (1904–1979) gründete 1936 in Zürich die Holzverzuckerungs AG, die mit einem aus Deutschland erworbenen Patent für mehrere Probleme eine Lösung versprach.

Mit dem schollerschen Holzverzuckerungsprozess besass Oswald das Rezept zur Treibstoffgewinnung aus Holzabfällen. Bald wurde die Holzverzuckerungs-AG in Domat/Ems die grösste Arbeitgeberin im von Abwanderung betroffenen Graubünden. Oswalds grosse Zeit kam mit dem Krieg, als er vom Bund subventioniert zur Treibstoffunabhängigkeit des Landes beitragen sollte. Nach dem Krieg holte Oswald einen Direktor der in Verruf geratenen deutschen IG-Farben-Werke nach Domat/Ems sowie mit geschickten Abwerbungen weitere Techniker aus der DDR. Nach der Ablehnung weiterer staatlicher Subventionierung in einer Referendumsabstimmung stellte das Unternehmen 1956 komplett auf die Produktion von Kunstfasern um. Werner Oswald war ein Kämpfer für den Bergkanton und die romanische Sprache, Besitzer zweier Schlossgüter. Selbst Bewunderer bezeichneten ihn als brutalen Patriarchen. 1979 brach Oswald mitten in einer Sitzung zusammen. Sein Nachfolger hiess Christoph Blocher.

Marignano und ihrer Konsequenzen, dessen Sekretariat sein Schützling Blocher übernahm?

Werner Oswalds Geschichte beginnt mit einer ungewöhnlichen Geschäftsidee, die den Unternehmer Mitte der 1930er-Jahre zum Vaterlandsverteidiger werden lassen. Er kauft in Deutschland das Patent für ein chemisches Verfahren, mit dem sich aus den Wäldern Graubündens Zucker und Treibstoff gewinnen lassen. Doch erst der Krieg bringt den Gewinn für die Holzverzuckerung. 1941 kann Oswald in Ems Strassen und Anlagen ausbauen, denn er hat vom Bund eine Abnahmegarantie bis 1955 erhalten. «Emser Wasser» heisst im Volksmund das Gemisch der damaligen Holzverzuckerungs AG. Die Hovag hilft so die Treibstoffknappheit der Kriegsjahre im zivilen wie im militärischen Bereich zu überbrücken. In einer leicht heroisierenden Studie aus der Reihe *Schweizer Pioniere der Wirtschaft und Technik* findet sich eine Anekdote, die den damaligen Volks- und Unternehmergeist treffend umschreibt:

> «‹Herr General, eines meiner Ziele ist es, hier so viele Arbeitsplätze zu schaffen, dass der Kanton Graubünden mit einem weiteren Regiment zur Landesverteidigung beitragen kann.›
>
> Diese Worte erwiderte Werner Oswald auf die Frage des Generals Henri Guisan an einer Truppenschau in der Nähe der Emser Werke, was er denn eigentlich mit den Anlagen beabsichtige.
>
> Die Antwort ist kennzeichnend für den Menschen, den Bündner und den Patrioten Werner Oswald, den Schöpfer der Emser Werke, Begründer der Holzverzuckerung in der Schweiz, den Unternehmer, Oberstleutnant der Schweizer Armee, Bürgen für die sichere Treibstoffversorgung unseres Landes in der Kriegszeit und Freund der Berge und ihrer Bewohner.»[315]

Ist er nun guter Patriot und Oberstleutnant, Freund der Berge und der Region, erfolgreicher Unternehmer oder Kantonslobbyist? Oswalds Projekt sei durch «eine seltsame Mischung aus Patriotismus und Profitstreben» angetrieben worden, schreibt Karl Lüönd in der 2011 erschienenen Firmengeschichte.[316] Schwierig auseinanderzuhalten, wo der Heldenmut endet, Kalkül und Eigennutz beginnen. Die Geschichte des Unternehmers Oswald gehört zu jener grossen Volkserzählung, «die wir immer gehört und geglaubt haben. Sie erzählt von einem kleinen, tapferen Land und einer mutigen Bevölkerung, die, umklammert von einem ebenso übermächtigen wie unmenschlichen Gegner, standhaft geblieben sind und ihrer Idee treu.»[317] So umschreibt der politische Philosoph und frühere zs-Redaktor Georg Kohler die Gesinnungslage nach 1945. Dem Teufel Hitler habe man «ein bisschen Zucker» und «ein paar Seelen» geben müssen,[318] und diese Opfer schienen überlebensnotwendig. Wer hätte da an einer Heldengeschichte, wie Werner Oswald sie verkörperte, zweifeln sollen?

Bereits als Student soll er das Bündnerland durchwandert haben, eng und weit zugleich sei es ihm vorgekommen, heisst es in der Reihe *Schweizer Pioniere der Wirtschaft und Technik*. Ein Mann mit grossem Geschichtsbewusstsein, Kämpfer für die rätoromanische Sprache, Herr über die Schlösser Haldenstein und Rhäzüns, habe Oswald «die Gegenwart an den Beispielen der Vergangenheit» gemessen.[319] In den 1930er-Jahren wächst in Graubünden «die Gefahr einer weiteren Abwanderung und Verödung von Heimstätten, vor allem in den oberen nutzbaren Regionen».[320] Doch auch die Landesverteidigung ist wegen der Entvölkerung in Gefahr. Offizier Oswald sieht das Gebiet als strategischen Vorteil im Kriegsfall – durch diese engen Grenztäler müsste der Feind kommen.

Endlich, als der Krieg sich abzeichnet, die Schweiz bald umzingelt ist, lösen sich alle Probleme mit einem Befreiungsschlag – das Holz, die Abwanderung, die Landesverteidigung, die Abhängigkeit:

«Mitten in dunkelster Zeit kam der langgehegte Plan zur Verwirklichung, und das Emser Werk konnte seine für die Treibstoffversorgung der Schweiz während des über fünfjährigen Völkerringens segensreiche und damit für die Selbsterhaltung unseres Landes massgebliche Rolle zu spielen beginnen.»[321]

Im heroischen Licht dieser Erzählung stehen die Emser Werke lange Zeit. Die *Automobil Revue* erblickt in dieser Unternehmensgeschichte noch 1986 «ein wichtiges Kapitel schweizerischen Selbsterhaltungswillens».³²² Doch rankten sich wohl auch viele Mythen um das «Emser Wasser». Die Schweizer Luftwaffe etwa, vermeintlich betankt mit Oswalds Sprit, wird in den ersten Kriegstagen ein Symbol für den Widerstandswillen. Nach vermehrten Grenzverletzungen seitens der Deutschen zerstören die Schweizer mit ihren Messerschmitt Me-109, vor dem Krieg von Deutschland gekauft, elf feindliche Flieger und verlieren nur deren zwei. In Wirklichkeit aber tanken die Flieger mit «Emser Wasser» erst ab Herbst 1942, als sie ihre Grenze längst nicht mehr so verteidigen dürfen wie zu Kriegsbeginn – aus Furcht, Hitler weiter zu provozieren. «Emser Wasser» macht die Jäger zudem langsam, führt nach einem halben Jahr zu Korrosionsschäden.³²³ Auch hätte Oswalds Verfahren nie zur Versorgungsunabhängigkeit ausgereicht, und natürlich musste zusätzlicher Treibstoff importiert werden: «Dass es bei den Bemühungen, das Land angemessen mit Erdöl zu versorgen, auch zu aus heutiger Sicht unlauteren Kontakten mit dem nationalsozialistischen Deutschland kam, sei als Randbemerkung angeführt»,³²⁴ heisst es 2011 in der Jubiläumsschrift der Erdöl-Vereinigung, herausgeben vom selben Verein für wirtschaftshistorische Studien, der Werner Oswald in der *Pioniere*-Reihe feiert – als den «Bürgen für die sichere Treibstoffversorgung unseres Landes in der Kriegszeit».

Wäre der Hovag-Gründer, der Freund der Berge und der Region, ein Held des Widerstands geworden, hätte er Gelegenheit dazu bekommen? 1940 nimmt Oswald an der «Offiziersverschwörung» im Hotel Schweizerhof in Luzern teil.³²⁵ Nach der als «anpasserisch» empfundenen Radioansprache von Bundesrat Pilet-Golaz vom 25. Juni 1940 schwört sich die Gruppierung, gegen die Wehrmacht weiterzukämpfen, wenn General und Bundesrat kapitulierten. Doch kam es anders, und Oswald blieb ein Günstling der Bundesgelder, ein Kriegsgewinnler.

Am 16. November 1944 stürzt der US-Bomber «Liberator» im Bündnerland ab.³²⁶ Sammler und Souvenirjäger machen sich auf die Suche nach Wrackteilen, und aus dem demontierten Fahrwerk wird eine Hydraulikpresse für Oswalds Werkstätten gefertigt.

Auf den Krieg folgen dann Nachkriegsgewinne, wie der Bergier-Bericht aufzeigt.³²⁷ Oswald holt einen Mann namens Johann Giesen aus

Deutschland, der «geborene Praktiker und Vollender» leistet in Ems «wertvolle Mitarbeit», wie es in der *Pioniere*-Reihe heisst.[328] Giesen reiste während des Zweiten Weltkriegs als Direktor des IG-Farben-Werks in Leuna mehrmals zu Sitzungen in den Osten, nach Auschwitz. Dort plante und überwachte er Produktionsanlagen, wobei er später angibt, 1947 im IG-Farben-Prozess, vom Massenmord nichts gewusst zu haben. Im Kalten Krieg lässt sich Oswald von weiteren Spezialisten aus ehemaligen SS-Kreisen und aus der DDR in den Bündner Bergen beraten.[329] Werner Oswald teilte die Haltung, die Herbert Lüthy Ende 1944 bei vielen schweizerischen Patrioten feststellte – die Haltung «durchaus guter Demokraten, die bei aller Standhaftigkeit [...] doch beileibe auch das künftige Russen- und Wiederaufbaugeschäft nicht verpassen möchten. Mit Ideologie hat das wenig zu tun; aber sah es nicht im Effekt täuschend ähnlich aus?»[330]

1979, kurz vor seinem 75. Geburtstag, bricht der Patron mitten in einer Sitzung zusammen und stirbt. Christoph Blocher, Ziehsohn und Nachfolger, schreibt in seinem Nachruf in der NZZ nüchtern:

«Vor 45 Jahren hat er im für die Industrie scheinbar schwer zugänglichen Bergkanton dessen Reichtümer – *Holz und Wasserkraft* – und gleichzeitig die Möglichkeiten zu deren wirtschaftlicher Nutzung erkannt und zu einer Synthese gebracht. Sein Leitgedanke war, durch die industrielle Verwertung dieser einheimischen Energieträger eine Verdienstmöglichkeit für Bergbauern zu schaffen, um so der Entvölkerung der Bergtäler entgegenzuwirken.»[331]

Einige Jahre später erwähnt Blocher die Kriegsumstände, die Oswalds Geschäftsidee gerettet haben. Wieder ohne Pathos berichtet der Nachfolger:

«Werner Oswald war ein grossartiger Firmengründer; zu Beginn des Zweiten Weltkriegs kam seine grosse Stunde, als er eine Lösung für drei akute Probleme anbieten konnte: Verwertung überschüssigen Holzes, Stopp der Entvölkerung in Graubünden und Milderung des Treibstoffmangels. Mit

Unterstützung des Bundes startete er die Holzverzuckerung in Ems. Einige Freunde liehen ihm das Geld.»[332]

Vieles deutet darauf hin, dass der Unternehmer Blocher den Mythos Oswald sehr realistisch betrachtet. Von einigen Freunden, mit denen er als Oswalds Sekretär 1965 nach Marignano fuhr, hat schliesslich auch Blocher das nötige Geld geliehen bekommen. Mit einem Kredit der Schweizerischen Bankgesellschaft kann er der Familie Oswald nach Verhandlungen mit den Söhnen das Unternehmen abkaufen. Während die 68er-Generation in der Schweiz kritischen, «alternativen Wirtschaftsjournalismus» an ihm betreiben will,[333] beginnt sich Blocher bereits international umzusehen. Als «Erneuerer»[334] führt er die Emser Werke weg von Bundesbern und dessen Aufträgen. Die Firma muss nicht nur von der Treibstoffversorgerin zum Chemiebetrieb umstrukturiert werden. Die Kunststofffaser, von Johann Giesen entscheidend mitentwickelt, hat ausgedient. In der Rezession der 1980er-Jahre müssen dringend neue Märkte erschlossen werden. Blocher bereist Asien, er macht die Ems-Chemie zu einem der führenden Schweizer Exportunternehmen. Dieses exportiert nicht mehr Produkte, vielmehr Ideen: fertige Fabriken, Spezialkunststoffe für Mobiltelefone und Lebensmittelverpackungen, technisches Know-how.

Wo bleibt hier die «Lebenswirklichkeit»? Der Freund der Berge und ihrer Bewohner? Der Landesmythos ewiger Unabhängigkeit? Während Blochers linke Mitstudenten den Mythos zertrümmern, formt ihn der international tätige 68er von rechts fröhlich um. Es ist – wie bei Werner Oswald – eine Mischung aus Patriotismus und Profitstreben. «Jodelndes Hightech»[335] und die «Zukunft der fünfziger Jahre»[336] nannte es der Soziologe Ulrich Beck.

4.2 «KIRCHE» UND AUFTRAG

Die Kirche blieb Blochers Sorgenkind und Auftrag insgeheim. Einer seiner Professoren war es, Werner Kägi, der den einstigen Studentenführer Blocher als *Reformatio*-Kolumnisten empfahl.[337] Zwar fand der

22 Christoph Blocher hält ein Referat gegen das neue Eherecht, 1985.

Völker-, Staats- und Kirchenrechtler Kägi,[338] dieser junge Mann sei kaum auf seiner Linie. Doch sollte das protestantische Blatt in den 1980er-Jahren aufgefrischt werden, und schreiben und provozieren konnte Blocher allemal.

«Hört man sich in den Kreisen der heutigen Friedensbewegungen etwas um, so fällt einem bald auf, dass unter ‹Friede› kaum etwas anderes als ‹Bewahrung vor Störung› gemeint ist. Die während Jahrzehnten gross gewordene ‹Moral› unserer Zeit hält aber alles Schmerzliche und Belastende für böse und alles Angenehme und Bequeme für gut. Diese Moral muss folglich den Bestand ungestörter Annehmlichkeit Frieden nennen. Grosse philosophische und theologische Worte werden denn auch in ihrer Bedeutung reduziert: So sind Menschlichkeit, Liebe, Freiheit, Lebenserfüllung, Ehrfurcht vor dem Leben usw. im Bewusstsein unzähliger Zeitgenossen ebenfalls gleichbedeutend mit ‹Ungestörtheit› in der freien Willensentfaltung und ungehinderte Gewährung dessen, was einem ‹am liebsten› ist.»[339]

Aus diesen *Reformatio*-Zeilen von 1982 spricht die Enttäuschung über eine Moderne, die nicht mehr nur als technisches Wunderwerk auftritt. Sie bringt vielmehr eine neue Moral mit sich, schreibt Blocher: «Die Wohlstandsvermehrung der Nachkriegsjahre, verbunden mit den exorbitanten Lebenserleichterungen, aber auch gefolgt von der zunehmenden Unfähigkeit, das Schwere, Schmerzliche, Bedrängende zu verstehen und zu ertragen, hat diesen neuen Gewissensmassstäben unmerklich allgemeine Geltung verschafft.»[340]

Mit einem Hieb trifft Blocher in dieser Zeitdiagnose vieles, was ihm nicht zusagt. Ende der 1980er-Jahre, 17 Jahre nach dem männlichen Ja zum Frauenstimmrecht, stellt das neue Eherecht die Partner gleich. Blocher bekämpft Letzteres sogar gegen die eigene Partei. Dazu protestieren Umweltbewegungen gegen die Atomkraft, den Glauben an den ewigen Fortschritt. Und bald geht es um die «heiligste Kuh»[341] des Landes: Friedensbewegungen fordern die Abschaffung einer Schweizer Armee, die keine Feinde mehr habe. Die neutrale Insel Schweiz soll mit einem UNO-Beitritt zum Weltfrieden beitragen. Eine Abstimmung, die Blocher noch im Windschatten geistiger Landesverteidigung klar, wenn auch mit populistischen Mitteln[342] gewinnt.

Die nächste Historikergeneration dekonstruiert inzwischen die von der Geschichtsschreibung einst befeuerte Nationalstaatsidee. Eric Hobsbawm versteht die Nation als eine «erfundene Tradition»[343] des 19. Jahrhunderts, und auch in der Schweiz ziehen die neuen Historiker spätestens 1992 in *Erfundene Schweiz* einen Schlussstrich unter die Vergangenheitsbilder ihrer Väter.[344]

1980 erlebt die Schweiz neuerliche Jugendproteste, die Opernhauskrawalle wirken zielloser als die Happenings von 1968, seien nihilistisch, befürchten einige. «Das durch die Jugendunruhe entstandene Problem ist schweizerischer, als man denkt», schreibt 1981 der Schriftsteller Peter Bichsel. «Wir sind stolz auf unsere Besänftigungspolitik, auf unsere Kompromisspolitik, auf unsere Konfliktbewältigungsmittel. Nun werden sie verweigert.»[345] Es beginnen die Herbstjahre des helvetischen Basiskonsenses. Die Vorstellungswelt, die im Krieg Kraft spendete, ist dahin.

Um alldem zu entgegnen, benutzt Christoph Blocher in der *Reformatio* ein unscheinbares, fast ein Alltagswort. Mit der «Wirklichkeit» kritisiert er die Realitäten der 1980er-Jahre. Der «Wirklichkeit» widerspreche das neu überall gebräuchliche «Schlagwort»[346] der Gleichberechtigung:

> «Gleichheit und Recht und die daraus gemischte Gleichberechtigung sind so lange Ideologie und also keine Wirklichkeit, als wir die Gleichheit und das Recht zum Gegenstand unseres eigensüchtigen Begehrens machen. Wer Gleichheit und Recht für sich fordert, weil er seinem Mitmenschen dessen scheinbare oder wirkliche Andersartigkeit nicht gönnt oder in gekränktem Gemüt die Rechtsungleichheit nicht verwindet, der anerkennt weder den andern noch sich selbst. Seine Ideologie der Gleichberechtigung ist leerer Wahn, in dem es ihm nur um sich selbst geht. Darin aber ist er dem gleich, der Ungleichheit und Rechtslosigkeit zu seinen eigenen Gunsten durchsetzen oder durchhalten will.»[347]

Emanzipation verletzt die Regeln der «Wirklichkeit»:

> «Die Natur selbst aber setzt in all ihren Erscheinungsformen eine offenkundige, ja geradezu schockierende Ungleichheit aller Dinge durch. Der Mensch selbst – von Natur als Mann und Frau in fundamentaler Ungleichheit erschaffen – ist ohne sein Zutun ein lebendiger Zeuge gegen die ‹Gleichheit›.»[348]

Aus der Erkenntnis der «Wirklichkeit» ergibt sich für Blocher der «Auftrag zum Dienst»:

> «Es gilt, aufs neue zu erkennen, dass jeder in seiner Verschiedenheit und in dem seiner Besonderheit angemessenen Recht den andern und der Gesellschaft zu dienen hat. Es ist an dieser Stelle mit grossem Ernst zu fragen, ob die Ideologie der Gleichberechtigung ihre Wurzeln nicht in einer bedenklichen Verkümmerung des Menschseins hat, in der das Leben nur noch als Stätte der menschlichen Selbstbefriedigung, Selbstverwirklichung und Selbstbehauptung verstanden werden kann – und ob sich darin etwas anderes offenbart als eine verhängnisvolle Schwächlichkeit, ja Unfähigkeit, das Leben als Auftrag zum Dienst anzunehmen.»[349]

Nach dieser Vorstellung – soweit man ihr folgen kann – ist jedem Gesellschaftsmitglied eine gemäss natürlichen Stärken und Schwächen geeignete Rolle zugedacht. Ein «Auftrag» für jeden:

> «Ein Dienst, der von jedem Härte und Sachbezogenheit und damit eben nicht Selbstverwirklichung, sondern Selbstverleugnung fordert. Nur in der Erfüllung dieses Auftrages kann ja wahre Menschlichkeit bestehen.»[350]

Doch was ist der Dienst, was der Auftrag? Was könnte Blocher unter der «allgemeinen Menschenaufgabe»[351] verstehen? Wofür kämpft er, der immer Nein sagen muss? «Der Kampf geht gegen alle *ideologische* Gleichberechtigung – aber für das Recht der Ungleichheit im gleichen Dienst an der gleichen Sache.»[352] Was ist diese «Sache»? Nicht im «Wahn einer Ideologie» will Blocher seinen Einsatz leisten, sondern «im Dienste der menschlichen Wirklichkeit».[353] Auch wenn hier von Menschlichem, von einem Auftrag als «Menschenaufgabe» die Rede ist: Blocher erzählt in der *Reformatio* von Gott, ohne ihn zu nennen. Er schreibt von Härte und Sachbezogenheit, doch hinter den Begriffen verbirgt sich die höhere Sache: «die Ehrfurcht und die Liebe», die an die Stelle «pseudophilosophischer Schlagwörter» treten sollen, und ein mutig zu anerkennendes, «ein allen Menschen übergeordnetes und zugleich verheissenes Gut».[354]

Um es in seinen eigenen Worten auszudrücken: Christoph Blocher ist seinerzeit ein «abseits stehender Beobachter».[355] So beschreibt er 1982 seine Rolle, angesichts einer weltweiten Welle von Friedensdemonstrationen. Er beginnt, der Mehrheit zu misstrauen: «Von der Besucherzahl lassen sich auch Politiker gerne beeinflussen. (Als ob die Zahl der Bekenner je ein Gütezeichen gewesen wäre!)»[356] Auf die konservative Mitte des Volkes ist nicht mehr Verlass.

Ein «kultureller Reaktionär»[357] sei Christoph Blocher nie gewesen, schreibt der Historiker und Chefredaktor der *Basler Zeitung* Markus Somm in seiner Biografie. Doch prägen konservative Gefühlswelten Blochers Rhetorik in den 1980er-Jahren durchaus. Und eingreifen, aufrütteln, umkrempeln will er. Blocher bezieht sich auf die «Wirklichkeit» – will das ungleiche Eherecht zwischen Frau und Mann beibehalten. Er erteilt den «Auftrag zum Dienst» – fordert «Selbstverleugnung» statt «Selbstverwirklichung». Damit sei «natürlich keineswegs die Grausamkeit von Ungleichheit und Unrecht» zu rechtfertigen, schreibt Blocher.[358] Doch schlimmer fast erscheint ihm ein Leben unter der Doktrin der Gleichberechtigung:

> «Die unbedachte Verherrlichung der Gleichheit und des Rechtes führt zu einer so ausgelaugten Leere, in eine so chaotische Begehrlichkeit, dass sie in der Unterdrückung aller freien Lebendigkeit, Vielgestaltigkeit und Originalität endet.»[359]

Von Parteigängern und selbst von heftigsten Gegnern blieb diese Seite Blochers unentdeckt. In dem jungen Aufsteiger konnte die Neue Linke

4. Der SVP-Intellektuelle 107

23 Der Sozialdemokrat Walter Renschler sagt 1986 Ja zum UNO-Beitritt der Schweiz.

24 Christoph Blocher setzt sich nicht zum ersten Mal für eine Nein-Parole ein.

immer nur den «Manager» sehen. 1979 touren die Filmer der Genossenschaft Videoladen Zürich in einem VW-Bus durch Stadt und Umgebung. In einem mobilen Fernsehapparat zeigen die Alternativen den Passanten ihr *Video uf de Gass*, sie porträtieren «sechs bemerkenswert bürgerliche Kandidaten» für die Nationalratswahlen vom 21. Oktober 1979, darunter Christoph Blocher. In diesem Jahr wird er erstmals ins Bundesparlament gewählt.

> «Christoph Blocher, knapp vierzig Jahre alt – auch er hat ein Häuslein an der Goldküste, er wohnt in Meilen. Er ist Chef der Emser Werke, der grössten chemischen Industrie im Bündnerland.»[360]

Das ist der Einstieg in den «Anti-Spot» Blochers, keiner der sechs Kandidaten kommt zu Wort. «Mit beachtlicher Geschwindigkeit ist er vom Kinderzimmer im elterlichen Pfarrhaus in die Direktionsetage der Grossindustrie aufgestiegen», heisst es. Auf Blochers Pfarrhausjugend geht der Film nicht weiter ein, er ist bloss «sozusagen ein Senkrechtstarter» – im Film wird eine Rakete gezündet.[361] Er sei jung, dynamisch, rücksichtslos gegenüber Angestellten und Konkurrenten:[362] «Der Herr Blocher ist das, was man meint, wenn man Manager sagt.»[363]

Während sich die Jugend so unentwegt in Ablehnung übt, scheint sich der Bürgerblock gar zu verdichten. Peter Bichsel schreibt 1982: «Ich meine das alles weder als Warnung noch als Klage. Wenn das ein Ende ist, dann ist es nur ein Ende von dem, was wir kannten. Es ist so: man trägt wieder rechts, man darf es wieder sein und man kann es wieder.»[364] Hatte man denn in der Schweiz je links getragen? Mit solchen Klagen brechen in Zürich ein Jahr nach dem *Video uf de Gass* die Opernhauskrawalle los. Ein Entscheid entfesselt den Zorn der Jugend: Der Stadtrat finanziert die Renovation des Opernhauses mit 60 Millionen, gleichzeitig spricht er sich gegen ein autonomes Jugendzentrum aus. Einige Jugendliche scheinen jetzt ihre Stadt nur noch brennen sehen zu wollen.

Anders als 1968 bleibt der Hintergrund der zwei Jahre dauernden Proteste im Dunkeln – umso mehr schlägt die Stunde konservativer Meinungsführer. Die Publizistin Salcia Landmann glaubt 1981 an einen ideologischen Kampf zwischen Kommunismus und Kapitalismus, ausgetragen in den unschuldigen Köpfen der Jugend. In der Schweiz lasse es sich doch ganz gut leben: «Das Land ist an sich sehr arm, trotzdem herrscht hier dank Fleiss, Arbeitswillen, der Tüchtigkeit und Sparsamkeit der Einwohner ein beachtlicher Wohlstand.»[365] Nach Landmann kann nur das Gift des neomarxistischen Philosophen Herbert Marcuse die Proteste ausgelöst haben. Marcuses falsche «Heilslehre» habe den schweizerischen Nachwuchs infiziert.[366] Ähnlich lässt sich die Philosophin Jeanne Hersch vernehmen. Sie schreibt 1982 vom «Nihilismus» einer falsch erzogenen Jugend. Hersch sieht darin einen «*Substanzverlust* des zeitgenössischen Liberalismus. Seine Toleranz ist im Grunde genommen Gleichgültigkeit – gegenüber den Menschen und gegenüber der Wahrheit.»[367] «Gleichberechtigung» gehöre zu einer Serie «destruktiver Schlagwörter» der Nachkriegsgesellschaft. Die Jungen mögen zwar «für Ungerechtigkeit so feinfühlig» geworden sein: «Ziel der Gesetze kann es aber nicht sein, das Recht auf den Wunsch zu gründen.»[368] Auch Gewaltlosigkeit ist unrealistisch: «Die Gesellschaft ist kein Garten Eden, wird und soll es auch nicht sein.»[369]

Christoph Blocher vermag mit seinem «Auftrag zum Dienst», seinem Ruf nach mehr «Wirklichkeit» in den Chor einzustimmen. Abseitsstehend, vom Zeitgeist verlassen, drängt es ihn nun zurück in die eidgenössische Mitte. Ein Komitee für Recht und Ordnung ruft im September 1980 zur «Landsgemeinde» auf dem Zürcher Münsterhof. Die NZZ schreibt über Blochers Auftritt:

> «Nationalrat *Dr. Christoph Blocher* ging in seiner kurzen Ansprache auf die *Gefährdung der Rechtsordnung* ein, und er versuchte, die *Ursachen der Unzufriedenheit* der Jugendlichen, die Unruhe in die Stadt gebracht haben, zu analysieren. Die ‹tiefe geistige Leere›, in die viele Mitbürger in den letzten Jahren hineingeführt worden seien, lasse vermuten, dass unser Erziehungssystem versagt habe. Blocher sieht in den verängstigten, unsicheren und heimatlosen Jugendlichen nicht zuletzt das Resultat einer schon *längerfristigen Verunsicherung* der familiären und religiösen Bindungen. Diese Jugendlichen seien nun hilflos und überfordert, wenn sie aus der

Leere heraus den Anforderungen unserer Zeit genügen müssen. Die Hilflosigkeit auch der zuständigen Erwachsenen habe sich erwiesen im Eingehen auf Erpressungen, in der Unfähigkeit, ein Jugendhaus zu führen, und darin, dass sich letztlich die Jugendarbeit erschöpfe in Analysen, Symposien und Schreibtischarbeit. Blocher, der immer wieder vom feindlich gesinnten Teil seiner Zuhörer unterbrochen wurde, betonte abschliessend, dass den Jugendlichen *nicht Hass*[,] sondern Mitleid entgegengebracht werden müsse.»[370]

Es ist eine dieser damals zahllosen Reden, in denen sich ein konservativer Geist in der Warnung vor zersetzenden ideologischen Mächten bestätigt fühlt. An die Adresse jener, die für einen ewigen Frieden demonstrieren, schreibt Blocher später in der *Reformatio*:

«Mich beschäftigt das Wort Christi: ‹Frieden lasse ich Euch zurück, meinen Frieden gebe ich Euch. Nicht wie die Welt gibt, gebe ich Euch› (Joh. 14, 27). Ist dies nicht ein Hinweis darauf, dass es da um etwas völlig anderes als um blosse ‹Störungslosigkeit› des Menschen und seiner Annehmlichkeiten geht? Geht es da nicht um das Heil und die Geborgenheit des Menschen als *Rettung* (und zwar vor allem aus seiner – des Menschen – Verfallenheit und Gebundenheit an sich selbst!)? Geht es hier nicht um das Gericht und die Gnade Gottes über den begehrlichen, eigensüchtigen, ‹selbstentfaltungslüsternen› Menschen? Ich meine, dass der ‹Friede Gottes› gar nichts gemein hat mit dem eigensüchtigen Traum einer Gesellschaft, die es vor allem ‹schön haben› will.»[371]

Der das schreibt, verschmäht die Ansicht, menschliche Träume könnten Wirklichkeit werden. Die Bibel und ihre rechte Auslegung bleiben Blochers Richtmass, und zwar nicht nur im Privaten. Umso mehr irritiert ihn, dass seine Kirche nicht mehr die rechten Dienste erweist:

«Gerade als Politiker und Unternehmer habe ich an meine Kirche mit letztem Ernst ein ganz anderes Anliegen zu richten: dass sie mir als Christ und als Hörer der Verkündigung zu einer Begegnung mit dem lebendigen

Zuspruch und Anspruch des Wortes Gottes verhelfe. Ich weiss wohl, dass man mir jetzt eine bequeme Flucht ins ‹reine Evangelium› vorwirft – in einen Bereich, da die soziale Verantwortung ausgeklammert würde. Dieser Vorwurf aber zeigt mit letzter Deutlichkeit, dass die Kirche ihre Mitte und damit ihren Auftrag verloren hat. Sie weiss offenbar kaum mehr etwas davon, dass gerade das Verweilen beim Worte der Bibel und das getreue Aussprechen der ‹grossen Taten Gottes› die Erneuerung des Menschen und so die stärksten sozialen Veränderungen mit sich bringt. Ein Mensch – auch der Politiker und Unternehmer – hat es nötig, mit allen seinen Lebensbelangen unter das Gericht und unter die Gnade Gottes gestellt zu werden. Wir bedürfen – im Hinblick auf die Verantwortung gegenüber der Natur – einer sorgfältigen *theologischen* Unterweisung darüber, wie sich die Schöpfung vor dem Sündenfall (1. Mose 2, 15) und danach (1. Mose 3, 23) in der Hand des Menschen unterscheidet und welche Verheissung in Christus einzuhalten ist. Wir hätten die fortlaufende Einführung in die Gesetzmässigkeiten des Reiches Gottes nötig: die Auslegung der Bibel in guter theologischer Weisheit. Wir müssten unaufhörlich zur *Mitte* und zur Sache Gottes gerufen werden.»[372]

Aus der Mitte, wie sie hier dargestellt wird, hat sich die Gesellschaft längst hinausmanövriert. Auch das Abtreibungsverbot sieht Blocher durch eine falsch verstandene Liberalisierung in Gefahr, obwohl doch «unsere Gesetzgebung die Gesetzgebung einer christlich begründeten Zivilisation» wäre.[373] Mehr noch, ein spiritueller Heimatverlust findet statt, denn sogar die Wörter selbst büssen allmählich ihren Sinn ein. 1984 – das neue Eherecht steht zur Debatte – sieht Blocher den Grund für «die jetzt geplante Aufhebung» des «Über- und Unterordnungsverhältnisses in Ehe und Familie» keineswegs in der «plötzlich neu entdeckten Würde der Frau».[374] Blocher fragt andersherum: «Entspringt es nicht vielmehr einem gelösten Verhältnis zu den Begriffen wie Über- und Unterordnung?»[375] Dem Wertewandel, der babylonischen Begriffsverwirrung tritt seine Kirche nicht mehr resolut entgegen. Ihm als «Christen und Glied der Kirche» fallen «in letzter Zeit Eigentümlichkeiten christlicher, kirchlicher und theologischer Reden auf: ihre eifrigsten

25 Anstecknadel des Schweizerischen Verbandes für Frauenrechte, 1984.

Bemühungen um die sogenannten ‹Aktualitäten›».[376] Die kirchlichen Seelsorger haben «ihren Auftrag vergessen» und üben sich im Namen der Kirche «im allgemeinen Journalistenjargon».[377] Statt Theologie betreiben sie ihre «– zwangsläufig stümperhafte – Ökologie, Soziologie, Psychologie, Wirtschaftspolitik und Weltstrategie».[378] Blocher stört sich überhaupt an dem «auffallend eintönigen Plädoyer gegen alles Militärische, gegen die Atomenergie, gegen alle Systeme der Selbsterhaltung und Selbstdurchsetzung und für die ‹Schwachen und Unterdrückten›, für den Frieden, für Umweltschutz. Die Verlagerung des Themas ist darum auffallend, weil die ‹Kirche› bis vor kurzem eindeutig nicht auf dieser Seite zu stehen schien.»[379]

Auch in der Frage der Geschlechtergleichstellung «schweigt die Theologie oder faselt etwas über Partner oder Gleichberechtigung»,[380] statt das Bibelwort zu beachten:

«Ich war bisher der Meinung, das, was nun also weggeschafft werden soll, entspringe christlichem Gedankengut und habe seine tiefe Verwurzelung im Evangelium selbst. Ob dann aber so ohne weiteres davon Abstand genommen werden darf, ist meine Frage an die Kirche und insbesondere an die Theologie. Ginge es in den Bibelstellen, wo vom Mann als ‹Haupt der Frau› (zum Beispiel 1. Kor. 11,3; Eph. 5,23) oder gar von der Untertänigkeit der Frau unter den Mann (etwa Eph. 5,24; Kol. 3,18; Tit. 2,5; 1. Petr. 3,1–5) die Rede ist, nur um zeitgenössische Zufälligkeiten, die ohne tiefere Bedeutung wären, so könnte der Wegfall verantwortet werden. Ich richte

> aber meine Frage an die Theologie: Geht es denn gerade in diesen Stellen nicht um viel mehr, ja ganz Entscheidendes? Sehe ich falsch, wenn ich diese Über- und Unterordnungsverhältnisse zwischen Mann und Frau in engster Beziehung sehe zu demselben Verhältnis zwischen Christus und der Gemeinde, zwischen Gott und der Welt, ja zwischen Gott Vater und Gott Sohn selbst? Ich sah es bisher so: die Bibel sieht die Liebe allein in Gott – und dort hat die Liebe die Struktur der Autorität.»[381]

Mit dieser Auffassung steht Blocher ausserhalb seiner Zeit. Wie der übergeordnete Gott Vater den Gott Sohn liebt, sich diesem «zuwendet und sich ihm selbst ganz verschenkt»,[382] so stirbt der Sohn später am Kreuz für die untergeordneten Menschen. An diesem Vorbild soll sich insbesondere der Ehemann orientieren. Blocher zitiert aus dem Evangelium nach Markus:

> «Er, der das Haupt ist, ‹ist nicht gekommen, damit ihm gedient werde, sondern damit er diene und sein Leben gebe als Lösegeld für viele› (Markus 10,45).»[383]

Am 22. September 1985 entscheiden sich 54,7 Prozent der Schweizer Bürgerinnen und Bürger bei einer Stimmbeteiligung von über 41 Prozent für ein Ja. Das neue Eherecht tritt am 1. Januar 1988 in Kraft. Wieder verliert Christoph Blocher gegen den Zeitgeist.

Am 15. März 1988 leistet er sich im Nationalrat einen heftigen Ausbruch des Verdrusses. Die grosse Kammer debattiert über Wirtschaftssanktionen gegen das Apartheid-Regime. In der damaligen liberalen Elite ist die Neutralität in der Südafrikapolitik breit abgestützt.[384] Und doch macht Blochers Votum den Eindruck, als kämpfe er einsam. Es ist mehr als bürgerliche Politik, es ist wieder eine Kirchenangelegenheit, die ihn provoziert und lauter werden lässt als seine liberalen Mitstreiter:

> «Es ist eigenartig, wie hier von kirchlicher Seite für einen Wirtschaftsboykott oder einen Courant normal Stellung genommen wird.

Frau Pfarrer Bäumlin, ich nehme an, dass es in Ihrem Pfarrhaus neben all der politischen und soziologischen Literatur auch noch etwas Theologisches gibt. Ich würde Ihnen anraten, einmal nachzuschauen, was Zwingli über diese Sache gesagt hat: Er nennt sie ‹Brotsperre›. Die Menschen von damals haben darüber nachgedacht und nicht einfach etwas nachgeplaudert. Brotsperre ist ein Kriegsmittel, und zwar eines der gemeinsten, weil man nämlich nicht selber den Kopf hinhalten muss, sondern einen andern ‹verrecken› lassen kann, ohne Nachteile zu haben.

Es ist eigenartig, dass von Ihrer pazifistischen Seite ein Kriegsmittel so leichtfertig angewendet wird. Es ist mir schon aufgefallen, dass bei den Pazifisten, wenn es um ihre Ideen geht, eine ausserordentlich militante Natur zum Vorschein kommt.

Bevor man einen solchen Krieg führt, muss man sich doch überlegen, welches die Folgen sein werden. Sie wollen diesen Krieg führen, sich daran beteiligen, weil Sie sagen, in diesem Land werde Unrecht verübt, und Sie wollen das Unrecht beseitigen. Das ist gut so; dafür haben wir die Kriegsmittel, sie sind das letzte Mittel, um das Unrecht zu beseitigen. Aber, Herr Rechsteiner, das kann man doch nicht dermassen leichtfertig und schnoddrig tun, ohne zu wissen, wie die Lage in diesem Land ist.

Was ist die Konsequenz dieses Kriegsmittels? Sie ist eindeutig, Herr Hubacher: Dieses Kriegsmittel wird – wenn es wirklich von allen angewendet wird – zur Aushungerung, zu einer Verarmung führen. Dass dann die Aermsten die Leidtragenden sind, wissen Sie auch. Nicht die Weissen werden zuerst hungern, sondern die anderen.

Vielleicht führt das zu Aufständen. Das gibt ein Blutvergiessen. Wenn Sie glauben, es entstünde eine Revolution, welche die Schwarzen gewinnen, haben Sie die Situation in Südafrika nicht richtig beurteilt. Eine Revolution kann immer nur dann entstehen, wenn mindestens in einem kleinen Teil der herrschenden Schicht der Wille zu einer solchen Revolution besteht. Und der besteht nicht; die Regierung sitzt fest im Sattel. Also werden Sie dort unten mit einem Wirtschaftsboykott Elend und Blutvergiessen erzeugen, und dann, Frau Bäumlin, das kann ich Ihnen sagen, werden dort von den Verantwortlichen keine Tränen vergossen, weil das dann nicht mehr zum guten Tone gehört wie jetzt das Schimpfen über Südafrika und die Ungerechtigkeiten.

Herr Hubacher, Sie haben das Wort ‹Heuchelei› geprägt. Entschuldigen Sie, wenn ich dieses Wort auch in den Mund nehme. Es ist Heuchelei, wenn man ein Unrecht mit einem Kriegsmittel ausmerzen will und dabei ganz klar sehen muss, dass das dadurch entstehende Unrecht weit grösser ist. Dieses Kriegsmittel können Sie doch nicht so leichtfertig in die Hände nehmen!

Es ist auch gesagt worden, andere Länder würden das ja ebenfalls machen. Es ist noch keine fünfzig Jahre her, seit es in diesem Land auch Leute gab, die gesagt haben: ‹Andere führen Krieg, also führen wir auch Krieg›. Was ist das für eine Begründung?

Und, Herr Professor Bäumlin, für Sie ist das dann noch vereinbar mit der Neutralität! Wie verhalten sich überhaupt die anderen Länder? Mehr oder weniger konsequent wird der Wirtschaftsboykott nur von den USA angewandt, von den anderen nicht, und in den USA eigentlich nur in bezug auf den Goldhandel. Was passiert eigentlich? Wunderbares! Amerika deckt sich mit Gold aus der Sowjetunion ein, und die Sowjetunion bezieht Gold aus Südafrika. Diejenigen, die die Hand auf diese südlichste Spitze legen wollen, profitieren noch von dieser Situation.

Frau Bäumlin, um mit dem Theologischen zu schliessen: Ich habe in der Sonntagsschule etwas von Pharisäern gehört. Was sich hier abspielt, erinnert mich sehr stark an diese Geschichten.»[385]

Theologie gegen Soziologie, Zwingli gegen Pharisäer – die Sonntagsschule bestimmt Blochers politische Rhetorik bis weit in die 1980er-Jahre. Dies geht vergessen im Zuge des EWR-Abstimmungskampfes in den 1990er-Jahren, als sich Christoph Blocher einer anderen Sprache bedient: Zur Rettung der Nation macht er sich zum Medium einer Tradition, treichelt sie zu einer neuen politischen Kraft zusammen.

4.3 SONDERFALL UND ALLEINGANG

In den 1990er-Jahren verlagert sich die politische Kultur der Schweiz – durch eine weltgeschichtliche Zäsur, das Gefühl einer Staatskrise und eine neue Volkspartei in alten Gewändern.

Eine Preisgabe, sogar ein Boykott der «alten Schweiz» vollzieht sich um die Wendezeit 1989. Die Linke sieht nach dem Zusammenbruch der Sowjetunion den Nationalstaat als Auslaufmodell. Auch weite Kreise aus Wirtschaft und bürgerlicher Politik sehen in der Europäischen Gemeinschaft (EG) die zukunftsweisende supranationale Institution für Wohlstand und Sicherheit. Doch die Verhandlungen mit der EG verlaufen zäh und zwingen den Bundesrat zu immer mehr Zugeständnissen und Kursänderungen, die ihn bald unglaubhaft erscheinen lassen.

Viele Intellektuelle haben nach der Fichenaffäre dem Staat, der sie jahrzehntelang bespitzelte, den Dienst quittiert. Eine Reihe von politischen Affären fällt vor allem auf den Freisinn schwer zurück. Zudem fehlt der «Staatspartei» angesichts der veränderten weltpolitischen Lage eine einheitliche Doktrin.[386]

Am Ende gewinnt eine Partei an Einfluss, die eine neue konservative Basis bildet, zugleich rechtsradikale Randbewegungen anzieht und schluckt. Die Zürcher SVP um Christoph Blocher führt den alten «Staatspatriotismus» als «Parteinationalismus» weiter.[387] Was die offizielle Schweiz aufgibt, baut Blocher zu einer reibungslos funktionierenden Parteimaschinerie aus: Die Sonderfallmentalität beruht auf der Gegenläufigkeit zur europäischen Entwicklung, der Kleinstaat galt in seiner Geschichte

26 Solche Anstecknadeln verteilte die Linke anlässlich ihrer Kundgebung «Ja zu Europa» in Zürich, einer Gegenveranstaltung zu Blochers «Ja zur Schweiz».

als antimonarchisch, antihegemonial, antiimperialistisch, antizentralistisch, antisprachnationalistisch, antifaschistisch, antitotalitär.[388] Die neue Rechte versteht den Zusammenbruch des Kommunismus nicht nur als Sieg des Liberalismus. Sie sieht darüber hinaus jene in der geistigen Landesverteidigung hochgehaltenen kleinstaatlichen Werte bestätigt. Die von Blocher um die SVP und die Aktion für eine unabhängige und neutrale Schweiz (AUNS) zusammengezogenen Kräfte stilisieren den Sonderfall Schweiz zu einer Erfolgsgeschichte ohne Abgründe.

Vor die Wahl gestellt zwischen einem kriselnden Freisinn, einer euphorisierten Linken und einer forciert heimattümelnden SVP, ist die Bevölkerung unschlüssig. Ein halbes Jahrhundert lang betrieben die Landeseliten aus Wirtschaft, Wissenschaft, Dichtung und Politik geistige Landesverteidigung mit ungemeiner Sonderphantasie: Sie bezeichneten die Schweiz selbstbewusst als eine «Ausnahme» von der europäischen Norm, einen «Ort des Gegenläufigen», eine «Antithese» und noch 1989 als einen «Kontrapunkt».[389] Nie dagegen war die Unentschlossenheit grösser als 1992 im Abstimmungskampf über den EWR-Vertrag mit der EG. Der *Weltwoche*-Journalist Urs Paul Engeler entdeckt verwundert eine «Schatten-Politik», als er kurz vor der Entscheidung die engagiertesten Köpfe unter den EWR-Gegnern besucht.[390] Den Wirtschaftsvertrag zwischen der Eidgenossenschaft und der EG verstehen sie als Abstimmung über die Souveränität des Landes – nicht zuletzt nach der unklugen Bemerkung von Bundesrat Ogi, der EWR sei ein «Trainingslager»[391] für Europa. «Hunderte – andere schätzen sie auf mehrere tausend – von Schweizern haben sich den Kampf gegen das Neue von aussen, den Beitritt der Schweiz zu EWR und EG, zur (letzten) Lebensaufgabe gemacht», schreibt Urs Paul Engeler.[392] Sein Artikel verspricht «Gänge durch des Volkes Seele» und porträtiert zahlreiche Vertreter der Aktivdienstgeneration. Der Journalist nennt sie «Gruftis», die «100 000 Franken, fünfstellige Verdienstausfälle oder Monate unbezahlter Arbeit» für das EWR-Nein opfern. Darunter sind Leute wie der 85-jährige Hans Mätzener, der 71-jährige Heiri Guggenbühl, aber auch die nachgeborene Generation, etwa FDP-Nationalrat Jean-Pierre Bonny oder SVP-Nationalrat Walter Frey. Eine «eigentliche Traktätchenwirtschaft» blühe, deren «Missionare» von überall kämen. Es seien, erkennt der Journalist, «auch Junge – vor allem Frauen –», die einer tiefen inneren Stimme folgten. «36 Grüppchen, so das Ergebnis der letzten Zählung, haben sich – weit unterhalb der parteimässig strukturierten Politik – zu einem dichten Netzwerk verflochten, zu einem gewissermassen unsicht- oder zumindest unfassbaren Gegner der etablierten, organisierten Politik.» Manches an diesen Schilderungen erinnert an die Jahrzehnte wilder, allseits betriebener geistiger Landesverteidigung. Die Gräben zwischen rechts aussen und links seien zugeschüttet, sagt eine EWR-Gegnerin dem Journalisten. Die Studentin wählt die Grünen: «Es ist eben eine Ausnahmesituation», erklärt sie den kurzzeitigen Unterbruch ihrer Ausbildung. Der Journalist schliesst seinen Artikel: «Gebannt, erschreckt und sehr hilflos starren die EWR-Befürworter auf die dumpfen Regungen der Volksseele. Sie ist verwundet und droht.»

Weshalb verlieren die etablierten Parteien in den 1990er-Jahren den Blick für diesen Teil der «Volksseele»? Nicht nur aus eigener Kraft findet Christoph Blocher aus seiner Abseitsstellung der 1980er-Jahre. Der Aufstieg der Nationalkonservativen wird begünstigt durch eine nie dagewesene Kaskade von Affären, Skandalen, Missgeschicken. Die «Krise» wird damals vielerseits als endgültige Aufdeckung der schweizerischen Lebenslüge verstanden. Ende 1988 verdichtet sich der Kopp-Skandal, die erste Bundesrätin des Landes muss zurücktreten. Die FDPlerin Elisabeth Kopp habe ihren Mann, Hans W. Kopp, einst SAD-Chef, mit vertraulichen Informationen versorgt. Hat der Freisinn seine Macht missbraucht? Wenngleich der Fall Kopp heute nüchterner bewertet wird:[393] Damals scheint der «Filz» real.

Schlag auf Schlag verschärft sich die Krise. Die Parlamentarische Untersuchungskommission unter Moritz Leuenberger, einberufen für den Fall Kopp, nutzt diesen, um einen weiteren, den Fichenskandal aufzuarbeiten. Die Prüfung der Datensammlungsaktivitäten der Bundesanwaltschaft ergibt, dass der Staat politisch Verdächtige während des Kalten Krieges überwachen liess – und verdächtig, wie sich herausstellt, schienen selbst urliberale Persönlichkeiten wie J. R. von Salis. Die bürgerliche Furcht vor der sozialistischen Krankheit hat den Staat angesteckt, und die Linke erhält mit ihren Warnungen nachträglich recht. Bereits 1979 wurden erste Exzesse in *Die unheimlichen Patrioten* angemahnt:[394] Das Handbuch linker Autoren, geschrieben nach der Affäre um den «Kommunistenjäger» Ernst Cincera 1976, hatte zwar nicht ein «wohlkoordiniertes Rechts-Kartell» aufgedeckt, sondern Organisationen mit «Bandbreite», «Unterschieden» und «unterschiedlichem Gewicht». Gemeinsam aber war allen «unheimlichen Patrioten» – zu denen die Autoren auch Christoph Blocher zählten –, «dass sie auf eine tatsächliche oder bloss befürchtete Linksentwicklung reagieren, wobei diese Linksentwicklung von den Patrioten nicht nur bei den Linken, sondern häufig auch im eigenen bürgerlichen Lager geortet wird. Einzelne Gruppen sind bedeutungslos geworden und zur politischen Sekte verkommen.» Zwanzig Jahre später sind die Vorzeichen anders. Die unheimlichen Patrioten, vermeintlich Ewiggestrige, hatten nie einer sektiererischen Reaktion, sondern der Landesmitte angehört. Für die Linke ist es nur ein kleiner Schritt, den Sonderfall dieser Nation unheimlicher Patrioten endgültig aufzugeben. Die SP-Parteispitze plant den EU-Beitritt unter Peter Bodenmann wie eine Selbstverständlichkeit.

Währenddessen fordern bespitzelte Schriftsteller, Künstler, Akademiker und Journalisten Einsicht in ihre Staatsfichen. Ansonsten würden sie sich an den 700-Jahr-Jubiläumsfeiern der Eidgenossenschaft nicht beteiligen («Keine Kultur zur Feier des Schnüffelstaates»).[395] Im April 1990 verweigern die Petitionisten, nachdem die volle Akteneinsicht verwehrt blieb, «jegliche kulturelle Mitarbeit bei sämtlichen Veranstaltungen zur 700-Jahr-Feier der Eidgenossenschaft» – sie möchten «unsere kulturelle Arbeit 1991 trotz CH-700 tun. Dies ist unser Beitrag zur Identität und Zukunft der anderen Schweiz.»[396]

Als wäre dieser innere Bruch nicht genug, stellen sich dem Kleinstaat nach dem Ende des Kalten Krieges zunehmend Sinnfragen. «Seit 1989 sind wir endgültig von Freunden umzingelt», sagt Georg Kohler 1996.[397] Welcher Weg bleibt, wenn sich die Nationalstaaten ringsum supranational orientieren? Will das Land neutral bleiben in einer Welt des Friedens? Noch vor dem Mauerfall ist die Schweizer Armee Zweifeln ausgesetzt. 1989 kommt die Armeeabschaffungs-Initiative der Gruppe für eine

4. Der SVP-Intellektuelle   121

27 Ben Vautiers *Suiza no existe* an der Weltausstellung in Sevilla 1992.

Schweiz ohne Armee (GSoA) vors Stimmvolk. Junge Historiker begleiten die Kampagne in der WoZ mit einem grossangelegten Mythensturm.[398] Eindeutig ist die geschichtspolitische Tendenz dieser Artikelserie: Eine Armee, die das Land nicht gerettet, sondern der Gesinnung nach liebäugelt habe mit Faschismus und Hitlerismus – eine solche Armee bräuchte es auch in der Zukunft nicht. Die GSoA-Initiative stösst bei einer hohen Stimmbeteiligung von 69,18 Prozent immerhin bei 35,6 Prozent auf Unterstützung.

Eine gekränkte Armee, ein Sturm gegen die Vergangenheit, eine gefühlte Staatskrise, eine weltgeschichtliche Zäsur, dazu eine überforderte offizielle Schweiz, die 1989 als einziges Land der Welt den Kriegsausbruch 1939 feiert. Wie reagiert Christoph Blocher? Am 6. Februar 1992 inszeniert der scheidende Kommandant des Luftschutzregiments 41 die Fahnenabgabe mitten in Zürich. Der *Blick* schreibt anderntags: «Blocher macht's möglich: Zum ersten Mal seit dem Zweiten Weltkrieg wurde gestern auf dem Zürcher Sechseläuten-Platz wieder eine militärische Fahnenabgabe durchgeführt.»[399] Der städtische Aufmarsch ist eine von vielen symbolpolitischen Aktionen, die Blocher damals organisiert. Höhepunkt ist am 23. September 1995 ein Volksaufmarsch in der Stadt Zürich: Treichler aus der Innerschweiz hat der Milliardär kommen lassen, sie nehmen die Bahnhofstrasse für ein «Ja zur Schweiz» in Beschlag. Während Blocher auf dem Münsterplatz seine Gegner als «heimatmüde» bezeichnet, verteilen die Sozialdemokraten anlässlich ihrer eigenen Veranstaltung («Ja zu Europa») Anstecknadeln mit der Aufschrift «Ich bin Blocher müde!» vor dem Landesmuseum. Auf dem rechten Limmatufer liefern sich linke Demonstranten Scharmützel mit Rechtsradikalen und der Polizei. In einem Dokumentarfilm aus demselben Jahr kommentiert Blocher seine Aktion:

«Die Veranstaltung heisst ‹Ja zur Schweiz›. Und wir möchten zeigen, mitten in der Stadt Zürich, was eigentlich die Schweiz ist und dass wir noch zu dieser Schweiz stehen wollen, in einer Zeit – es hat noch nie eine Zeit gegeben, in der die Schweiz innerlich so bedroht gewesen ist in den letzten hundert Jahren. Von – nicht von aussen, sondern von innen. Und da muss man wieder einmal zeigen, wir stehen zu diesem Land, wir sind dafür, Flagge zeigen, und die müssen sie nicht zeigen auf einer Wiese, wo es keinen Menschen hat, die müssen die Bahnhofstrasse hinab, und die Treicheln, die sind da – die müssen, das gibt einen grossen Lärm, die Scheiben der Grossbanken, die sollen nur klirren, damit man merkt, wir sind für die Schweiz. Das ist der Zweck der Übung.»[400]

Nach dieser und anderen «Übungen» hat sich der alte helvetische Basiskonsens zur konfliktualen Demokratie gewandelt. Für Blocher selbst aber hatte die Zeit im Grunde schon lange die Richtung verloren, war sie seit 1968 der Dekadenz verfallen.

So betrachtet ist dies die Geschichte eines lange angestauten Ärgers. Noch im Dezember 1985 zeigt sich Blocher an einer Tagung des Redressement National «zuversichtlich, dass wir in zehn oder zwanzig Jahren ein ganz anderes Verhältnis zwischen Volk und Parlament haben werden, weil die junge Generation daran ist, diese Krise zu überwinden. Diese Krise – nicht nur spürbar im politischen, auch im wirtschaftlichen, militärischen, kirchlichen Bereich – war besonders spürbar anfangs der siebziger Jahre.»[401] Überreste dieser Krise zeigen sich in der Sprache der Politiker: «Das ist nicht mehr die Sprache, die das Volk versteht.»[402] Das Parlament, der Bundesrat, die Verwaltung, alle Parteien: «Sie alle sprechen diese Kastensprache.»[403] 1987 übt sich Blocher ein letztes Mal in Zurückhaltung. Vor den eidgenössischen Wahlen bringt die aufstrebende Linke den SVP-Bundesratssitz in Gefahr. In der *Schweizerzeit* beschwichtigt Blocher, die Schweiz weise von allen Ländern der Welt «den besten Zustand» auf.[404] Man verdanke dies einer «guten Regierung», es brauche daher keine «Wende»:

«Was es braucht, ist viel mehr Kontinuität. Bewährtes Vorgehen, aber mit neuen Lösungen.»[405]

Dann aber ändert sich Blochers Sprache. Innerhalb von drei Jahren, zwischen 1989 und 1991 tauscht er die Durchhalteparolen, die Bibelzitate und die langen Sätze gegen medienwirksame Slogans ein. Zunächst kostet er 1989 den Kopp-Skandal aus. Die Bundesrätin sei «Primaballerina» in einem «Gesellschaftsspiel».[406] «Nette, aufgeblasene Ballone» sieht Blocher im Bundeshaus und anderswo. Erstmals erwähnt er ein «Machtkartell aus einer ‹classe politique› von Journalisten und leider auch von Leuten aus der Wirtschaft», die Kopps Wahl in den Bundesrat durchgesetzt hätten.[407] Das Schlagwort Classe politique ist geboren. Eine «Kaste» war sie für Blocher schon früher.

1990 folgt mit *Zeit ohne Richtung?* Blochers konservatives Manifest, ein Referat, das er an der *Schweizerzeit*-Herbsttagung in Winterthur hält. Das Kernwort lautet «Orientierungslosigkeit», gemeint ist vor allem eine bürgerliche Orientierungslosigkeit.[408] Während ihm die Linke ohnehin verloren scheint, attackiert Blocher den Freisinn. Die «Weichsinnigen» und «Netten» – SVP-Werbeslogans der 1990er-Jahre – sind hier bereits vorangelegt. Doch auch in Winterthur spricht Blocher wie gewohnt von der «Lebenswirklichkeit». Nach ihr würden sich die Menschen nicht mehr richten, weil der Wohlstand der Nachkriegszeit den Blick trübe.[409] Noch immer findet Blocher Bestätigung in der Bibel, selbst wenn er als Volkstribun nunmehr auf ihre populären Stellen zurückgreift:

«Viele Menschen haben den Blick, das Gefühl für die Lebenswirklichkeit verloren; für eine Lebenswirklichkeit, die immer aus zwei Aspekten besteht, aus Leben und Tod, aus Lust und Freude einerseits, Mühsal und Arbeit andererseits.

Aus dieser Polarisierung entsteht erst Leben: ‹Im Schweisse deines Angesichtes sollst du dein Brot essen.›»[410]

Unentwegt redet Blocher auch vom «Dienst am Volk»,[411] den er bei manchen Politikern genauso vermisst wie 1981 in der *Reformatio* den «Auftrag zum Dienst». 1992 stellt Blocher seiner umfangreichen EWR-Wahlbroschüre ein Kapitel über die «Abkehr von der Lebenswirklichkeit» voran. Die «Wirklichkeit» bleibt ein Hauptanliegen, bevor «wir uns mit Detailfragen rund um den EWR-Beitritt befassen wollen»:[412]

«Denn die Abstimmung, die vor uns steht, darf mit Fug und Recht als Jahrhundertabstimmung bezeichnet werden, weil sie mit Sicherheit sehr weitreichende und langzeitige Folgen haben wird. Und nun hat uns diese Geschichte immer wieder gezeigt – und dies beileibe nicht nur in jüngster Zeit –, dass Staatsgebilde, die von einer realistischen und pragmatischen Einschätzung der Dinge ausgehen, viel längeren Bestand haben und viel stabiler sind als Staaten, die in fragwürdigem Idealismus konstruiert und in Wunschvorstellungen neue Wirklichkeiten schaffen wollen. Der Idealismus verkennt den Menschen mit seinen Stärken und Schwächen. Er will ihn besser machen, als er ist.»[413]

Mit derselben «Lebenswirklichkeit» hatte Blocher einst gegen die Gleichstellung von Frau und Mann gekämpft. Neu an seiner Zeitdiagnose sind nur die Themen, an denen sie erprobt wird. Neuartig aber ist die Verbindung von Eigenem mit Eidgenössischem, hinter der die früher verlorenen Kämpfe verblassen. Wenn Blocher von nun an etwas sagt, dann oft mit Bezug auf die Schweizer Geschichte oder auf Intellektuelle, die vor 1968 die Landeskultur prägten. Er beginnt, sie zu vereinnahmen. So auch in *Zeit ohne Richtung?*:

«Professor Karl Schmid, einer der grossen politischen Denker unseres Landes, hat, als ich noch Student war, einmal in einer Vorlesung festgestellt: Es gibt für jedes Land politisch gute Zeiten, es gibt aber auch politisch schlechte Zeiten. In politisch schlechten Zeiten ist in erster Linie darauf zu achten, dass keine sogenannt ‹grossen Würfe› realisiert werden. In schlechten Zeiten sollen weder das Staatswesen noch die Bundesverfassung geändert werden noch soll der Beitritt in grosse internationale Organisationen vorgenommen werden. Schlechte Zeiten sind nicht fähig, solch grosse Schritte zum Vorteil des Landes zu tun, weil die gefestigte Richtung fehlt. Grosse Würfe sind politisch guten Zeiten vorzubehalten.»[414]

1992, während des EWR-Abstimmungskampfes, wehrt sich Blocher gegen die «grossen Würfe» mit einer holzschnittartigen Neuauflage geistiger Landesverteidigung. Um das eidgenössische Lebensgefühl im

Kleinstaat zu bewahren, sind der neuen Bewegung viele Mittel und «Übungen» recht. Die NZZ sieht «die Elemente des politischen *Showbiz*»[415] dahinter, «Sauglattismus»[416] und «postmoderne Beliebigkeit»[417] nennt es Peter Bichsel 1995.

Ende der 1990er-Jahre erreichen traumatisierte Kriegsflüchtlinge aus den Balkanstaaten die Schweiz, sie werden empfangen von umstrittenen SVP-Kampagnen, die ein Ende des Asylmissbrauchs fordern.[418] Ganze Bevölkerungsschichten fühlen sich diffamiert als «Scheinasylanten» oder «Scheininvalide». Das Pendel schlägt zurück, bald gelten SVP und AUNS als rechtspopulistisch, volksverhetzend.

In seiner Albisgüetli-Rede vom 21. Januar 2000 schwingt Christoph Blocher die Faschismuskeule gegen die Linke zurück:

«Jene Sozialisten, die ihre Faschismus-Vorwürfe heute so leichtfertig austeilen, müssten sich eigentlich bewusst sein, dass sie mit ihrer Vergötterung des allumfassenden Staates, der ständigen Betonung des Kollektivs und der Missachtung der Freiheit der Einzelnen dem faschistischen Weltbild weit näher stehen als wir. Die braunen Horden haben sich nicht zufällig ‹Nationalsozialisten› genannt.»[419]

Auch Blochers Gegner sind nicht unzimperlich. Eine CVP-Regierungsrätin nennt ihn während des EWR-Abstimmungskampfes 1992 einen «Satan».[420] Problematisch ist nicht nur der «forcierte Helvetismus meines Bruders», wie Andreas Blocher schreibt.[421] Auch der sozialdemokratische Bundesrat Felber kann seinem diplomatischen Korps drastisch verkünden: «Le mot ‹Sonderfall› – je ne veux plus l'entendre.»[422] Sogar der Freisinnige Ulrich Bremi meint 1991, die Schweiz müsse sich gegenüber Europa öffnen, ansonsten werde der Sonderfall ein «Sonderling».[423] Ein Jahr später präsentiert sich das Land an der Weltausstellung in Sevilla unter dem Motto «Suiza no existe» – die Schweiz existiert nicht.

Sauglatt erscheinen auch die Sprüche der Linken, während sie anlässlich der Jubiläumsfeiern 1991 die Schweiz boykottieren. Kaum anders wiederum Blochers Gefolgschaft, als dieser 1995 im Zürcher Swissôtel auftritt. Ein Reporter hält fest:

«Als die uniformierten Türwächter, um ein Chaos im Innern zu verhindern, die Eingänge zum Saal kurzzeitig schliessen, brüllt eine fein gekleidete Dame im Gedränge nach vorn: ‹Das ist Kommunismus! Wenn wir hier nicht hinein dürfen, ist das Kommunismus!›»[424]

In diesem politischen Klima ist auch die Wissenschaft nicht vor Überzeichnungen gefeit. Ende des Jahrzehnts wird Blocher verglichen mit James Schwarzenbach, dem Vater der Überfremdungsinitiativen der 1970er-Jahre. Blochers «kriminelle Asylbewerber» und Schwarzenbachs «Überfremdung» meinten letztlich das Gleiche, schreibt Thomas Buomberger.[425] Der Frage, ob Blocher 1970 für Schwarzenbachs Überfremdungsinitiativen gestimmt hat, geht dieser Historiker nicht nach.[426] «Chiffren für Sündenböcke» hätten beide Rechtspopulisten erfunden, «Unlustgefühle» und «Frustrationen» würden darauf abgeladen.[427] Dabei hätte Buomberger, um einen mehrheitsfähigeren, wenn auch unfreiwilligen Vorläufer Blochers zu finden, nur Georg Thürer zuhören müssen. Denn auch dieser Historiker im Dienste der geistigen Landesverteidigung warnte 1991 vor einem «Zustrom von Fremden», der «unsere Eigenart» gefährden könnte.[428]

Als wollten sie die eigene bürgerlich-konservative Landesmitte nachträglich aus der Geschichte tilgen, erklären zahlreiche Publizisten den selbsternannten Urschweizer Blocher zum Unschweizer. Der Journalist Fredy Gsteiger schreibt 2002 seine Blocher-Biografie über ein «unschweizerisches Phänomen».[429] Der Politikwissenschaftler Klaus Armingeon stellt Blocher 1995 an die Grenze der Schweiz, «die konkordanzdemokratisch geprägt ist, was bedeutet, dass über konfliktuelle Themen vernünftig gesprochen und einvernehmlich verhandelt wird. Insofern ist Blocher nicht ‹heimatmüde›, sondern ‹heimatfremd›.»[430] Nicht zuletzt «der Stil» wird zum grossen Thema. Der Zuger FDP-Altständerat Andreas Iten untersucht 1999 in *Blochers Populismus + Widerspruch* eine Albisgüetli-Rede und erkennt darin eine «Jagd auf Politiker des Konsenses und der Fairness».[431] Ein «völlig unschweizerisch hegemoniales Denken»[432] komme bei Blocher zum Vorschein: «Können sich Menschen der Macht dieser Sprache widersetzen? Das Gefühl, dass Blochers Worte immer mehr unbesehen und unbedacht in den Sprachgebrauch zahlreicher Menschen eingehen, täuscht mich nicht.»[433] Das Erfolgsrezept der SVP bestehe aus einem «konstruierten Zwiespalt zwischen Volk und Elite», «Lächerlichmachen», «Ironie», «Spott», «Reduktion», «Irreführung», «Verhöhnung».[434]

Die Linke sieht in Blocher längst den Rassisten im Schafspelz. *Rechte Seilschaften*, das Nachfolgebuch der *Unheimlichen Patrioten*, vergleicht 1998 Blochers Rhetorik mit derjenigen der Nationalen Aktion und der Republikanischen Bewegung: «Blochers Analyse des politischen Konflikts in der Schweiz als einer Auseinandersetzung zwischen dem ‹gesunden› Teil des Volks und der von ‹Verwahrlosungserscheinungen› zersetzten classe politique nimmt ein Diskursmuster auf, welches in der Schweiz in den siebziger Jahren vor allem die fremdenfeindlichen Parteien vertreten hatten.»[435] Jürg Frischknecht schreibt 1991 im Plural von einer «Logik der Blocher».[436] Blocher sei eine «Chiffre»[437] für eine neue Rechtsbewegung, die sich im «Frontenfrühling von 1989» gebildet habe.[438] Am 12. August 1989 hätten sich zum ersten Mal nach Zusammenbruch des Faschismus Neonazis in Luzern an die Öffentlichkeit gewagt. Und «Christ. Blocher, der Rassisten neuer Star», verstehe sich ausgezeichnet auf das «Geschäft mit dem Fremdenhass».[439]

Auch die Politologen ziehen «Vorläufer am rechten Rand»[440] herbei, um Blochers Erfolg mit der tragischen Dümmlichkeit der Bevölkerung zu erklären. Vor allem Protestwähler und Verlierer folgten der SVP nach Zürcher Art, lautet das Fazit von *Der Aufstieg der SVP*, einer Studie von 2005. «Die unqualifizierten Arbeiter zählen ebenso wie die Angehörigen der alten Mittelschichten eher zu den Globalisierungsverlierern, während die Angehörigen der neuen Mittelschicht und insbesondere auch die soziokulturellen Professionellen eher zu den Gewinnern der mit der Globalisierung verbundenen Öffnungsprozesse zu rechnen sind.»[441] Dies sei ein «neuer Konflikt», der sich mit dem Aufstieg der SVP abzeichne – ein «Öffnungs-Abgrenzungs-Konflikt».[442] Es sei allerdings, warnt die Studie vor ihrem eigenen Resultat, nicht gelungen, «die sozialstrukturelle Basis dieses neuen Konfliktes empirisch adäquat zu operationalisieren», weil sich die untersuchten Daten zu den eidgenössischen Wahlen zu solchen Fragen «nicht als detailliert genug» erwiesen hätten. Man könne daher «nur vermuten», schreiben die Politologen, «dass wir noch mehr Anzeichen für die sozialstrukturelle Verankerung des SVP-Aufstiegs in der grossen Gruppe der Globalisierungsverlierer gefunden hätten, wenn uns adäquatere Daten zur Verfügung gestanden hätten».[443]

Zu den ereignisreichen 1990er-Jahren besteht wenig Distanz, und noch sind Zeitzeugen, schreckliche Vereinfacher am Werk.

5. IM SONNENSCHEIN UND IM SCHATTEN EINER KARGEN BERGWELT

Am 4. September 2010 blickt Christoph Blocher anlässlich einer Rede auf die 1990er-Jahre zurück. Es ist erstaunlich, was der Politiker einräumt. Offenbar haben ihn seinerzeit Traditionsgefühle nicht nur bewegt, sondern geradezu angeleitet:

> «Meine Damen und Herren, ich darf es Ihnen heute durchaus eingestehen: Die Beurteilung dieser EU fällt mir heute wesentlich leichter als noch vor 18 Jahren im Vorfeld der EWR-Abstimmung. Als ich 1992 den Kampf gegen den EWR-Beitritt führte, hatte ich manche schwere Stunde und manche schlaflose Nacht. Wie kommt es, fragte ich mich damals, dass die gesamte offizielle Schweiz, die vereinigte Classe politique, praktisch alle Parteien, die Wirtschaftsverbände, die Gewerkschaften, sämtliche Medien (ausser der ‹Schweizerzeit›, der ‹Finanz- und Wirtschaft› und der ‹Schaffhauser Nachrichten›), die ganze wissenschaftliche und kulturelle Elite unbedingt die Schweiz in diesen EWR drängen will? Vielleicht, so dachte ich oft, liegen doch sie richtig, und ich habe mit meiner Einschätzung der Zukunft Unrecht. Vielleicht – so dachte ich weiter – funktioniert ja das alles, von dem ich glaubte, es sei eine intellektuelle Fehlkonstruktion? Und wenn sie dann alle recht bekämen, wenn sie sagten, dass die Schweiz ausserhalb der EU verloren sei? Das war alles vor 18 Jahren. Solche Zweifel und Verunsicherungen wurden genährt, weil die EWR-Befürworter damals nur das Düsterste prophezeiten: Alles, was Rang und Namen hatte, sagte voraus, dass unser Land jede Konkurrenzfähigkeit verlieren würde, wenn die Schweiz nicht beitrete: Es drohten – so sagten sie – Inflation, höheres Zinsniveau, Arbeitslosigkeit, Investitionsrückgänge, Exporteinbussen bei einem Nichtbeitritt.»[444]

Nach und nach sollten die nationalen Schranken zugunsten eines Weltstaates abgebaut werden. Das war der Zeitgeist der 1990er-Jahre. Der EWR war ein neoliberales Projekt, auf Marktöffnung ausgelegt, und

28 Emil Egli (1905–1993) war der renommierteste Schweizer Kulturgeograf und vertrat ein durch Landschaft geprägtes Menschenbild.

Erde und Wurzeln sind des Menschen Schicksal: In zahlreichen Aufsätzen und Bildbänden erkundete Egli die Schweizer Landschaft und den wurzelhaften Zusammenhang zwischen Kultur und Natur. Der St. Gotthard galt als Berg der «Mitte» in Eglis wissenschaftlichem Gesamtkunstwerk, das aufgrund seiner biologistischen Erklärungsmuster von der jüngeren Forschung unter Rassismusverdacht gestellt wird. Egli war besonders einflussreich in der Neuen Helvetischen Gesellschaft, deren Zentralpräsidium er 1956 bis 1959 innehielt. Von 1936 bis 1971 lehrte er Geografie an der Zürcher Kantonsschule Hohe Promenade, er wirkte als Lehrbeauftragter an der ETH und der Universität Zürich. Früh engagierte sich Egli in der Umweltschutzbewegung gegen einen «hemmungslosen Totalitarismus der Technik», der die Symbiose zwischen Mensch und Natur auflöse.

5. Im Sonnenschein und im Schatten einer kargen Bergwelt   133

29 Schweizerische Kulturgeografie in englischer Übersetzung, 1947.

sorgte nebst nationalen Ressentiments auch für Ängste vor der Personenfreizügigkeit, vor Arbeitslosigkeit und ökologischen Konsequenzen.[445] Von den Sozialdemokraten und vor allem den Grünen kamen daher entscheidende Gegenstimmen. Erst jetzt aber, mit erschreckender Verspätung, scheint klar zu werden, welcher Untergangsprophet richtig lag:

«Heute, 18 Jahre später, zeigt sich: Es gibt auch falsche Propheten. (In diesem Falle zum Glück). Nicht ich war der Rattenfänger, sondern die falschen Propheten waren es.
Heute sieht jeder: Im Vergleich zu den EU-Mitgliedstaaten geht es der Schweiz ausserhalb von EWR und EU besser als den EU-Staaten.»[446]

Der Kleinstaat ist seither zum intellektuellen Rückzugsgebiet nicht nur für die Verfechter der Nationalstaatsidee geworden. Seit dem EWR-Nein melden sich in einem «Kulturkampf»[447] alte Überzeugungen zurück. In der Schweiz nehmen Bewegungen und Diskussionen ihren Anfang, über Minarett-, Burkaverbote, über Ausländerfragen, Gerechtigkeits- und Systemdebatten, Diskurse über die Kultur der Demokratie und der Freiheit – Debatten, wie sie anderswo im Schlechten wie im Guten seltener geführt werden.

Darüber hinaus verschärft sich eine romantische Rhetorik, die von Bergen und Wurzeln handelt. Jene «Sonderphantasie»,[448] die Peter von Matt hinter dem Sonderfallverständnis der Schweiz vermutet, feiert ihre Rückkehr. 2012 fragt die *Weltwoche* rhetorisch – und zitiert aus dem Zusammenhang[449] gerissen: «Der Philosoph Karl Popper versuchte die freiheitliche politische Kultur der Schweiz aus den Bergen abzuleiten. Die Eidgenossen zogen laut Popper in die Berge, wo sie zwar karger und anstrengender, aber eben freier leben konnten. Ist da gar nichts dran?»[450] Der Chefredaktor der *Basler Zeitung* und Blocher-Biograf Markus Somm schreibt über die fehlenden Wurzeln von US-Präsident Barack Obama: «Der Mann aus Hawaii oder Indonesien oder Kenia oder Chicago, der nicht zu wissen scheint, wer er ist und woher er kommt, schafft sich ein neues, eigenes Amerika, das mit dem ‹Land der Tapferen und Freien› nicht mehr viel gemein haben wird.»[451] Von einer «Schweizerzeit», die auf die Swissness-Welle[452] folge, schreibt die *Basler Zeitung* weiter und versteht darunter ein zurückschwingendes Pendel «von der Globalisierung zu kleinräumigeren Modellen». Es gehe dabei aber nicht um den «Rückzug in ein neues Reduit», nicht um «Geranienkistli», eher um «Urban Gardening».[453]

Mit seinem jodelnden Hightech wurde der Unternehmer und Politiker Blocher früher noch wie ein Einsiedlerkrebs vorgeführt. 1995 zeigt der Dokumentarfilm *Kein Heimatmüder*, wie Blocher die Berner Ortschaft Schattenhalb besucht. In der Gemeindestube erhält er Einsicht in den Burgerrodel von 1844, der die Einbürgerung seines Ururgrossvaters dokumentiert. Das Wichtigste an allem, sagt Blocher dann, seien die Wurzeln:

«Das muss man in der heutigen Zeit sagen, weil die Wurzeln eigentlich relativ wenig gelten. Heute meint man, man müsse immer nur das Laub anschauen, obwohl es jedes Jahr herunterfällt. Aber die Wurzeln bleiben immer gleich, und wenn man keine rechten Wurzeln hat, dann hat man schliesslich auch kein rechtes Laub.»[454]

2009 äussert sich Blocher in der TV-Porträtreihe *Berg und Geist* über seinen Kampf gegen die Jugendbewegung 1968:

«Wir haben durchgehalten, wir waren eben die Berge, die gestanden sind. Wir haben uns da nicht wegblasen lassen, nur weil in Berlin da der Dutschke war und da so eine, eine übermütige Studentenbewegung vorhanden war. Und jetzt haben wir eine – müssen wir doch die Bilanz ziehen, sie haben nichts Substanzielles fertiggebracht. Es ist immer gut rausgekommen, wenn wir auf uns uns besonnen haben. Es ist die karge Bergwelt.»[455]

Und 2008 im *Magazin* des *Tages-Anzeigers*:

«An ihren Wurzeln seien die Menschen erkennbar, meint Blocher. Das ist ein Teil seiner Lebensauffassung. Eine Philosophie allerdings hat er keine.

Philosophie ist ihm zu abstrakt. ‹Ich glaube an die Wirklichkeit. Meine Philosophie, wenn überhaupt, ist eine Mischt-und-Bode-Philosophie. Ich spreche nicht von Reinheit, ich spreche nicht von Blut-und-Boden. Das sind schlimme Wörter. Nein, im Gegenteil, ich glaube, das echte Leben hat viel mit Erdnähe zu tun, mit Dreck auch.›»[456]

Woher kommt diese Sonderphantasie, dieser «Dreck»? Diese «Mischt-und-Bode-Philosophie», inbrünstig und wiederholt geäussert?

Die «karge Bergwelt» ist jüngeren Datums, als der Klang ihrer Worte annehmen lässt. Die Schweiz gab sich schon immer älter, als sie ist. «Die Väter unseres Staates waren nicht halb so romantisch und konservativ, wie wir uns heute in der Welt darzustellen lieben», meint Karl Schmid 1968. «Aus nicht einzusehenden Gründen bauen und kultivieren wir ein idyllisches und durchaus schwindelhaftes Image der Schweiz.»[457] Viel von diesem Schwindelhaften findet sich in der Epoche der geistigen Landesverteidigung – auch Schmid hatte an ihr seinen Anteil. Wenn aber von den «Bergen», den «Wurzeln» die Rede ist, drängt sich vor allem ein Autor auf: der Schweizer Kulturgeograf Emil Egli. 1905 geboren, Sammler und Multiplikator patriotischer Worte für Erwachsene wie Kinder, ein enger Freund Georg Thürers, war Egli ein naturwissenschaftlicher Ideenhistoriker mit Hang ins Übersinnliche. 1936 bis 1971 lehrte er als Professor für Geografie an der Kantonsschule Hohe Promenade in Zürich, er wirkte an der ETH und an der Universität Zürich.[458] Egli sei «seit Jahrzehnten einer der gesuchtesten Schweizer Redner. Sein Wort zündet, ohne pathetisch zu werden», heisst es in Lobesworten.[459] Dabei gelang ihm, was geistige Landesverteidigung seit der «Landi» 39 sein wollte – ein Gesamtkunstwerk, das bis heute nachwirkt.

Der Mensch, seine Kultur und Geschichte sind in der Kulturgeografie vorbestimmt durch die Landschaft. Die Landestopografie sei «für den Menschen Schicksal», meint Egli kurz nach Kriegsende.[460] Für ihn stand immer fest: «Über dem Kleinstaat hängt ein Richtschwert: Er ist bedeutungslos – oder er leuchtet durch innere Größe.»[461] Während andere Intellektuelle in den 1930er-Jahren den Geist, die Rasse oder Klassenverhältnisse als den Menschen prägende Faktoren hochhalten, fällt Eglis Wahl auf eine andere, schweizerische Variante: «Existenz und Eigenart eines Volkes ruhen nicht in seinem Willen allein, sie sind wesentlich mitbedingt durch die Natur des Landes.»[462] Heimat ist dort, wo vertraute Erde liegt:

> «Aus dieser vermenschlichten Erde, welche auch die Toten birgt, entsteigt den Lebenden das Heimatbewußtsein. Es ist das Wissen um den Besitz der Erde und um das Besessensein von der Erde. Naturvölker glauben an Erdgeister, die die Menschen bannen; vom génie du lieu spricht der Gelehrte, vom Ortsgeist der Bürger.»[463]

Eglis Theorie schien im Besonderen auf die Schweiz zuzutreffen. Dem Spott ihrer ausländischen Gegner – die Schweiz sei greisenhaft, ressentimentbehaftet, ein Land äusserster Enge, dessen erstarrter Liberalismus alles Grossartige nivelliere[464] – entgegnete Eglis Generation mit Metaphern vom Gotthard. «In der kräftigen landschaftlichen Gliederung liegt tatsächlich eine Disposition zum demokratischen Wesen», schreibt Egli.[465] Die Enge der Landschaft könne noch nachhaltiger auf den Volkscharakter einwirken als in grossräumigen Reichen.[466] Man neige in Kleinstaaten zur «Epidermisbildung»,[467] eine der grössten Bedrohungen für die Schweiz ist daher die «Tugend des Eigensinns».[468]

Währenddessen befindet sich ein Grossstaat stets kurz vor dem Sprung zur Expansion. Seine weiten Flächen laden dazu ein: «Die Ebene ist in vielfacher geographischer Begründung der Bundesgenosse der weiträumigen Machtpolitik und der massierten Gewalt.»[469] Egli aber wehrt sich gegen solche Gebaren, er sieht «völkische Zurechtlegungen» am Werk, wenn «Rumpfgebirge, die zwischen Ebenen liegen [...] von beiden Tiefländern als ‹naturgemäße Ergänzung› beansprucht werden».[470] Weder Italien noch Deutschland hatten also auf die zwischen ihnen aufgefaltete Schweiz Anspruch zu erheben.

Mit solchen Gesinnungskoordinaten, solchen kulturgeographischen Daten war früher Landesverteidigung und Wissenschaft zu betreiben. Überall gilt: «Die natürliche Lebensordnung wird Gesetz.»[471] Dieses Gesetz umfasst sämtliche Lebensbereiche:

«Die Volkswirtschaft ist primär getragen und gelenkt vom Gehalt der Landschaft. Geschichtliche Bewegungen und Entwicklungen sind beeinflußt durch Reliefformen und klimatische Gebote. Lebensfreundliche und lebensfeindliche Landschaftselemente gruppieren und gliedern das Volk, sie ordnen die Siedlungen und zeichnen die Verbindungslinien vor. Kunst und Wissenschaft werden angeregt durch die Originalität des Lebensraumes.»[472]

Es erstaunt nicht, dass Egli von einigen Vertretern der modernen Geschichtsforschung unter schleichenden Rassismusverdacht gestellt wird. Zum Verhängnis wurde ihm weniger sein vermoostes Vokabular, sondern ein Artikel mit dem Titel «Das Schweizervolk» von 1939. Egli bedient sich darin der Klassifikationssysteme des umstrittenen Rassenhygienikers Otto Schlaginhaufen[473] – ein entlegener Verweis, von dem Georg Kreis' Kritik von 1992 grösstenteils zehrt.[474]

Der Rassismusverdacht, den Kreis ein Jahr vor Eglis Tod äusserte, hat seinen Grund in Eglis Vorgehen, seiner Offenheit für die gesamte Gelehrtenkultur der geistigen Landesverteidigung. Eglis Theorie hat eine eklektische Reichweite, verhält sich wie ein Schwamm, der stille Wasser, Spirituosen und Gifttropfen anzieht. Der Kulturgeograf kann Friedrich Ratzels «Gefühl des Zusammenhanges mit dem Boden»[475] nachvollziehen, kann mit J.J. Bachofen von der «höhern und zugleich rätselhaften Gewalt der Örtlichkeit»[476] schwärmen, von der «Erdscholle» oder dem «Volkscharakter». Abrundend würdigt Egli in einem Nachwort den weit gereisten Humanisten Alexander von Humboldt.[477] Zu den von Egli zitierten Zeitgenossen gehört auch Gonzague de Reynold, Aristokrat und Erzfeind der liberalen Demokratie. Mühelos wechselt Egli die Hügelkette, er zitiert Ricarda Huch, eine frühe Kritikerin des Hitler-Regimes, sowie liberalkonservative Zeitstimmen wie Ernst Gagliardi, Werner Kägi, Karl Meyer oder Georg Thürer. Eglis Theoreme waren der kleinste gemeinsame Nenner der geistigen Landesverteidiger und gleichzeitig eine Synthese der anthropologischen Wissenschaften des 19. Jahrhunderts. Und die Frage, wie stark Mentalitäten, politische und soziale Strukturen sowie Kriege durch geografische Umstände beeinflusst werden, bleibt aktuell. 2012 plädiert Robert D. Kaplan in *The Revenge of Geography* für eine Rehabilitierung ähnlicher Denkmuster, wie Emil Egli sie vertrat.

Ihm selbst aber gelang der Sprung in die Nachkriegsmoderne nicht widerspruchsfrei. Bereits 1941 wirkt Eglis Beschreibung des Dübendorfer Flughafens unfreiwillig komisch. Nachdem die Eismassen der Täler Limmat und Glatt geschmolzen sind, kommt es scheinbar organisch zum «Hinanwachsen zur Industrie von Oerlikon», dann zum «Hinüberwachsen ins Glattal» und schliesslich zum «Ausgreifen der Stadt nach dem weiten Schotterfeld bei Dübendorf».[478] Von diesem Schotterfeld aus dann der Take-off:

> «Seine Fläche ist das naturgegebene, naheliegende, natürlich mit der Stadt verbundene Flugfeld geworden. Dort aber ist Zürich nur noch durch Flugstunden von den Millionenstädten der Welt getrennt.»[479]

In ähnlicher Weise verklärt Egli noch 1953 in der NZZ den Flughafen Kloten zur Natur.[480] Selbst mit der modernsten Technik sollte es stets eine erdverbundene Bewandtnis haben. 1970 endlich warnt Egli in seinem Buch *Natur in Not* vor der Zerstörung der Kulturlandschaft. Das Flugfeld Dübendorfs, der Flughafen Kloten untergruben mit ihren Emissionen die karge Bergwelt.

1972, nach der Lektüre von *Natur in Not*, spürt auch Professor Karl Schmid, ein Mitstreiter aus Zeiten von Heer und Haus, wie die Kraft der Natur nachlässt. Der Germanist schreibt tief bewegt an Egli:

> «Ganz besonders bin ich natürlich durch das Kapitel ‹Der Mensch in der Landschaft› angesprochen. Dass das Verhältnis des Menschen zur Natur nicht allein mit den Kategorien der exakten Wissenschaft erfasst werden kann, ist für mich sicher – ohne dass ich aber zu sagen wüsste, welcher Art die Einwirkungen der Elemente auf die menschliche Seele sind. C. G. Jung hat im Grunde auch nur mit mystischen Ausdrücken von diesem Geheimnis gesprochen. Nach einem halben Jahr in der ETH halte ich persönlich nicht die Ingenieure für gefährlich. Sie sind logischen Argumenten

zugänglich und ihrem Wesen nach immer eher zu konstruktiven Tätigkeiten geneigt als zu Zerstörung. Gewisse Psychologen, Soziologen, Futurologen, für deren Rationalismus Wirklichkeit nur das ist, was quantifiziert werden kann, machen mir mehr Angst. Sie sind es, die kein Geheimnis mehr gelten lassen können. Da begegnet man manchmal einer Intelligenz, deren Grenze dadurch bezeichnet ist, dass nicht mehr gesehen wird, was der ‹Intelligenz› nicht sogleich zugänglich ist.

Nie vergesse ich das letzte Gespräch, das ich mit dem alten C. G. Jung hatte, vor seinem Turm am Obersee. Er sprach stundenlang fast vor sich hin über geheimnisvolle Erscheinungen auf allen möglichen Gebieten. Und immer wiederholte er, wie einen Refrain, den Satz: ‹Ich weiss nicht, was das ist, aber es ist. Es gibt das.›

So wäre eben auch von Natur und Landschaft zu sprechen: das ist immer mehr als sich verstehen lässt. Und es ist schön und gut, dass Sie davon zu sprechen nicht müde werden.»[481]

Mystische Sätze von einem, der früh den Widerspruch erkannte, wie zeitbedingt und doch notwendig die Verherrlichung der Landschaft war. Auch Schmid hatte die Bergwelt melodramatisch, sinnstiftend verdichtet. Doch anders als Egli würde er darüber bald beschämt sein.

Im Januar 1939 spricht Karl Schmid an einem Kulturabend der Freisinnigen Stadtpartei über die bevorstehende Aufführung des *Wilhelm Tell* im Schauspielhaus Zürich. Als Germanist weiss er, dass Schiller mit dem Stoff anderes verfolgte, «als wir heute darin zu finden vermeinen. Er wollte eine Idylle schaffen.»[482] Für die Schweizer sei nun weniger Schillers «menschheitlich-bildende», sondern «eine politisch-aufrührende»[483] Wirkung wichtig: «Und statt der sieben Flötentöne der Kunst hören wir die Fanfaren der Nation.»[484] Wenn Wilhelm Tell also 1939 «auf die Bühne tritt, muss es sein, als entstiege er dem dunkeln Herzensgrunde der tausendfältig wartenden Nation», und natürlich gibt es «Stellen, die auszumerzen man sich heut erlauben darf. Es wird sie jeder selber finden.»[485] Wichtig ist Schmid, dass die Schweizer «das Dumpfe, das Bäurisch-Langsame, das Erdhaft-Schwerfällige, das Natürlich-Gewaltige vor allem andern sehen».[486]

Statt Schillers bevorzugt Schmid also Goethes Tell – den «fast riesenhaften, schwergliedrigen, schwerfälligen Menschen»: «Uns ist gewichtiger, dass er von den Bergen herniedersteigt mit genagelten Sohlen, als dass er die Sprache der Menschenrechte spricht.»[487]

Zehn Tage später kommt *Wilhelm Tell* zur Aufführung. Als der Vorhang fällt, springt das Publikum auf und singt die Nationalhymne.[488] Auch von späteren Aufführungen sind Zeugnisse überliefert, von Zuschauern, die mitten in der Rütliszene aufstehen, um den Schwur der Schauspieler mitzusprechen.[489] Es kam, wie Schmid vorausgesagt hatte. Kein Schweizer war ins Theater gekommen,

> «um, wie etwa sonst, sich zu unterhalten oder um sich geistig, ja geistreich anzuregen. Der kleine Knabe und der alte Mann – sie gehen hin, um das zu sehen, was sie sehen wollen. So wie der fromme Mensch zur Messe geht: er weiss die letzte Gebärde und ein jedes Wort, und doch ergreift es einen Greis noch wie am Anfang seines Lebens.»[490]

Dauert dieses Schauspiel bis heute fort? Rührt von daher tatsächlich der «Dreck», die «karge Bergwelt»? Worte wider die Menschenrechte, wie Schmid sie gewählt hatte, bebten wohl bis in die 1960er-Jahre nach. Offiziere und Professoren wie Schmid traten gelegentlich in Uniform vor ihre Studierenden, erinnert sich Peter von Matt. «Für uns hatten diese Auftritte einen rituellen Zug. Sie signalisierten, dass die akademische Elite auch zur militärischen zählte.»[491] Auch der junge Blocher besuchte wie viele andere Studierende die ETH-Vorlesungen Karl Schmids. Der grösste Hörsaal war überfüllt, ohne Platzkarten kam man nicht hinein, erinnert sich von Matt.

Es ist die Zeit, in der sich Schmid von seinen Kraftmeiereien aus Kriegszeiten zu distanzieren beginnt. Seine Worte über den Tell bezeichnet er als «situationsbedingt», was ihre dauernde Gültigkeit ausschliesse.[492] Viele «Dinge» wurden «mit einem Pathos gesagt, das heute unerträglich ist», meint Schmid 1966, als ein Sammelband seiner Schriften erscheinen soll.[493] Schmid muss sich bei Durchsicht seiner bisherigen Werke erinnern, wie er 1939 hinter den «einfachen Wurzeln» des liberalen Gedankenguts des 19. Jahrhunderts eine zweite Wurzel zum Vorschein gebracht hatte. Es war eine «alte Wurzel, tiefer hinabgründend bis auf den Fels»:[494]

> «Unsere wehrende Kraft ist die Lawine, die lange drohend oben hängt in Flühen und Schlüften und die einmal nur in jedem Zeitraum niederfährt und die Wälder bricht. Die ist im Tell. Die ist in jener fürchterlichsten und beispielhaftesten Schlacht unserer Geschichte, der vom Morgarten. Wo das Land selber, das geduldig-gewaltige, mit Stein und Stämmen die Tellentat wiederholt und im Aufbrüllen der Berge das Fremde erschlägt.»[495]

Solches gesagt zu haben, bedauert Schmid in den 1960er-Jahren. Er bedauert, dass viele seiner Landsleute noch immer meinen, «nur zartes Hegen und Pflegen organischer Keime» habe zum Werden der Eidgenossenschaft geführt. Denn Schmid weiss, dass auch diese Nation «zuerst einmal geschaffen» werden musste.[496] Über die Swissness von heute würde er wohl sagen:

> «Dass dieser Trachten-, Jodel- und Alphorn-Zauber das Gemüt der reisenden Fremden erfreut, ist zu begreifen; auf ihren Fotosafaris führen ihnen die primitiven Stämme rund um die Welt ihre Riten und Tänze vor. Aber nicht begreifen kann man es, dass die Schweizer so viel Fleiss und Geld aufwenden, um den seit Jahrhunderten überholten Mythos zu konservieren, wir seien ein Volk von Hirten.»[497]

Dennoch, Männer wie Karl Schmid wallfahrteten 1965 nach Marignano, zu den Gebeinen toter Miteidgenossen.[498] Männer wie Emil Egli, Georg Thürer oder Werner Oswald hörten nie auf, in ihrer freiheitlichen Schweiz eine «geduldig-gewaltige» zu sehen. Hinter ihrem Traum, in Wissenschaft, Politik und Poesie ein natürliches Gesamtkunstwerk zu erschaffen, stand der Anspruch einer Gesamtverantwortung. «Es gibt Gründe», schreibt Peter von Matt, «die bei Kriegsbeginn ungefähr Dreissigjährigen für eine der interessantesten und produktivsten Generationen im schweizerischen 20. Jahrhundert zu halten.»[499]

Es war ein «Denken in Urbildern», schreibt von Matt über seinen ehemaligen Professor.[500] Von ihm muss es auch der Student Blocher übernommen haben. Während er Thürer in Oswalds Marignano-Komitee kennenlernt, lernt Blocher durch die «hervorragende Persönlichkeit»[501] Schmid das Misstrauen gegenüber dem «bürokratischen Machtkoloss»[502] Europa. Aus Schmids *Unbehagen im Kleinstaat* hört Blocher bis heute die Klage, dass die Eliten «das Kleine, Übersichtliche, Sparsame»[503] ihres Landes verachteten.

Einige seiner damaligen Studenten haben Schmid anders verstanden. Georg Kohler sieht hinter der Kritik am Unbehagen im Kleinstaat nicht etwa die Wertschätzung des Behagens im Kleinstaat.[504] Kaum hätte Schmid das Kleine, Übersichtliche, Sparsame zufriedengestellt. Peter von Matt gefielen Schmids Vorlesungen über Gegenwartsliteratur: «Das war kühn, das war modern, und genauso erlebten wir auch Karl Schmid in seiner Romandeutung.»[505]

Doch blieb von Matts Professor der damaligen Bürgerlichkeit verpflichtet: «Im Bekenntnis zur richtigen Schweiz werden die parteipolitischen Gegensätze belanglos. Das ist der Geist des abwehrbereiten Landes von 1940, der Geist des Rütlirapports.»[506] Diesem Geist der Aktivdienstgeneration gibt der «Volkstribun» heute ein lautstarkes Echo. Blocher sieht eine «natürliche Trilogie»[507] darin, zugleich Oberst, Nationalrat und Unternehmer zu sein. Nach dieser «jahrelangen klassisch schweizerischen Devise»[508] führt er sein Leben, so, wie auch Karl Schmid zwischen Uniform und Professur keinen Widerspruch sah.

Was bedeutet diese Verwandtschaft? Sind selbst jüngste Ereignisse in ihrem Licht zu lesen? Nicht auf jedem politischen Vorstoss mit nationalkonservativem Einschlag liegen die Schatten der Vergangenheit. Wer «Blut und Boden» durch «Mischt und Bode» ersetzt, weiss selbst um den Verdacht, die Abgründe, denen die «natürliche Trilogie» ausgesetzt bleibt. Der Versuch, das Schwindelhafte der «kargen Bergwelt» einzugrenzen, misslingt den Nationalkonservativen dennoch nicht selten. Blocher sei «ein Lahmer und Netter, wenn es um die Abgrenzung gegenüber gewaltbereiten Rechtsextremisten geht», schreibt der Journalist Martin Beglinger.[509]

Ein Liberalismus, der sich allein auf Volkes Stimme und Stimmungen stützt, läuft Gefahr, gesellschaftliche Probleme mit einem Klima der Angst hier zu lösen, dort zu erzeugen. Beispielhaft dafür ist die im November 2009 angenommene Initiative gegen den Bau von Minaretten. Blocher, der diese Symbolinitiative aus dem rechten Rand der SVP kaum mit letzter Überzeugung vertrat, argumentierte, die Bevölkerung müsse darüber abstimmen dürfen. Ein kaum sachdienliches Zugeständnis an den rechten Rand seiner Bewegung.

Doch nicht das erste Mal fällt Blochers Blindheit auf dem rechten Auge auf. 1985 äussert sich der deutsche Konteradmiral a. D. Günter Poser im Bulletin der von Blocher präsidierten Arbeitsgruppe südliches Afrika über die «Koordinaten schwarzafrikanischer Mentalität».[510] In jedem Bulletin findet man standardmässig Blochers Einleitungsworte, die er den «sachlichen Hintergrundberichten»[511] jeweils voranstellt. Günter Poser meint über den «schwarzen Mann»:[512]

> «Er investiert nicht, betreibt von sich aus auch keine echte Vorratswirtschaft, legt auch kaum Geld zum Sparen zurück. Seine genuine Bewusstseinshaltung, der mittel- und langfristiges Denken, Planen und Durchsetzen fremd ist, kann im übertragenen Sinne als vegetativ bezeichnet werden.»[513]

Auch findet Poser, geboren 1916, dass sich die «intellektuelle Veranlagung» des «schwarzen Mannes» unterscheidet «von der der Weissen», und zwar insofern, als es ihr, «versehen mit einem photographischen Gedächtnis, an Initiative und Kreativität mangelt».[514] Zwischen Posers Zeilen und den Schattenseiten der schönen Landschaft, wie Emil Egli oder Karl Schmid sie beschrieben, besteht mehr als nur ein loser Zusammenhang. Es sind Schattenseiten einer Mentalität, die sich körperliches wie geistiges Wachstum aus Wurzeln erklärt.

Natürlich sind dies theoretische, nicht parteistrategische Überlegungen. Eine politische, vor allem eine liberale Partei kann kaum gesinnungsmässige Einheitlichkeit anstreben. Gerade die Mitstreiter einer Gegenbewegung, wie Christoph Blocher sie aufbaute, kann man sich nicht einzeln auswählen. Man muss sie auch anziehen.

Am 23. September 1988 eröffnete Christoph Blocher das fünfte Südafrika-Seminar der asa mit harmlosen Einführungsworten.[515] Dann sprach Konteradmiral a.D. wieder einmal über sein Spezialgebiet – diesmal über «Afrika denkt anders».[516] Nachdem die Presse Jahre später einige Zitate Posers veröffentlicht, sagt Blocher: «Wir haben viele Meinungen von Kennern des südlichen Afrika veröffentlicht. Wir waren nicht verantwortlich dafür, was die schrieben.»[517]

6. BLOCHERS «WIRKLICHKEIT»

Am Ende dieser Geschichte geht es um Fragen von Macht, Autorität und Liebe. Damit verbunden sind Zweifel, die selbst Weggefährten Blochers mitunter umtreiben. Auch FDP-Ständerat Hans Letsch stellt in den 1990er-Jahren eine «schleichende Sozialisierung»[518] im bürgerlichen Lager fest. Er zählt sich wie einst Peter Dürrenmatt zu den «Zeugen zunehmender Staatsinterventionen, einer unaufhaltsam gestiegenen Steuer- und Abgabenlast, einer verantwortungslosen Schuldenwirtschaft, einer lähmenden Regelungsdichte und einer zum Perfektionismus drängenden Bürokratie» – Zeugen einer Misere, «stumm mitgetragen» von Letschs Partei, der FDP.[519] Einer der letzten Bürgerlichen, der diese Misere bekämpft, ist für Letsch Christoph Blocher. In «Ehre, wem Ehre gebührt», einer Rede vom 16. August 1995, lobt der langjährige Mitstreiter den «unerschrockenen, intelligenten und schlauen»[520] Blocher. Doch soeben ist Wolf Mettlers autorisierte Blocher-Biografie erschienen, und nach der Lektüre bleibt Hans Letsch «eine offene Frage»:

> «Sie scheint mir staatspolitisch bedeutungsvoll, weshalb ich mir erlaube, sie hier aufzugreifen. Ich meine *das Verhältnis von Christoph Blocher zur Macht.*
> ‹Das Zermürbende und Frustrierende an der Politik ist die Machtlosigkeit›, zitiert auf Seite 67 Wolf Mettler unsern Freund. Diese Aussage hat mich verunsichert.»[521]

Was verunsichert hier? Nach dem Krieg führten beide, der 1924 geborene Letsch, bald auch Blocher, den erfolgreich verteidigten Liberalismus ihrer Väter weiter. Sie lieferten sich mit der politischen Linken müssige Grundsatzdebatten über das zerstörerische «kapitalistische System». Unter ihresgleichen aber bewegten Blocher und Letsch stets andere, aus ihrer Sicht tiefere Leitfragen: Fragen nach der Verantwortung, insbesondere der Führung in der Demokratie. Liberalismus war für sie nie ein Freibrief für alle Freiheiten. Sich selbst sahen sie als

30 Ida und Wolfram Blocher mit ihren elf Kindern, 1949.

Von links: Hedwig, Judith, Miriam, Vater Blocher, Therese, Martin, Sophie, Gerhard.
Vorne: Christoph, Brigitte, Mutter Blocher mit Gertrud, Andreas.

«Diener des Volkes»,[522] wie Peter Dürrenmatt einst schrieb oder auch Christoph Blocher seinen Förderer Oswald als «Dienenden»[523] würdigte. Wie aber konnten sie dienen und zugleich führen, ohne den liberaldemokratischen Gedanken mit Füssen zu treten?

Hans Letsch zügelt die Forderung nach mehr politischer Führung. Nur im wirtschaftlichen und militärischen Bereich könnten «klare Verantwortungen und Kompetenzen an Führer-Persönlichkeiten» verteilt werden.[524] Letsch verweist auf Robert Holzach, den namhaften Schweizer Bankier. An dessen vorbildlichem Eliteverständnis orientiere sich, wie Letsch seine Verunsicherung beruhigt, auch Christoph Blocher. In einem Referat vom Mai 1979 meint Robert Holzach:

> «Elite nach unserem Verständnis vereint das überragend Bedeutsame an Wissen, Können und Aufopferung mit der Unscheinbarkeit in Äusserlichkeit, Argumentation und Geltungsanspruch. Der Begabte und zugleich Berufene wird durch die selbstlose Bereitschaft zum schweren Dienst zum Repräsentanten einer wirklichen Elite. Er bezieht seine Kraft aus der Verpflichtung auf das langfristige Wohl der Gesamtheit und dem hieraus abzuleitenden Auftrag. Seine Haltung kann nur die jedem Schein abholde Demut sein.»[525]

Geboren 1922, arbeitete sich Holzach seit seinem Eintritt 1951 bis ins Verwaltungsratspräsidium der Schweizerischen Bankgesellschaft hoch. Diesem Bankier unter anderen verdankt Blocher den Millionenkredit für den Kauf der Emser Werke in den 1980er-Jahren. Mit Recht zieht Hans Letsch zwischen Holzach und Blocher Parallelen, die bis in die Wortwahl reichen. Jedes Unternehmen beginne mit der Frage «De quoi s'agit-il?», schreibt Holzach 1990 in der NZZ.[526] Schliesslich stehe auch im Militär die «Beurteilung der Lage»[527] hinter jeder guten Strategie. «Worum geht es?»[528] Dieses Einstiegs bedient sich ebenso Blocher, der ehemalige Oberst der Luftschutztruppen, in vielen seiner öffentlichen Auftritte. «Aufträge» erteilten sie alle, und Militäroberst war selbstredend auch Holzach. Doch obwohl Patrons wie Holzach oder Nikolaus Senn den jungen Blocher auf ihre Seite ziehen wollten,[529] war dieser nicht zu vereinnahmen. Wenngleich er eine Zeitlang die Sprache seiner Gläubiger imitierte, behielt er seine eigene Stimme. In seinem Führungsbuch, dem *Blocher-Prinzip*, spricht Christoph Blocher anders als Holzach nicht von «Mitarbeitern», sondern von «Untergebenen».[530] Ebenso wenig verbindet Blochers «Auftrag» mit Holzachs mildem Militarismus.

Worum geht es hier also? Woher sonst könnten Blochers «Aufträge» stammen, wenn nicht aus dem altfreisinnigen Filz von Politik, Wirtschaft und Militär?

Ein Senkrechtstarter innerhalb der alten Landeselite, lernte und profitierte Christoph Blocher von ihr. Jenseits der bürgerlichen Welt folgte er aber stets einem anderen Auftrag, er führt in eine intellektuell elektrisierte, Funken schlagende Vergangenheit, die er lieber nur auf dem benachbarten Bauernhof verbracht hätte – zurück in die Kindheit. Eine alte pietistische Darstellung, *Der breite und der schmale Weg*, hing im Kinderschlafzimmer der 13-köpfigen Pfarrfamilie Blocher in Laufen am Rheinfall. Rechts schlängelt sich ein Gebirgspfad in den Himmel, links führt eine breite Vergnügungsstrasse hoch in die Hölle. Im 19. Jahrhundert von der Stuttgarter Kaufmannsfrau und Diakonisse Charlotte Reihlen entworfen, fand das Zwei-Wege-Bild bald in manchen gläubigen Haushalt. «An dieser Darstellung liefen wir jeden Morgen nach dem Aufwachen und jeden Abend beim Zubettgehen vorbei», schreibt Judith Giovannelli-Blocher, die älteste Schwester Christoph Blochers.[531] Doch prägte die Kinder weniger die ermahnende Botschaft des Bildes,[532] vielmehr die stete Kritik daran:

> «Das Verwirrende am Plakat war, dass der Vater, der es aufgehängt hatte, zugleich heftig Kritik daran übte, behauptete, diese Darstellung sei zu simpel, habe eigentlich nichts mit dem Evangelium zu tun. Das Evangelium handle von der Liebe – und von nichts anderem.
>
> Mich faszinierten die Brücken vom einen Weg zum andern, auf welchen Figuren gemalt waren, die ihre Richtung änderten. Gespräche mit dem Vater darüber vermehrten meine Fragezeichen.»[533]

6. Blochers «Wirklichkeit» 151

31 *Der breite und der schmale Weg*, um 1860 von der Stuttgarter
Kaufmannsfrau und Diakonisse Charlotte Reihlen in Auftrag gegeben.

So lebte es sich für Judith Giovannelli-Blocher im geistigen «Dampfkochtopf»[534] Pfarrhaus. Jedes Bibelwort sei vom Vater «skrupulös und folgerichtig geprüft»[535] worden, schreibt Andreas Blocher, der jüngste Bruder. Es habe «eine gewisse, schwer zu benennende Masslosigkeit im geistigen Haushalt»[536] geherrscht. Der Vater, im Pfarrhaus die «Vertikale»[537] zu Gott hochhaltend, sei orthodox, aber nicht fundamentalistisch gewesen. Für Letzteres war er «zu klardenkend», er setzte auf «reformierte Geist- und Texttradition».[538] Der Vater war «alles andere als ein angepasster Bürger», schreibt auch Giovannelli-Blocher – «konservativ war an ihm, dass er den Sachen auf den Grund gehen wollte».[539] Dennoch war das Pfarrhaus ein Ort, «wo scheinbar alles von Gott kam und zu Gott zurückging».[540] Ein Ort auch, lange Zeit von armen Gemeinden umgeben, den Pfarrers Kinder ihr «Schloss» nannten, wo sie sich Geschichten zu den Toten ausdachten, den Grabschmuck versetzten, damit den Ärmeren oder Gescholtenen Gerechtigkeit widerfahre.

Andreas Blocher glaubt rückblickend zu erkennen, «wir waren nicht liberal. Liberal im Sinn von Liberalität, nicht von Liberalismus, denn das ist ja zweierlei. Liberalität bedeutet die Einsicht in die Bedingtheit der Wahrheitsfindung.»[541] In seiner Familie habe es den Traum vom «Totalwissen», von einer «Totalwahrheit» gegeben.[542] In den Wortwurzeln sollte, wer gewissenhaft las, auf die Lebenswirklichkeit stossen. Daran glaubte in der Welt ausserhalb kaum einer mehr. Dort galt die Freiheit der Meinung: «Diese Einsicht war zumal unserem Vater verschlossen, und das hing mit einer konsequenten Auffassung vom Predigeramt zusammen, wonach er ‹Minister› des Gotteswortes war, nämlich zugleich Diener und quasi Regierungsrat. Dieser Widerspruch ist auf Erden unauflöslich.»[543] Hinter diesen Vorzeichen wartet Mehrdeutiges, Unaufgedecktes.[544] Denn obwohl Christoph vieles «eindrücklich auf den Punkt» bringe, meint Andreas Blocher:

> «In seinen Reden allerdings erscheinen dann immer wieder jene Schnitzer und erratischen Blöcke, wo die Sprache nicht, wie sie sollte, Mit-Teilungs-Charakter hat, sondern eine privatlogische Aussage macht, die auf diese

Weise ungeschützt dem beliebigen Verständnis Tür und Tor öffnet, oft dem böseren.»[545]

Der Vater, depressiv, strafte seine Kinder körperlich. Ungewöhnlich, wie sein Sohn Christoph in späteren Jahren darauf zurückblickt: «Mir scheinen diese Strafen oft weniger demütigend als gewisse heutige ‹psychologische› Erziehungsmethoden», sagt er 1983 im Interview mit dem *Tages-Anzeiger-Magazin*.[546] Zum Glück war da noch die Mutter: «Sie verkörperte Milde, während der Vater ungeheuer streng war in der Erziehung, manchmal hatten wir Angst in seiner Gegenwart.»[547] War diese Erziehung nicht lebensfeindlich?

«Die Gefahr ist nicht ganz von der Hand zu weisen, doch man spürte, dass der Vater es gut meinte. Er hat mir hie und da mit der Rute den Hintern versohlt. Ich habe keine schlechten Erinnerungen an die Rute. Ich sehe mich zwar heute noch heulen auf dem Estrich – aber auch die Erleichterung eines reinigenden Gewitters war danach zu fühlen. Der Mensch hat ja so viel Schuld auf seinem Konto! Wenn ich die Rute einmal zu Unrecht bekam, hatte ich das Gefühl, jetzt sei alles wieder abgebucht.»[548]

«Wirklichkeit», «Härte und Sachbezogenheit», den «Auftrag zum Dienst» und «Selbstverleugnung» fordert Christoph Blocher in den 1980er-Jahren,[549] als dieses Interview erscheint. Die Liebe habe in der Bibel die Struktur der Autorität, argumentiert er gegen die Revision des Eherechts.[550] In diesen Kategorien pflegt sich ein weiterer Bruder Blochers auszudrücken, Pfarrer Gerhard Blocher, Jahrgang 1934.

Gefragt nach weltanschaulichen Gemeinsamkeiten zwischen Gerhard und ihm, antwortet Christoph in einem Dokumentarfilm aus dem Jahr 2003: «Wir haben viel Einigkeit. Er schaut auch die Welt an, wie sie ist und ich auch, dann ist man sich schnell einig.»[551] Die Basis dieser Einigkeit? «Die Basis ist die Wirklichkeit, so wie es eben ist. Viele Leute haben ja das Gefühl, die Wirklichkeit sei das, was sie meinen, es sollte sein.»[552]

Was ist diese «Wirklichkeit»? Was ist die «Basis» zwischen dem Politiker und dem Pfarrer? Kurzum, es geht hier um den Theologen Karl Barth und eine Lesart seiner Werke, die seit dem Ersten Weltkrieg zwischen kirchlicher Öffnung und textgetreuer Wiederbesinnung hin und her pendeln. Auch die beiden Brüder Blocher – Gerhard studierte bei Barth[553] – schwanken, vermitteln, ermitteln skrupulös. Doch am Ende entscheiden sie sich. Sie wählen die «Wirklichkeit». Beides hätte Barth wohl erzürnt. «Polternd» hätten Barths Werktitel im Pfarrhaus zu «Entladungen» geführt, erinnert sich Andreas Blocher.[554] *Nein!* hiess die 1934 von Barth gegen Emil Brunner gewendete Schrift, über die Christoph Blocher bei Professor Hans Nef in den 1960er-Jahren eine Semesterarbeit verfasste.[555] Später kämpft Blocher in der *Reformatio*[556] und im Nationalrat[557] mit aus dem Zusammenhang gelösten Zitaten aus Barths *Kirchlicher Dogmatik* gegen eine weitere Liberalisierung der Gesetzgebung über den Schwangerschaftsabbruch. Noch heute liest er in den Werken des weitum bekannten Theologen.[558]

Was hat der grosse Barth mit den Blochers oder was haben die Blochers aus Barth gemacht? Wer in den Archiven nach Wortmeldungen von Pfarrer Gerhard Blocher sucht, trifft vielerorts auf die Klage über schleichende Auflösungsprozesse. Als eine «Peitsche» erscheint ihm da Barths Theologie, es werde Tag werden, wenn «die Kirche von der Gewalt des *Wortes* überwältigt wird», schreibt der 30-jährige Gerhard Blocher 1963 im *Kirchenboten für die reformierte Schweiz*.[559] Barths Hauptwerk soll wieder neu gelesen werden: «Die ganze ‹Kirchliche Dogmatik› wird dann nicht nur nicht mehr zu gescheit, zu theologisch, zu akademisch, sie wird dann auch nicht mehr zu dick sein!»

1977 verfasst Gerhard Blocher als Feldprediger in der *Allgemeinen Schweizerischen Militärzeitschrift* einen Artikel über «Die geistige Situation des Soldaten im Dienst». 1970, im Zuge der Oswald-Reform, wurden veraltete Grussformeln abgeschafft, die Regelungen für einen militärkonformen Haarschnitt dem Zeitgeist angepasst. Die meisten Neuerungen findet Gerhard Blocher «nicht falsch».[560] Doch den echten

32/33 Barth als Soldat im bewaffneten Hilfsdienst während des Zweiten Weltkriegs und 1959 als kontroverse *Spiegel*-Titelgeschichte.

Der protestantische Theologe Karl Barth (1886–1968) wandte sich nach dem Ersten Weltkrieg sowohl von der liberalen Theologie des 19. Jahrhunderts als auch vom religiösen Sozialismus ab und von Neuem dem Wort Gottes zu. Insbesondere in seiner Lesart des Römerbriefes wurde Barths Anspruch erkennbar, dem Bibelwort neu nachzuspüren und die kriegsbegeisterte alte Theologie hinter sich zu lassen. Gemäss Barths dialektischer Wort-Gottes-Theologie offenbart sich Gott vollständig und bleibt dennoch der ganz andere. Als Professor in Göttingen weigerte sich Barth 1935, den Beamteneid auf Adolf Hitler vorbehaltlos zu schwören und wechselte nach Basel. Von dort aus sorgte er mit kritischen Worten und internationaler Korrespondenz gegen den Nationalsozialismus für Ärger bei der schweizerischen Zensur. Nach dem Krieg warnte Barth vor einem rigiden Antikommunismus und blieb stets ein Sympathisant der Sozialdemokratie.

Notstand habe man «nur oberflächlich angegangen und ihn dann auch entscheidend verfehlt».[561]

> Von Jahr zu Jahr sind bei der Truppe wachsende innere Schwierigkeiten in allen Dingen der Disziplin zu beobachten. In Kompanieaussprachen kann es zwar zu wahren Explosionen kommen, wenn die Soldaten ausbrechen in die zum Teil furchtbaren Anklagen gegen die Armee, die als Inbegriff ihres Tuns nur die Vergewaltigung der Persönlichkeit durch reine Machtbefugnis ohne innere Kompetenz kenne. Natürlich spielen hier die bekannten Schlagworte ideologischer Systeme ihre betrübliche Rolle. Aber die Sache geht tiefer.[562]

Es geht nicht nur um die gleichmacherische Ideologie der Linken – die «bekannten Schlagworte ideologischer Systeme». Vielmehr darum, «daß heute sehr viele Wehrmänner schlicht und einfach Angst haben vor dem Befehl-und-Gehorsam-Gefüge der Armee. Mit Nachdruck muß beigefügt werden: Viele Offiziere stehen den Soldaten in dieser Angst nicht nach.»[563] Diese Angst ist ein Anzeichen der Dekadenz. Nach dem Zweiten Weltkrieg gab es noch eine «selbstverständliche Geltung von strenger Ordnung in allen Bereichen» und dadurch ein «ausgesprochenes Gefühl von Geborgenheit».[564] Es war «eine Garantie dafür, daß bei all den Bedrängnissen des Dienstes wenigstens ein Auseinanderbrechen des äußeren Lebensrahmens nicht zu befürchten war. Man war auch der Plage enthoben, immer und überall die Kompetenz des Befehlenden, den Sinn des Befohlenen und die Tunlichkeit des Gehorsams überprüfen zu müssen.»[565]

Einem charismatischen Führer vertrauen zu können, das hatte für Blocher – «bei aller Widerwärtigkeit natürlich» – auch «etwas Schützendes, Bergendes, ja fast Liebevolles, für das wir im Grunde dankbar waren. Ich denke, daß dieser unser Glaube im ganzen gerechtfertigt war. Er hat uns eigentlich auch nie enttäuscht.»[566]

Das Soldatenleben war geradezu umfassend: «Wir glaubten annehmen zu dürfen, daß unsere Führer nicht nur im großen Ganzen, sondern auch im kleinen Besondern wüßten, was zu tun sei – und der strenge

Ablauf von Befehl und Gehorsam sei nichts anderes als das Mittel, uns kleine Soldaten in diesen großen Verstehensbereich einzuschließen.»[567] Der moderne Soldat dagegen empfindet Befehle «als Schikane, als Machtmißbrauch und – wenn er ideologisch infiziert ist – als Unterdrückung der Schwachen und Rechtlosen durch die herrschende Klasse der Besitzenden. Und gerade das wollte doch die Reform bekämpfen.»[568]

Feldprediger Blocher will, was sich niemand mehr getraut, den Soldaten den inneren Sinn der Disziplin erklären:

> «Es braucht nichts als von Überzeugung und Leidenschaft getragene Erklärung an Ort und Stelle, und das Interesse des Soldaten ist hellwach, gescheit – und vor allem sehr dankbar. Schlimme Mißstimmungen können dadurch oft schlagartig behoben werden.»[569]

1969, während sein Bruder Christoph den Grossen Studentenrat zurechtstaucht, schreibt Gerhard Blocher einen NZZ-Beitrag über ein anderes Disziplinproblem – seine «Kirche in Verwirrung». Wieder geht es um Reformfragen und den schwindenden Stellenwert altehrwürdiger Begriffe. Wieder entscheidet sich Pfarrer Blocher am Ende gegen das Moderne, gegen die «neuartigen Gottesdienste»[570] und den «*Drang, Modelle zu schaffen*»[571] – Modelle, die mehr Kirchenvolk anziehen sollen. Das meiste gehört für ihn zum «*Showgeschäft*», ja scheint sich zu verlaufen «auf das schmale Weglein einiger schon als abgedroschene Schlagwörter empfundener *Knalleffekte*».[572]

> «Das Schlimme dabei ist, daß neben der Sexwelle, dem LSD und andern Illustriertenthemen in besonderer Beliebtheit das ganze Entsetzen des Welthungers ‹drankommt›. Man muß dieses flache Wort brauchen. Denn was da gesagt, gesungen, soziodramatisiert wird, zeichnet sich bereits durch eine Formelhaftigkeit aus, die der alten Erstarrung kirchlichen Redens kaum fernsteht.»[573]

Die neuen Formen sind wie die alten: plump, erstarrt. Man müsste vielmehr das Alte – durch zwingende Erläuterung – so erstarken lassen, wie es einst war. Gerhard Blocher skizziert das Programm einer neokonservativen Wende, wie er sie den Schriften Karl Barths entnehmen zu dürfen glaubt. In seiner dialektischen Theologie bricht Barth mit der liberalen Kirche, die sich für unheilige Kriegszwecke vereinnahmen liess. Der Erste Weltkrieg wurde mitorchestriert von Kirchenvertretern, die ihrem jeweiligen Land Gottes Segen aussprachen.[574] Ein Erlebnis, das den jungen Barth zu einer Neulektüre der Bibel und insbesondere von Paulus' Römerbrief anregte. Dem Wort ist auf den Urgrund zu folgen: «Die Reformatoren, auch Luther, reichen doch *lange* nicht an Paulus heran, das ist mir erst jetzt überzeugend klar geworden. Paulus – was muss das für ein Mensch gewesen sein», schreibt Barth an Freund Thurneysen, «und was für Menschen auch die, denen er diese lapidaren Dinge so in ein paar verworrenen Brocken hinwerfen, andeuten konnte!»[575]

> «Und dann *hinter* Paulus: was für Realitäten müssen das sein, die den Mann *so* in Bewegung setzen konnten! Was für ein abgeleitetes Zeug, das wir dann über seine Sprüche zusammenschreiben, von deren eigentlichem Inhalt uns vielleicht 99 % entgeht!»[576]

Es muss von solchen Äusserungen ein kleiner Seitenschritt gewesen sein zur Frage der Blochers: Könnte hinter Paulus, hinter dem heutigen abgeleiteten «Zeug» die «Wirklichkeit» fassbar sein? Gerhard Blocher hat 1969 «viel Verständnis für die notwendige Beweglichkeit und Reformfreude in der Kirche»,[577] versteht andererseits, «dass sich kirchliche Kreise gegen eine Verunglimpfung althergebrachter Institutionen zur Wehr setzen».[578] Die Erstarrung der Kirche, mit der sich auch Barth, ein bekennender Sozialdemokrat, ein Leben lang schwertat, löst Gerhard Blocher auf ganz eigene Weise. Die Kirche soll zurückfinden ins «Kraftvolle», zurück eben ins «Echte», die «Wirklichkeit», ins «Lebendige», statt verzweifelt nach Reformen zu rufen.

> «Ruhige Betrachtung dieses anscheinend so schwierigen Problems stößt doch bald auf die elementare Feststellung, daß alle Art von Leben um

6. Blochers «Wirklichkeit» 159

34 Pfarrer Gerhard Blocher und sein Bruder Christoph
an einer SVP-Veranstaltung, 1995.

seine ihm gemäße Form kaum je bangen muß, sofern es nur wirklich *echt, kraftvoll* und – wie jedes *wirkliche* Leben – auch *lebenslustig* ist!»[579]

Kaum hätte Karl Barth solche Sätze geschrieben. Kaum hätte er sich dem Lebendigen, geschweige denn einem «wirklichen» Leben angebiedert. Mitten im Krieg, 1940, schreibt Barth: «Brauche ich es erst auszusprechen: ein Meer von Wirklichkeit – z. B. ein Meer von feindlichem Erfolg und eigenem Mißerfolg – bedeutet für uns Christen noch keinen Tropfen von Wahrheit.»[580]

Anders Barths Schüler Gerhard Blocher. Wie er gegenüber den Soldaten die Notwendigkeit der Disziplin zu erklären bereit ist, will er auch in der kirchlichen Pattsituation eine entscheidende Wendung herbeiführen, indem er das Altehrwürdige besser erläutert als die eingesessenen Führer. Grundsätzlich ändern aber will er nichts: «Daß heute viele Pfarrer nicht mehr in der Lage sind, die üblichen Amtsfunktionen auszuüben, muß ja nicht an den Amtsfunktionen liegen, sondern könnte auch seinen Grund haben in der *schlichten Inkompetenz* derer, die sie nicht verstehen.»[581]

Auch die Umweltschutzbewegung lässt Blocher an sich vorbeiziehen. In einem Leserbrief an die NZZ vom 8. März 1988 findet er im zweiten Schöpfungsbericht «tiefe Skepsis gegenüber aller menschlichen Naturbetreuung».[582] Die Bibel weist den ökologischen Auftrag der Kirche, «weist das idealistische Verlangen des Menschen, die paradiesischen Verhältnisse wiederherzustellen, als unbotmässig zurück».[583]

Wenn nur die Idealisten nicht wären und das Alte wieder recht gelehrt würde, wäre das Leben leichter zu führen, ja lösten sich die Probleme der «sogenannten modernen Menschen»,[584] wie Blocher sie nennt, von selbst.

Statt einer «Theologie der Mitmenschlichkeit»[585] fordert Blocher – hier wieder ganz der Barth-Student – eine Neulektüre der Bibel. Das «Hören»[586] auf sie ist die Lösung:

«Aber zu diesem Gott zurückfinden kann nicht Sache kirchlicher Anstrengungen und am allerwenigsten Sache der Strukturen sein. Da stellt sich in letzter Größe die Frage nach dem unverfügbaren *Geheimnis* des Lebens in der Kirche. Es ist das Geheimnis des sich offenbarenden Gottes selbst. Eine glaubwürdige Erfassung dieses Geheimnisses aber ist der Kirche verheißen. Sie geschieht in dem, was heute einen ganz kleinen Stellenwert besitzt, ja zu den geschmähtesten und darum außer Uebung stehenden Dingen gehört: in dem *Hören* auf das Wort der biblischen Zeugen, dessen ungeheurer Reichtum sprengende Kraft und heilende Tröstung nicht spurlos an der Kirche vorbeigehen werden. Nähme man sich nur einen Teil der Zeit, die heute auf Formfragen verwendet wird, zum unerbittlichen Hören auf das Wort – wohl der größte Teil der scheinbar so notvollen Probleme wäre bereits überstanden: das neue Leben wäre da! Und darauf wartet man – innerhalb und außerhalb der Kirche – gespannt. Und man wartet darauf um so zuversichtlicher und getroster, als man es nicht von der Kirche und ihren Managern erwarten muß.»[587]

1998 veröffentlicht Gerhard Blocher, auf Bitte seines Bruders Christoph,[588] endlich ein Buch. Es war eine «jahrzehntelange Arbeit des ‹Abhörens›», schreibt Pfarrer Blocher im Vorwort von *Gottes Lachen im Leichenzug der «Kirche»*.[589] Er sieht in der protestantischen Kirche eine «Classe cléricale»[590] walten, es ist dieselbe Kritik, die sein Bruder an der Politik übt. Die echte Kirche jedoch ist nicht tot, sondern erscheint an ihrem eigenen Begräbnis und amüsiert sich über die Trauernden. Der Herr hat den Reformern ein «Schnippchen»[591] geschlagen, wie Gerhard Blocher sich ausdrückt. Über den Rest des Buches versucht er diese «Heiterkeit Gottes»[592], diese «Lustigkeit Gottes»[593] herauszuarbeiten. Immer schon war Gott zu Spässen aufgelegt, insbesondere in seinem Scheintod. Genauso ist auch die Pflichtvergessenheit der Soldaten nur Schein, den man ihnen ausreden kann. Eigentlich hat Gott auch die «Wirklichkeit» noch fest im Griff. So sieht es Blocher nach seiner jahrelangen Lektürearbeit, die nicht über alle philologischen Zweifel erhaben sei, meint 1998 ein Rezensent in der NZZ[594] – in derselben Zeitung, in der Gerhard Blocher 1969 mit dem «Hören» begann. In der Frage nach der Wirklichkeit zieht das Werk noch einige elegische Schlaufen. Den «Machbarkeitswahn» von Moralisten und Idealisten will es als Zerrbild entblössen, doch damit sind nicht nur die 68er angesprochen.[595] Generationen haben sich in die «‹menschenfreundliche› Vielgeschäftigkeit» verstiegen, und auf seinem «mühsamen Marsch zum Ende des Jahrtausends» hat die «Düsternis» für Gerhard Blocher von «Jahrzehnt zu Jahrzehnt» zugenommen.[596] «Wir haben ausgehalten, bis wir genug hatten.»[597]

Nach so vielen Seitenhieben wird Blochers «Wirklichkeit» erkennbar. Der Mensch sei nicht seines eigenen Glückes Schmied, schreibt Seelsorger Blocher: «Es wirken in ihm und an ihm die ursprünglichen Kräfte des Lebens in ungeheurer Gewalt.»[598] Deshalb ist der Mensch ein Getriebener, fatalistisch getrieben von Aufträgen. Diese liegen vor im Grossen ebenso wie im Kleinen – etwa wenn ein Lehrer seinen Schülern Hausaufgaben «aufträgt». Diese Geborgenheit in Gehorsam und Pflichterfüllung nennt Gerhard Blocher Liebe:

> «Erkennbar ist diese Liebe nicht an ‹liebevollen› Worten und Gebärden, nicht an Sanftmut, Menschlichkeit, Dienstfertigkeit, sondern allein an der bedingungslosen Zuwendung zu denen, welche die Liebe Gottes zu einer unverbrüchlichen Gemeinsamkeit zusammengeschlossen hat. Sie erweist sich im Verzicht auf jede eigene Besserstellung. Sie bewährt sich in der Verbundenheit mit der ganzen Schöpfung – mitsamt ihrer Verhaftung in Tod und Leben und Himmel und Hölle.»[599]

Blocher redet, mit anderen Worten, autoritäre Strukturen schön. Er wendet sich gegen den «Terror im ‹Dienst am Nächsten›» in einer unehrlichen Glaubensgemeinde, zu der die Heuchelei gehöre, «ein ‹kultisches› Benehmen in Körperhaltung, Mienenspiel und Tonfall der Sprache».[600] Er will Verzicht ohne Drumherum, Dienst ohne Umschweife. Und doch soll Pfarrer Blocher liberal sein, was die Segnung homosexueller Paare betrifft. Ein Männerpaar behandle er wie jedes andere Paar: «Ich halte ihm eine schöne Festrede.»[601] Einmal soll er in seiner Gemeinde einen Mann zurechtgewiesen haben, der als Antisemit gilt. Auch verschweigt Blocher in einer Schrift von 1989 durchaus nicht, wie widernatürlich sein «Auftrag» einer echten Kirche ist. «Die Erfüllung ihres

Auftrages ist ja umso anspruchsvoller, als er das bare Gegenteil dessen fordert, was in der Natur der menschlichen Seele liegt. Nicht nur verwehrt er den geruhsamen Genuss des eigenen ‹Gerettetseins›, sondern – noch viel einschneidender! – erst recht die Auslebung der widerwärtigen pädagogisch-moralistischen Triebe des ideologischen Menschen, der die Welt dauernd zum Gegenstand seiner Weltverbesserungsaktivitäten erniedrigt – was ihm ja nur gelingt, wenn er diese Welt und ihre Verhältnisse dauernd verteufelt.»[602]

Es wird mehr eingefordert, als ein toleranter Liberalismus erträgt: «Der kirchliche Auftrag verlangt – es sei wiederholt – das genaue Gegenteil dieser menschlichen Liebhabereien. In solcher Lage kann nur die allerstrengste Disziplin genügen.»[603]

Die Disziplin ist es, die Gerhard Blocher von einem Teil des Kirchenvolks entfremdete. 1977 beschliesst es im sankt-gallischen Flawil Blochers Abberufung. Die NZZ berichtet am 13. Juni 1977: «Die Anhänger attestierten Pfarrer Blocher sein klares Bibelverständnis und seinen Einsatz in Kirche und Diakonie. Seine Gegner warfen ihm dagegen Härte und Sturheit im Verfolgen seines für allein richtig gehaltenen theologischen Kurses vor.»[604] Während sich die Kirchenleitung hinter Blocher stellt, sieht sich dieser in einen «Kirchenkampf» eines Predigers des unverfälschten Gotteswortes verwickelt, wie er in der Bibel nicht selten beschrieben werde. Die Mehrheit der Kirchgemeinde aber stimmt gegen Blocher mit 1166 Ja gegen 352 Nein. Als wäre es eine kirchenpolitische Vorwegnahme der Abwahl Christoph Blochers aus dem Bundesrat im Jahr 2008, heisst es in der NZZ:

«Pfr. Blocher werden von seinen Gegnern – es gehören zu ihnen Leute aus allen Bevölkerungskreisen und kirchlichen Gruppen – Rechthaberei, Härte, Machtausübung und Unerbittlichkeit vorgehalten, mit der er seine persönlichen Auffassungen der Kirchgemeinde aufdrängt. Es wird Pfr. Blocher und der unter seinem Einfluss stehenden Kirchenvorsteherschaft weiter vorgeworfen, sie setzten sich über eindeutige *Kirchenversammlungsbeschlüsse hinweg*, so wenn im Budget 1975 und 1976 Beiträge an Institutionen, die ihnen nicht genehm seien, wie Protestantischer Volks-

35 Christoph Blocher als Laienprediger in der reformierten Kirche Balsthal, 1991.

bund der Schweiz, Evangelischer Pressedienst, Ostschweizerische Evangelische Heimstätte Wartensee, einfach gestrichen wurden, obwohl die Kirchgemeindeversammlung diesen Beiträgen im Vorjahr ausdrücklich zugestimmt hatte.

Ein weiterer Stein des Anstosses ist Pfr. Blochers *Bibelverständnis*. Es komme einer Prädestinationslehre, einer Art Allversöhnungslehre gleich, argumentieren die Gegner, und es werde vor allem *zu absolut*, zu einseitig vertreten. Der Entscheidungsruf Christi an den Menschen: ‹Komm, folge mir nach!› werde aufgehoben, weil dem Christen jede Möglichkeit zu einer Entscheidung abgesprochen werde, selbst der Entscheid zur Annahme der Gottesliebe und zur Anerkennung der Barmherzigkeit Gottes, weil nach Pfr. Blochers Bibelverständnis Gott diese Entscheidung in jedem Falle bereits vorweggenommen hat.»[605]

Zu absolut, zu einseitig: Die Beschäftigung mit militärischem Gehorsam durchzieht Blochers Schriften, und seine Liebestheologie ohne Sanftmut soll auch im Politischen Einzug halten. Diese «Weltlichkeit des Auftrags»[606] zeigt sich am Beispiel des Kindes, dem es, schreibt Blocher, natürlicherweise nach Autorität verlange:

«Das alles gilt nicht exklusiv vom ‹kirchlichen› Auftrag. Es gibt keine ‹Exklusivität› mehr: ‹Christus ist überall – ‹Herr›lichkeit ist überall». Überall in dieser Welt ergehen Aufträge. Und wo es mit rechten Dingen zugeht, ‹treiben› sie. Würde ein Auftrag anders ergehen als in Entsprechung zum göttlichen Auftrag, er müsste auf der Strecke bleiben. Wer in der alten, erledigten Art des Moralismus glaubt vorgehen zu können – gesetzliche Vorschriften zuhauf aufstellte, ohne selbst für die Möglichkeit ihrer Erfüllung zu sorgen – der wird nichts als die dauernde Umgehung der Vorschriften und die Nichterfüllung des Auftrages bewirken. Das gilt von der staatlichen Gesetzgebung, vom Geschäftsleben in Gewerbe, Industrie und Handel, von der militärischen Auftragserteilung – bis hin zur Erziehung des Kindes.

Das Kind aber ist es, das in reinster Art zu offenbaren vermag, wie der Empfang und die Ausführung eines Auftrages ohne moralische Verderbnis erlebt wird. Bekommt es einen Auftrag, der im Wesen eine ‹*entolé*› ist und also der göttlichen Zeugung entspricht, so fühlt es sich zugleich ermächtigt und in Stand gesetzt, das Aufgetragene zu leisten – was es auch mit Stolz und Freude zu zeigen vermag. Im Auftrag erfährt es die Überwindung von Unvermögen und Schwachheit und geht mit dem Eifer der ihm zugesprochenen Fähigkeit und Kraft an die Erfüllung des Auftrages. Kommt es dabei vermeintlich oder wirklich an die Grenze seiner Kräfte, sucht es mit Blick und Wort die Person, die es beauftragt hat, und findet seine Ermunterung durch weitere Anweisung und Unterstützung.

Auf diese Weise sind alle einmal geworden, was sie geworden sind. Wer nur moralistisch erzogen worden ist, bleibt verkümmert – und zwar in jedem Sinne des Wortes.

‹Wenn ihr nicht werdet wie die Kindlein –
werdet ihr nicht ins Reich der Himmel kommen!› (Matthäus 18, 3)»[607]

Ein anderer Satz in Gerhard Blochers Buch lautet: «Sie wartet, bis ihre Zeit kommt.»[608] Damit ist wohl nicht nur die Kirche gemeint. Wenn Aufträge solcherart überall in der Welt ergehen, dann hoffen ihre Befolger, dass nach der Zerschlagung kirchlicher Verlegenheitsreformen, nach dem Abbau des idealistischen Staates, nach der Wiedereinführung eines autoritativen Erziehungsstils, nach der Zurechtweisung menschlicher Träume, die «Wirklichkeit» in alter Freiheit zurückkehrt. Dann sind endlich wieder Gottes Aufträge des Menschen Schicksal.

In der Zeit der geistigen Landesverteidigung galt die Natur als des Menschen Schicksal. Karl Schmid schrieb 1939 von einer «Lawine, die lange drohend oben hängt in Flühen und Schlüften und die einmal nur in jedem Zeitraum niederfährt und die Wälder bricht» – diese Kraft, die sei im Tell.[609] Der Wunsch, ein klerikaler Tell sause eines Tages wie eine lang aufgehaltene Lawine hernieder, wird wohl unerfüllt bleiben. Doch könnte die «wirkliche» Welt der Wurzeln, des Kleinen und der Berge bald wieder so kräftig aufscheinen wie im 20. Jahrhundert. Sie kehrt immer auch dann zurück, wenn ein entfesselter Liberalismus den Menschen zu wenig Halt gibt.

7. AM ENDE DER GESCHICHTE – SCHLUSSWORT

Anstelle einer These ging dieses Buch einer Geschichte nach, die in den 1930er-Jahren begann. Der St. Gotthard diente damals in Bundesrat Etters Kulturbotschaft als Symbol des überparteilichen Zusammenhalts. Seine Ströme sollten die Kulturen der Schweiz in den Krisenjahren zusammenführen, wenn auch keineswegs vermischen. Haben geistige Landesverteidiger den Boden bereitet, ein Vakuum für die heutige nationalkonservative Rechte erzeugt, indem sie auch im Kalten Krieg noch suggerierten, der Sonderfall des wehrhaften, opportunistischen Kleinstaats sei ein Erfolgsmodell mit Zukunft?

Dies zu vermuten bedeutet nicht, die Rhetorik dieser Männer anzuerkennen oder zu verunglimpfen. Seit den 1930er-Jahren haben sie den Traum von einem Viervölkersprachenstaat im Kleinen geträumt. Der Literaturprofessor Karl Schmid kann so gelesen werden – und der junge Christoph Blocher verstand ihn so als Student –, als führe die unermessliche Kleinheit der Schweiz bei ihren Bürgern zu einem Unbehagen, das sie um des eigenen Seelenfriedens willen innerlich zu bekämpfen hätten. Tells gewaltiger Tritt war Schmid 1939 wichtiger als die Menschenrechte. Der Rechtsprofessor Hans Nef konnte in den 1960er-Jahren in seinen Vorlesungen so interpretiert werden, als setze er das Volksrecht über das Völkerrecht, ja als warnte er überhaupt vor jedem neuen Gesetz – vor einer Gesetzesinflation. Aus Georg Thürers helvetischen Dichtungen sprach die Hochschätzung der Neutralität und da und dort die Warnung vor einem unmässigen Zustrom fremder Einflüsse auf die schweizerische Kultur und Sprache. Der Publizist und Politiker Peter Dürrenmatt – auch er ein geistiger Landesverteidiger und kalter Krieger bis zu seinem Rücktritt aus dem Nationalrat im Jahr 1979, der mit Blochers Wahl zusammenfiel – sehnte sich zeitlebens nach einer echt konservativen Partei. Eine reformierte BGB sollte der steigenden Staatsquote, dem schleichenden Sozialismus entgegenhalten. Emil Egli, der angesehene Kulturgeograf, widmete sich in seinen Schriften dem wissenschaftlichen Nachweis einer Verbindung von Mensch und Landschaft: Man sei so wie das Dorf, aus dem man stamme – ein auf Wurzeln besinntes Denken, das in heutiger Zeit wiederkehrt. Soweit die Parallelen zwischen Blochers Schweiz und einem Ausschnitt der letzten 80 Jahre Schweizer Intellektuellengeschichte.

Diese Mitte der Schweiz hielt sich seit den 1970er-Jahren im Untergrund und feiert heute ihre Rückkehr. Christoph Blocher, mit wachsender finanzieller Macht, in Ermangelung echter Gegner, hat in vielen Bereichen nur ausgeführt und ins Extrem gesteigert, wozu er sich von Inspiratoren beauftragt fühlte. Hier weist das vorliegende Buch eine fast unerträgliche Tendenz auf, indem es sämtliche Gehalte geistiger Landesverteidigung nach Spuren der späteren nationalkonservativen Bewegung absucht.

Natürlich war Georg Thürer, davon abgesehen, ein früher UNO-Befürworter. Er träumte von einer europäischen Friedensgemeinschaft, stimmte für den EWR-Vertrag, während Blocher denselben mit alten Schriften Thürers bekämpfte. Doch auch wenn der Bogen vom friedfertigen Geschichtsschreiber und Dichter Thürer, vom staatsgläubigen Katholiken Etter zum wirtschaftsliberalen Protestanten Blocher weit überspannt ist, teilten sie doch dasselbe Bekenntnis zum Vaterländischen, standen sie in derselben konservativen Landesmitte. Alle pilgerten sie 1965 einmütig nach Marignano.

Warum hat man diese Zusammenhänge kaum betont? Warum sieht eine breite Öffentlichkeit in Blocher entweder den Urschweizer oder den Unschweizer? Warum hat man die Blocherianer in den europäischen Populismus verbannt, statt ihr Bekenntnis zu einer alten, etwas selbstgenügsamen Schweiz zu diskutieren?

Kritik an diesem Modell gab es gewiss genug. Seit den frühen 1960er-Jahren verabschiedeten Gelehrte, Schriftsteller und Politiker, was sie unter geistiger Landesverteidigung zusammenfassten. Während es Etter und die Seinen – mit dem noch unbekannten Blocher – nach Marignano zog, zeigten andere Söhne – Peter Bichsel, Friedrich Dürrenmatt, Max Frisch, Adolf Muschg sind nur die bekanntesten – die Defizite des schweizerischen Lebensentwurfs auf. Aus ihrer Sicht grenzte es an Stumpfsinn, mit Emil Egli von Wurzeln zu reden in einer technisierten, sich öffnenden Welt. Es war unzutreffend, von Unabhängigkeit zu reden, war man doch geschützt durch die NATO in einer von den USA und der Sowjetunion im Gleichgewicht des Schreckens gehaltenen Welt. Und war es nicht zu einfach, mit Georg Thürer von schweizerischer heroischer Neutralität zu reden, war man doch gezwungenermassen ein Waffenfabrikant für NS-Deutschland, ebenso dessen Finanzplatz und ein Verwalter jüdischer Gelder gewesen?

In Blocher fand sich eine allzu bereite Märtyrerfigur, auf die in den 1990er-Jahren die Schatten der eigenen Vergangenheit geworfen werden konnten – Eigennutz, Xenophobie, Volksverhetzung. Blocher selbst hat sich in dieser unterstellten Rolle als neuer Frontist nicht nur unwohl gefühlt. Er war nie der Vertreter des schweizerischen Konsensdenkens gewesen. Ein 68er von rechts, brüskierte er die gleichaltrigen neuen Linken und die alten Eliten mit offener Diskussionsbereitschaft. Eine Lust zur Gegenprovokation, die im politischen Alltag nicht immer mit Lösungsbereitschaft zusammenfällt.

Als ein konservativer Provokateur, als ein protestantischer Prediger im Politikeramt hat sich Christoph Blocher lange vor den 1990er-Jahren einen Namen gemacht. 1968, im Grossen Studentenrat der Universität Zürich, hämmerte er mit seiner «Wirklichkeit» und dem «Volksgeist» auf die Träume der bewegten Mitstudierenden ein. Währenddessen deckten sie ihn mit Schimpfworten ein und bewarfen die geehrte Professorenschaft mit Joghurt – nur dann und wann schwiegen sie vor Blochers Wortgewalt. Die *Reformatio* liess den Pfarrerssohn später Kolumnen schreiben, um dem Blatt etwas Streitkultur zu geben. Wer Blochers damalige Stücke liest, dem stellen sich einige Verständnisfragen. Wie kann er die lautstarken Forderungen nach einem Weltfrieden zur Zeit der Friedensmärsche mit der «Wirklichkeit» der «Natur» ausschlagen, die nicht nur schön sei, sondern hart und unfair? Wie kann er glauben, dass sich Jugendliche, die in den 1980er-Jahren auf vielleicht spätpubertäre Weise mehr Freiraum fordern, nur mit religiöser Orientierung zufriedengeben? Wie kann er die Problematik der Geschlechterrollen mit dem Verweis auf die Bibel lösen, in der stehe, dass die Liebe die Struktur der – männlichen – Autorität habe?

Selbst wenn dies, wie Blocher erklärt, im lateinischen Wortsinn «Provokationen» sind, die damals etwas «hervorrufen» sollten, fragt man sich: Was sollen derartige Wortäusserungen Gutes hervorrufen?

Ähnliche Fragezeichen ergeben sich aus dem theologischen Denken des zweitgeborenen Bruders, der vor 2007 durch einen Fernsehauftritt die Abwahl Christoph Blochers aus dem Bundesrat beförderte. Wie soll man einem Soldaten, der nicht töten will, den Sinn von militärischer Ordnung und Disziplin erklären? Die Autoritätsgläubigkeit, wie sie in den Schriften des 1934 geborenen Gerhard Blocher zum Ausdruck kommt, lässt einen unverständig zurück. Und doch wurden seine Beiträge mitunter in der renommierten NZZ publiziert – neokonservative Lesarten der Schriften Karl Barths, raunende Abhandlungen über die Suche nach der Wortwurzel und den «Auftrag» Gottes.

Verschiedene Stränge dieser Geschichte wurden nicht zu Ende gedacht. Am Ende dieser kaum geglückten Genealogie konnte dennoch nur die Kindheit stehen. Auch sie ist wieder eine Geschichte, die ungeschriebene Geschichte einer 13-köpfigen Pfarrfamilie in Laufen am Rheinfall. Jedes der Kinder hat die Zeit im Pfarrhaus anders wahrgenommen, die Art des Vaters, die Weise der Mutter anders empfunden. Christoph mied die intellektuelle Auseinandersetzung. Er suchte lieber den zweitnächsten Bauernhof auf, um sich dort nützlich zu machen. Zum näher gelegenen Hof wollte er nicht, jener Bauer war zugleich Sigrist in der Kirche seines Vaters. Es brauchte einige Zeit – auch während der Landwirtschaftslehre noch –, bis die Bauern den aufgeweckten, aber allzu zarten Pfarrerssohn anerkannten. Spät erst fand er die heimatliche Erde und den Acker, seine Wirklichkeit.

ANMERKUNGEN

1 Friedrich Dürrenmatt, «21 Punkte zu den ‹Physikern›», in: ders., *Werkausgabe in siebenunddreißig Bänden*, Bd. 7, Zürich 1998, S. 91–93, hier S. 91.
2 Georg Kohler, *Bürgertum und Willensnation. Über den Gemeinsinn und die Schweiz*, Zürich 2010, S. 90.
3 Vgl. Botschaft zum Bundesgesetz über die Stiftung Pro Helvetia. BBl 2007, S. 4860. Die Kulturbotschaft selbst nennt unter den «Anregungen und Eingaben» verschiedene Vorstösse und Gruppierungen, die zu ihrer Entstehung beigetragen hätten. Vgl. Botschaft des Bundesrates an die Bundesversammlung über die Organisation und die Aufgaben der schweizerischen Kulturwahrung und Kulturwerbung. BBl 1938 II, S. 985–990. Gleichlautend im Juli 1948 die Botschaft des Bundesrates an die Bundesversammlung über die Errichtung einer Stiftung «Pro Helvetia». BBl 1948 II, S. 965 f.
4 Sten. Bull. 1939 NR, S. 204.
5 Ebd.
6 Ebd., S. 205.
7 So beispielsweise «Geistige Landesverteidigung» im Standardwerk von Thomas Maissen, *Geschichte der Schweiz*, Baden 2010, S. 260. Gelegentlich findet sich in der Literatur die Abkürzung GLV, womit der Eindruck einer straffen Organisation geistiger Landesverteidigung verstärkt wird. Zur Problematik stereotypisierender Abkürzungen vgl. ein Streitgespräch zwischen Georg Kohler und Jakob Tanner bei Georg Kohler/Stanislaus von Moos (Hg.), *Expo-Syndrom? Materialien zur Landesausstellung 1883–2002*, Zürich 2002, S. 267–268.
8 Alan Morris Schom, *A Survey of Nazi and Pro-Nazi Groups in Switzerland: 1930–1945. Chapter 15. Sample bibliography of articles pamphlets and books either on the Jews or antisemitic, or for Hitler, Mussolini, Fascism etc.*, http://www.wiesenthal.com/site/pp.asp?c=lsKWLbPJLnF&b=4441407#.UylNOJFEpd1, Stand: 19.3.2014.
9 Fritz Hauser meint Etters 1934 publizierte Schrift *Die schweizerische Demokratie*.
10 Sten. Bull. 1939 NR, S. 205 f.
11 Philipp Sarasin, «Metaphern der Ambivalenz. Philipp Etters ‹Reden an das Schweizervolk› von 1939 und die Politik der Schweiz im Zweiten Weltkrieg», in: ders., *Geschichtswissenschaft und Diskursanalyse*, Frankfurt am Main 2003, S. 170–190, hier S. 180.
12 Hans Ulrich Jost, *Die reaktionäre Avantgarde. Die Geburt der neuen Rechten in der Schweiz um 1900*, Zürich 1992, S. 134.

13 Georg Kreis, «Philipp Etter – ‹voll auf eidgenössischem Boden›», in: Aram Mattioli (Hg.), *Intellektuelle von rechts. Ideologie und Politik in der Schweiz 1918–1939*, Zürich 1995, S. 201–217, hier S. 201.
14 Ebd., S. 202.
15 Vgl. Aram Mattioli, *Zwischen Demokratie und totalitärer Diktatur. Gonzague de Reynold und die Tradition der autoritären Rechten in der Schweiz*, Zürich 1994, S. 274–291. Wenngleich mit Bezug auf Mattiolis Forschungen, wird die Beziehung zwischen de Reynold und dem von konservativen Eliten als baldigen «Landammann» kolportierten Etter viel stärker gewichtet von Hans Ulrich Jost: «Und immer noch lagen die Pläne vor, Etter zum Landammann und Chef einer autoritären Eidgenossenschaft zu erküren. Am 20. Juli [1940; d. V.] versuchte Gonzague de Reynold anlässlich der Jahresversammlung des Schweizerischen Studentenvereins in Fribourg diesem Plan zu einem raschen Durchbruch zu verhelfen.» Hans Ulrich Jost, *Politik und Wirtschaft im Krieg. Die Schweiz 1938–1948*, Zürich 1998, S. 83.
16 Vgl. Martin Pfister, *Die Wahl von Philipp Etter in den Bundesrat 1934. Ereignisse, Ideologien, soziales Umfeld*, unveröff. Lizentiatsarbeit der Universität Freiburg (CH), Freiburg 1995, S. 138–151, insb. S. 141.
17 Aram Mattioli, «Die intellektuelle Rechte und die Krise der demokratischen Schweiz. Überlegungen zu einem zeitgeschichtlichen Niemandsland», in: ders. (Hg.), *Intellektuelle von rechts*, S. 1–27, hier S. 9.
18 Sarasin, «Metaphern der Ambivalenz», S. 179.
19 Edgar Bonjour, *Geschichte der schweizerischen Neutralität*, Bd. 3, 5. Aufl., Basel 1976, S. 382.
20 Vgl. Christoph Graf, «Die Schweiz in den 1930er Jahren. Bericht über ein Forschungsseminar», in: Schweizerisches Bundesarchiv (Hg.), *Studien und Quellen 9*, Bern 1983, S. 127–142, hier S. 135.
21 Peter von Matt, «Die Schweiz zwischen Ursprung und Fortschritt. Zur Seelengeschichte einer Nation», in: ders., *Das Kalb vor der Gotthardpost. Zur Literatur und Politik der Schweiz*, München 2012, S. 9–93, hier S. 56.
22 Bonjour, *Geschichte der schweizerischen Neutralität*, Bd. 3, S. 382.
23 BBl 1938 II, S. 994.
24 Ebd.
25 Zur Geschichte der Pro Helvetia vgl. Claude Hauser/Jakob Tanner/Bruno Seger (Hg.), *Zwischen Kultur und Politik. Pro Helvetia 1939 bis 2009*, Zürich 2010.
26 BBl 1938 II, S. 994.
27 Ebd.
28 Ebd, S. 998.

29 Ebd.
30 Vgl. ebd.
31 Ebd.
32 Ebd., S. 999.
33 Ebd., S. 998.
34 Ebd.
35 Ebd., S. 999.
36 Ebd.
37 Vgl. Mattioli, *Zwischen Demokratie und totalitärer Diktatur*, S. 243 f.: «Natürlich liess sich der Zuger Magistrat [Philipp Etter; d. V.] auch in der Vorbereitungsphase der berühmten ‹Pro Helvetia›-Botschaft, die als ‹Magna charta› des schweizerischen Widerstandswillen in die Geschichte eingegangen ist, intensiv von ihm [Gonzague de Reynold; d. V.] beraten. [...] Zwar verfasste der Innenminister die ‹Magna charta des geistigen Widerstands› selbst. Doch griff er dabei neben Anregungen der NHG [Neuen Helvetischen Gesellschaft; d. V.] auf ein verschollenes Konzeptpapier zurück, das ihm Gonzague de Reynold am 29. Juni 1938 zugesandt hatte.» Wie umfassend dieses Konzeptpapier de Reynolds in der Kulturbotschaft sich niederschlug, ist nicht nachzuprüfen, da es weder im Fonds Gonzague de Reynold noch in den im Bundesarchiv deponierten Papieren Philipp Etters auffindbar sei. Ebd., S. 375.
38 Vgl. Pfister, *Die Wahl von Philipp Etter in den Bundesrat 1934*, S. 141.
39 Brief von Philipp Etter an Gonzague de Reynold, 27.8.1962. Nachlass Philipp Etter, StAZG, P 70, 2 G (provisorischer Vermerk). Die schliesslich publizierte Fassung über die Entstehung der Kulturbotschaft findet sich bei Gonzague de Reynold, *Mes Mémoires*, Bd. 3, Genf 1963, S. 667. Er habe Etter «quelques indications» gegeben, schreibt de Reynold. Etter habe die Grundlinien der einleitenden Passagen der Kulturbotschaft bereits in einem Vortrag von 1937 dargelegt. Vgl. Philipp Etter, *Geistige Landesverteidigung. Vortrag gehalten in Bern von Bundesrat Philipp Etter in der Versammlung des Vaterländischen Verbandes des Kts. Bern am 29. Januar 1937*, Immensee 1937.
40 Philipp Etter, *Die vaterländische Erneuerung und wir*, Zug 1933, S. 5.
41 Ebd., S. 8.
42 Ebd., S. 15.
43 Ebd., S. 13.
44 Ebd., S. 12.
45 Ebd., S. 13.
46 Mattioli, *Zwischen Demokratie und totalitärer Diktatur*, S. 13.

47 André Lasserre, *Schweiz: Die dunkeln Jahre. Öffentliche Meinung 1939–1945*, Zürich 1992, S. 27
48 Philipp Etter, «Kunst und wehrhaftes Volk», in: Komitee Schweizer Wehrgeist in der Kunst (Hg.), *Schweizer Wehrgeist in der Kunst*, Basel 1938, 11 f.
49 Jost, *Die reaktionäre Avantgarde*, S. 142.
50 «Art et armée sont placés l'un en face de l'autre comme deux miroirs. Entre ces deux miroirs, il y a le visage de la Suisse. Celui de l'armée lui renvoie son profil réel, celui de l'art, son profil idéal.» Gonzague de Reynold, «Introduction», in: Komitee Schweizer Wehrgeist in der Kunst (Hg.), *Art et armée. Notre esprit militaire exprimé par l'art*, Basel 1940, S. 13–16, hier S. 13. Übersetzung zit. n. Jost, *Die reaktionäre Avantgarde*, S. 142.
51 Emanuel Stickelberger, «Einführung. Krieg und Kunst in der Schweiz», in: Komitee Schweizer Wehrgeist in der Kunst (Hg.), *Schweizer Wehrgeist in der Kunst*, Basel 1938, S. 13–16.
52 Enrico Celio, «Die Kunst verherrlicht die Ehre des Heeres», in: Komitee Schweizer Wehrgeist in der Kunst (Hg.), *Schweizer Wehrgeist in der Kunst*, Basel 1940, S. 13. Celio wurde am 22. Februar 1940 in den Bundesrat gewählt, sein Beitrag findet sich daher erst in der Neuauflage. Der neue Bundesrat wird im Inhaltsverzeichnis der deutschen Ausgabe nicht erwähnt, ebenso behielten die Herausgeber die alte Paginierung bei. Celios Beitrag wurde nach demjenigen Etters auf Seite 12 unnummeriert eingelegt.
53 Philipp Etter, *Sinn der Landesverteidigung*, hg. v. Eidgenössische Technische Hochschule Zürich, Aarau 1936, S. 11 (*Kultur- und staatswissenschaftliche Schriften* 14).
54 Ebd., S. 11.
55 BBl 1938 II, S. 985.
56 Hans Ulrich Jost, «Bedrohung und Enge (1939–1945)», in: *Geschichte der Schweiz und der Schweizer*, Bd. 3, Basel 1983, S. 101–189, hier S. 175.
57 Josts «Menace et repliement (1939–1945)» übersetzte Daniel Süri ins Französische. Vgl. *Nouvelle histoire de la Suisse et des Suisses*, Bd. 3, Lausanne 1983, S. 5.
58 Ebd., S. 91–178, hier S. 164.
59 Jost, «Bedrohung und Enge (1939–1945)», S. 174.
60 Ders., «Menace et repliement (1939–1945)», S. 164.
61 Georg Kreis, «Helvetischer Totalitarismus», in: *Basler Magazin*, Nr. 4, 27.1.1979, S. 1 f. u. 15, hier S. 15.
62 Ebd.
63 Ebd.

64 Ebd.
65 Ebd.
66 Ebd.
67 Auf Anfrage empfindet Georg Kreis in einer E-Mail vom 2.5.2013 Hans Ulrich Josts Verwendung seines Begriffes als «Übersteigerung». Die Bilder für den Artikel im *Basler Magazin* von 1979 habe er selbst zur Verfügung gestellt. Jedoch: «Über die Titelillustration war ich schockiert, das war alleiniges Machwerk des Blattes.» Kreis verweist auf die Dissertation von Werner Möckli über den nazistischen «Landi»-Geist, die er in einer NZZ-Rezension kritisiert habe. Die Mittelposition, die bereits seinem Artikel im *Basler Magazin* zu entnehmen ist, bekräftigt Kreis: «Die helvetische Abgrenzung gegen NS-Deutschland lebte sehr stark vom kollektiven kleinstaatlichen Freiheitswillen und weniger vom Bedürfnis, eine Ordnung der individuellen Freiheit zu verteidigen, obwohl an dieser doch festgehalten wurde.» Auf Anregung von Kreis verfasste Josef Mooser über die zwei Seiten der geistigen Landesverteidigung einen Aufsatz, der noch heute Gültigkeit hat. Vgl. Georg Kreis, «Schweizergeist in schiefer Projektion», in: NZZ, Nr. 3, 6.1.1975, S. 17; Werner Möckli, *Schweizergeist – Landigeist? Das schweizerische Selbstverständnis beim Ausbruch des Zweiten Weltkrieges*, Zürich 1973; Josef Mooser, «Die ‹Geistige Landesverteidigung› in den 1930er Jahren. Profile und Kontexte eines vielschichtigen Phänomens der schweizerischen politischen Kultur in der Zwischenkriegszeit», in: *Schweizerische Zeitschrift für Geschichte* 4, 1997, S. 685–708.
68 Kreis, «Helvetischer Totalitarismus», S. 1. Die Originalseite – ohne nazistischen Fahnenkult – findet sich bei Gottlieb Duttweiler, *Eines Volkes Sein und Schaffen. Die Schweizerische Landesausstellung 1939 in Zürich in 300 Bildern*, Zürich o. J. [1940], S. 191.
69 «Geistige Landesverteidigung: helvetischer Totalitarismus oder antitotalitärer Basiskonsens? Hans-Ulrich Jost und Kurt Imhof (in einem Streitgespräch)», in: Schweizerisches Landesmuseum Zürich (Hg.), *Die Erfindung der Schweiz 1848–1998. Bildentwürfe einer Nation*, Zürich 1998, S. 364–380.
70 Ebd., S. 367 f.
71 Vgl. Dominik Schnetzers von Jakob Tanner und David Gugerli betreute Dissertation *Bergbild und Geistige Landesverteidigung. Die visuelle Inszenierung der Alpen im massenmedialen Ensemble der modernen Schweiz*, Zürich 2009, S. 300–320.
72 Der Begriff «Demutsgeste», mit dem Jakob Tanner in Daniel Monnats Fernsehfilm *L'honneur perdu de la Suisse* 1997 den Rückzug ins Reduit meinte und eine Debatte zwischen jüngeren und Historikern der Aktivdienstzeit auslöste, lässt offene Fragen zurück und kommt im Bergier-Schlussbericht 2002 nur mehr in

einer Endnote vor. Vgl. Jean-François Bergier/Wladyslaw Bartoszewski/Saul Friedländer u. a. (Hg.), *Die Schweiz, der Nationalsozialismus und der Zweite Weltkrieg. Schlussbericht der Unabhängigen Expertenkommission Schweiz – Zweiter Weltkrieg*, Zürich 2002, S. 105.

73 Jakob Tanner, *Bundeshaushalt, Währung und Kriegswirtschaft. Eine finanzsoziologische Analyse der Schweiz zwischen 1938 und 1953*, Zürich 1986, S. 308 f.

74 Klaus Urner, *«Die Schweiz muss noch geschluckt werden!» Hitlers Aktionspläne gegen die Schweiz. Zwei Studien zur Bedrohungslage der Schweiz im Zweiten Weltkrieg*, 4. Aufl., Zürich 1997, S. 20. Urner schreibt in seinem Vorwort zur 4. Auflage von 1997: «Der Mythos, mit dem in der Schweiz der eigene Widerstand allzu lange verklärt worden war, ist Ausdruck einer Selbstüberschätzung; sie findet sich auch in radikalen Umdeutungen, soweit diese nun die Kollaboration mit dem Dritten Reich zur verlässlichen Garantin für das Überleben der Schweiz aufwerten. Für Hitler waren und blieben die Schweiz und Schweden ‹kleine Drecksstaaten› ohne eigenes Lebensrecht, und dies auch noch zu einem Zeitpunkt, als ihren Kriegslieferungen für Deutschland erhebliche Bedeutung zukam.» Ebd., S. 12.

75 Tanner, *Bundeshaushalt, Währung und Kriegswirtschaft*, S. 308.

76 Ebd., S. 307.

77 Tanner schreibt selbst: «Der Begriff Helvetischer Totalitarismus, der als phänomenologisch orientierte Kategorie durchaus leistungsfähig ist und wichtige Einsichten zutage befördert, versagt etwas angesichts der hier skizzierten Problemstellung.» Ebd., S. 309.

78 Über «Anpassung» und «Kollaboration» reflektiert kritisch Werner Rings, «Anpassung ist noch keine Kollaboration», in: *Politik und Wirtschaft* 6, 1989, S. 41–42 u. 44.

79 Eine Einführung zur Kollaborationsthese bietet Jakob Tanner, «Hand in Hand mit den Nazis», in: *Bilanz*, Nr. 10, Oktober 1989, S. 346–352.

80 Kreis, «Helvetischer Totalitarismus», S. 1.

81 Vgl. Pierre Béguin, *Le balcon sur l'Europe. Petite histoire de la Suisse pendant la guerre 1939–1945*, Neuenburg 1950, S. 77–80.

82 Lasserre, *Schweiz: Die dunkeln Jahre*, S. 27.

83 Vgl. ebd., S. 28.

84 Vgl. die Liste der Gratulanten bei Martin Haas/René Hauswirth (Hg.), *Festgabe Leonhard von Muralt. Zum siebzigsten Geburtstag. 17. Mai 1970. Überreicht von Freunden und Schülern*, Zürich 1970, S. 325–331.

85 Leonhard von Muralt, *Über den Sinn der Schweizergeschichte. Vortrag vor der Jahresversammlung der Allgemeinen Geschichtforschenden Gesellschaft der Schweiz in Zürich am 27. September 1936*, Zürich 1936, S. 10.

86 Richard Feller/Edgar Bonjour, *Geschichtsschreibung der Schweiz. Vom Spätmittelalter zur Neuzeit*, Bd. 2, 2., durchges. u. erw. Aufl., Basel/Stuttgart 1979, S. 770.
87 Vgl. Jean-François Bergier, *Wilhelm Tell. Realität und Mythos*, Zürich 2012, S. 73.
88 Leonhard von Muralt, «Sinn und Recht vaterländischer Geschichte?» [1952], in: ders., *Der Historiker und die Geschichte. Ausgewählte Aufsätze und Vorträge*, hg. v. Fritz Büsser/Hanno Helbling/Peter Stadler, Zürich 1960, S. 57–61, hier S. 60.
89 Ebd., S. 60 f.
90 Von Muralt, *Über den Sinn der Schweizergeschichte*, S. 10 f.
91 Vgl. ebd., S. 11.
92 Ebd.
93 Alice Meyer, *Anpassung oder Widerstand. Die Schweiz zur Zeit des deutschen Nationalsozialismus*, neu hg. mit einem Geleitwort von Marthe Gosteli und einem Nachwort von Christa Altorfer, Frauenfeld/Stuttgart/Wien 2010, S. 61.
94 Von Muralt, *Über den Sinn der Schweizergeschichte*, S. 23–29.
95 Ebd., S. 16 f.
96 Vgl. von Muralt, «Sinn und Recht vaterländischer Geschichte?», S. 57.
97 Vgl. von Muralts Aufsatz von 1949: «Zum Problem ‹Freiheit und Notwendigkeit› bei Ranke» [1949], in: ders., *Der Historiker und die Geschichte. Ausgewählte Aufsätze und Vorträge*, hg. v. Fritz Büsser/Hanno Helbling/Peter Stadler, Zürich 1960, S. 30–34.
98 Von Muralt, *Über den Sinn der Schweizergeschichte*, S. 17 f.
99 Ebd., S. 22.
100 Ebd., S. 26: «Als ein kleiner Völkerbund wachsen wir aber notwendigerweise über unser lokales Sonderdasein hinaus. Zunächst werden wir selber verpflichtet zum Respekt, ja zum Interesse und zur Liebe für die Kultur und Geistesart des andern Volksteils. Wir werden dadurch bereichert. Wir stellen aber damit eben auch eine Brücke dar zwischen den verschiedenen Völkern Europas. Wir erfüllen einen Dienst innerhalb des Kulturlebens Europas, indem wir uns wenigstens immer wieder als solche Brücke anbieten, indem wir immer wieder verpflichtet sind, die oft abgebrochene Brücke wieder einigermaßen herzustellen, so daß überhaupt noch eine Verbindung besteht.»
101 Ebd., S. 28.
102 Vgl. Pietro Morandi, *Krise und Verständigung. Die Richtlinienbewegung und die Entstehung der Konkordanzdemokratie 1933–1939*, Zürich 1995.
103 Von Muralt, *Über den Sinn der Schweizergeschichte*, S. 15.
104 Ebd., S. 31 f.

105 Kurt Imhof/Heinz Kleger/Gaetano Romano (Hg.), *Konkordanz und Kalter Krieg. Analyse von Medienereignissen in der Schweiz der Zwischen- und Nachkriegszeit*, Zürich 1996, S. 21 (*Krise und sozialer Wandel* 2).
106 Kaum ein Schweizer Film legt von jener ängstlichen, komplexbehafteten Zeit eindrücklicher Zeugnis ab als *Landammann Stauffacher* von 1941. Die Handlung dreht sich bis zum Schluss um die mühsame Vermittlungsarbeit Stauffachers. Er sammelt die zerstrittenen Eidgenossen für einen Schlag gegen den Feind, doch der Film endet nicht etwa mit der grossen Schlacht gegen den Habsburger – sie fehlt sogar. Ikonografisch bedeutender ist die Sequenz, in der Werni, Stauffachers Sohn, gespielt vom jungen Cäsar Allemanni, den feindlichen Spion Goliath im Kampf Mann gegen Knabe besiegt. Weil Goliath seine Nachrichten dem Habsburger nicht mehr übermitteln kann, ist die Eidgenossenschaft gerettet – sie erscheint als das kleine gelobte Land Israel. Zu einigen Schweizer Filmen im Stil der geistigen Landesverteidigung vgl. Werner Wider, *Der Schweizer Film 1929–1964. Die Schweiz als Ritual*, 2 Bde., Bd. 1: *Darstellung*, Zürich 1981, S. 185–237.
107 Duttweiler (Hg.), *Eines Volkes Sein und Schaffen*, S. 85.
108 Georg Kreis, «Glanz und Elend der Moderne. Die beiden Ufer der Landesausstellung von 1939», in: *Schweizer Monatshefte* 4, 1989, S. 267–270, hier S. 267.
109 Duttweiler, *Eines Volkes Sein und Schaffen*, S. 87.
110 Zit. n. Kreis, «Glanz und Elend der Moderne», S. 268.
111 Schweizerische Landesausstellung 1939 Zürich (Hg.), *Kunst in der Schweiz*, Zürich 1940, S. 71 (*Die Schweiz im Spiegel der Landesausstellung 1939* 3).
112 Vgl. «Geistige Landesverteidigung: helvetischer Totalitarismus oder antitotalitärer Basiskonsens?», S. 374.
113 Georg Thürer, «Unsere Höhenstraße», in: NZZ, Nr. 1196, 2.7.1939, S. 3 f.
114 Henry Vallotton, «Auf ewig frei!», in: Hans W. Kopp (Hg.), *Unser Schweizer Standpunkt. 1914. 1939. 1964*, Berlin/München 1964, S. 31–33, hier S. 31 f.
115 Vgl. Willi Wottreng, «Der kurze Ruhm des Nationalbildhauers» [Nachruf], in: NZZ am Sonntag, Nr. 16, 20.4.2003, S. 22.
116 Julius Wagner (Hg.), *Heimat und Volk. Die Höhenstrasse der Schweizerischen Landesausstellung 1939*, Zürich 1939, S. 66.
117 Ebd., S. 98.
118 Vgl. *Globi an der Landes-Ausstellung*, Zürich 1939, o. S. [S. 56].
119 Ulrich Im Hof, *Mythos Schweiz. Identität, Nation, Geschichte 1291–1991*, Zürich 1991, S. 327.
120 Vgl. Georg Kohler, «Über den helvetischen Basiskonsens und die Reformfähigkeit der Schweiz. Versuch einer Zusammenfassung», in: *Schweizerische Zeitschrift für Politikwissenschaft* 3, 1999, S. 124–133.

121 Vgl. Kurt Imhof/Heinz Kleger/Gaetano Romano (Hg.), *Zwischen Konflikt und Konkordanz. Analyse von Medienereignissen in der Schweiz der Vor- und Zwischenkriegszeit*, Zürich 1993 (*Krise und sozialer Wandel* 1).
122 Vgl. Im Hof, *Mythos Schweiz*, S. 252 f.
123 *Schweizerische Landesausstellung 1939 Zürich. Katalog*, Zürich 1939, S. 42.
124 Ebd., S. 13 f.
125 Vgl. «Geistige Landesverteidigung: helvetischer Totalitarismus oder antitotalitärer Basiskonsens?», S. 375.
126 Sten. Bull. 1939 NR, S. 212. Etter zitiert inhaltlich korrekt aus seiner Schrift *Die schweizerische Demokratie*. Dort findet sich die Passage in leicht variierender Fassung: «So wenig ich daran glaube, dass unsere Schweiz wie eine Insel sich dem Einfluss der geistigen und politischen Bewegungen des Auslandes entziehen kann, so fest und klar steht bei mir die Ueberzeugung, dass die faschistische Lösung für unser Land undenkbar ist, ohne die geschichtlichen Grundlagen und damit den Weiterbestand der Schweizerischen Eidgenossenschaft in Frage zu stellen. Der Faschismus ist ein System der Diktatur. dieses System widerspricht der ganzen Tradition unseres Landes.» Philipp Etter, *Die schweizerische Demokratie*, Olten/Konstanz 1934, S. 30 (*Aus Wissenschaft und Leben* 4).
127 Umberto Eco, «Antwort auf Harry Lime» [1964], in: Kohler/von Moos (Hg.), *Expo-Syndrom?*, S. 135–147, hier S. 142 f.
128 Ebd., S. 142.
129 Ebd., S. 143.
130 Vgl. Georg Kohler, «Konsumglück, Kalter Krieg und Zweite Moderne. Die Schweiz und die Fifties», in: Thomas Buomberger/Peter Pfrunder (Hg.), *Schöner leben, mehr haben. Die 50er Jahre in der Schweiz im Geiste des Konsums*, Zürich 2012, S. 7–19, hier S. 15 f.
131 Kurt Marti, «Panderma, Vasarely, Expo» [1964], in: ders, *Notizen und Details 1964–2007. Beiträge aus der Zeitschrift* Reformatio, hg. v. Hektor Leibundgut/Klaus Bäumlin/Bernard Schlup, Zürich 2010, S. 18–21, hier S. 20.
132 Pierre Cordey/Roberto Bernhard/Guy Burnand u. a. (Hg.), *Das Buch der Expo. The book of the Expo. Erinnerungsbuch der Schweizerischen Landesausstellung Lausanne 1964. Book of memories of the Swiss national exhibition Lausanne 1964*, Bern/Lausanne 1964, S. 97.
133 Ebd.
134 Eco, «Antwort auf Harry Lime», S. 142.
135 Kurt Imhof, «Sonderfallsdiskurse und Pfadabhängigkeit: Der Fall Schweiz», in: Thomas S. Eberle/Kurt Imhof (Hg.), *Sonderfall Schweiz*, Zürich 2007, S. 25–55, hier S. 42.

136 Ebd., S. 37.
137 Ebd., S. 43.
138 Vgl. Kurt Imhof, «Das Böse. Zur Weltordnung des Kalten Krieges in der Schweiz», in: Juerg Albrecht/Georg Kohler/Bruno Maurer (Hg.), *Expansion der Moderne. Wirtschaftswunder – Kalter Krieg – Avantgarde – Populärkultur*, Zürich 2012, S. 81–104 (*outlines* 5).
139 Imhof, «Sonderfallsdiskurse und Pfadabhängigkeit», S. 43.
140 Gewiss war ihr Einfluss auf die Expo nicht durchschlagend. Vgl. Katharina Bretscher-Spindler, *Vom heissen zum Kalten Krieg. Vorgeschichte und Geschichte der Schweiz im Kalten Krieg 1943–1968*, Zürich 1997, S. 414.
141 Vgl. Jürg Frischknecht/Peter Haffner/Ueli Haldimann/Peter Niggli, *Die unheimlichen Patrioten. Politische Reaktion in der Schweiz. Ein aktuelles Handbuch mit Nachtrag 1979–84*, 6. Aufl., Zürich 1987, S. 28.
142 Vgl. Karl Schmid, «Unbehagen im Kleinstaat» [1963], in: ders., *Gesammelte Werke*, Bd. 4, hg. v. Thomas Sprecher/Judith Niederberger, Zürich 1998, S. 109–277.
143 Mit einem späteren Schmid-Zitat von Ende 1964 zieht auch Biograf Thomas Sprecher Parallelen zu Tinguelys *Heureka*. Vgl. Thomas Sprecher, *Karl Schmid (1907–1974). Ein Schweizer Citoyen*, Zürich 2013, S. 306.
144 Karl Schmid, «Versuch über die schweizerische Nationalität» [1957], in: ders., *Gesammelte Werke*, Bd. 2, S. 273–359, hier S. 306.
145 Herbert Lüthy, «11. November 1944» [1944], in: ders., *Gesammelte Werke*, Bd. 1, hg. v. Irene Riesen/Urs Bitterli, Zürich 2002, S. 392–396, hier S. 393.
146 Herbert Lüthy, «Die Schweiz als Antithese» [1961], in: ders., *Gesammelte Werke*, Bd. 3, S. 410–430, hier S. 415 f.
147 Ebd., S. 416.
148 Ebd., S. 424.
149 Ebd., S. 423.
150 Georg Kreis, «Geistige Landesverteidigung im Kalten Krieg», in: *Basler Zeitung*, Nr. 232, 6.10.2009, S. 6.
151 Zu Künzli als «Nonkonformisten» im Kalten Krieg vgl. Roger Sidler, *Arnold Künzli. Kalter Krieg und «geistige Landesverteidigung» – eine Fallstudie*, Zürich 2006, S. 153–260.
152 Zu Künzlis Engagement in der geistigen Landesverteidigung vgl. ebd., S. 33–152.
153 Arnold Künzli, «Die Neurose des Igels», in: Peter Rippmann u. a. (Hg.), *Expo 64. Trugbild der Schweiz*, Basel 1964, S. 35–50, hier S. 36.
154 Ebd., S. 37.
155 Ebd., S. 39.

156 Ebd., S. 43.
157 Zur Geschichte des SAD vgl. Igor Perrig, *Geistige Landesverteidigung im Kalten Krieg. Der Schweizerische Aufklärungsdienst (SAD) und Heer und Haus 1945–1964*, Freiburg 1993; Frischknecht/Haffner/Haldimann/Niggli, *Die unheimlichen Patrioten*, S. 9–134.
158 Kohler, «Konsumglück, Kalter Krieg und Zweite Moderne», S. 12.
159 Bretscher-Spindler, *Vom heissen zum Kalten Krieg*, S. 414.
160 Georg Kreis, *Das «Helvetische Malaise». Max Imbodens historischer Zuruf und seine überzeitliche Bedeutung*, Zürich 2011, S. 125.
161 Zit. n. Perrig, *Geistige Landesverteidigung im Kalten Krieg*, S. 186.
162 Jean Rudolf von Salis, «Die Schweiz im kalten Krieg», in: ders., *Schwierige Schweiz. Beiträge zu einigen Gegenwartsfragen*, Zürich 1968, S. 187–205, hier S. 188.
163 Meyer, *Anpassung oder Widerstand*, S. 89.
164 Hans Armin Huber, *Geistige Landesverteidigung im revolutionären Krieg*, Frauenfeld 1962, S. 55 (*Schriften des SAD* 7).
165 Ders. (Hg.), *Sonderheft Zwanzig Jahre SAD*, Frauenfeld 1968, S. 53 (*Mitteilungen des Schweizerischen Aufklärungs-Dienstes* 5).
166 Etter, *Die schweizerische Demokratie*, S. 29.
167 Huber, *Geistige Landesverteidigung im revolutionären Krieg*, S. 53.
168 Ebd., S. 87.
169 Ebd., S. 61.
170 BBl 1938 II, S. 999.
171 Huber, *Geistige Landesverteidigung im revolutionären Krieg*, S. 70.
172 Ebd., S. 71.
173 Ebd.
174 Ebd., S. 87.
175 Ebd., S. 77.
176 Weitere ähnlich lautende Fassungen von Hubers Vorträgen sind «Geistige Landesverteidigung», in: *Die Schweizer Armee von heute. Das aktuelle Standardwerk über die Schweiz in Wehr und Waffen*, Murten 1953, S. 364–367; *Geistige Landesverteidigung. Vortrag von Oberst H. A. Huber, Verb. Of. Heer und Haus im 4. AK anläßlich der Generalversammlung der Gesellschaft der Schweiz. Feldprediger vom 21. Juni 1960 in Luzern*, o. O. 1960; «Die geistige Landesverteidigung in der Schweiz. Theorie und Praxis», in: *Österreichische militärische Zeitschrift* 5, September/Oktober 1971, S. 265–267.
177 Dürrenmatt, *Werkausgabe in siebenunddreißig Bänden*, Bd. 29, Zürich 1998, S. 193.
178 Peter Dürrenmatt, *Schweizer Geschichte*, Bd. 2, Zürich 1976, S. 1050–1052.

179 Vgl. Peter Rüedi, *Dürrenmatt oder Die Ahnung vom Ganzen. Biographie*, Zürich 2011, S. 138; Bretscher-Spindler, *Vom heissen zum Kalten Krieg*, S. 347–356; Arnold Fisch, «Das Konservative. Zu Peter Dürrenmatts Buch ‹Zeitwende›», in: *Schweizer Monatshefte* 3, 1987, S. 250–257.
180 Dürrenmatt, *Werkausgabe in siebenunddreißig Bänden*, Bd. 28, Zürich 1998, S. 189.
181 Peter Dürrenmatt, «Ulrich Dürrenmatt 1849–1908», in: *Jahrbuch des Oberaargaus* 1, 1958, S. 101–106, hier S. 102.
182 Vgl. Theres Maurer, «Die ‹Berner Volkszeitung› von Ulrich Dürrenmatt», in: Aram Mattioli (Hg.), *Antisemitismus in der Schweiz 1848–1960*, Zürich 1998, S. 241–263.
183 Peter Dürrenmatt, «Eine Jugend in Herzogenbuchsee. Ausschnitte aus einer Autobiographie», in: *Jahrbuch des Oberaargaus* 38, 1995, S. 19–44, hier S. 39.
184 Peter Dürrenmatt, *Sonderfall oder Endstation. Die Schweiz im sozialistischen Zeitalter*, Zürich 1979, S. 198.
185 Peter Dürrenmatt, «Schlusswort», in: Cordey/Bernhard/Burnand u. a. (Hg.), *Das Buch der Expo*, S. 218f., hier S. 219.
186 Ebd.
187 Dürrenmatt, *Sonderfall oder Endstation*, S. 88.
188 Ebd., S. 15.
189 Ebd., S. 205.
190 Ebd., S. 123.
191 Dieses innere Krisenempfinden des Bürgerblocks unterschätzt Kurt Imhof, wenn er schreibt, die Bürgerlichen hätten «ihren» Staat immer verteidigt: «‹Bürgerlich› stand in diesen 70 Jahren zwischen 1920 und 1990 zunächst für die Vaterlandsverteidigung gegen den Bolschewismus, für die klare Befürwortung der Landesverteidigung, für eine sozialmarktwirtschaftliche Wirtschafts- und Sozialpolitik, seit 1946 für die strikte Integration der Schweiz im Westen gegen alle Staatsfeinde. Wer gegen das schweizerische Staatswesen war, war gegen die Freiheit. Auf dieser Basis hielten sich die Differenzen zwischen den bürgerlichen Parteien in engen Grenzen.» Kurt Imhof, «Wer ist bürgerlich?», in: *Das Magazin*, Nr. 42, 20.10.2007, S. 40–48, hier S. 41.
192 Dürrenmatt, *Sonderfall oder Endstation*, S. 204.
193 Ebd., S. 168.
194 Christoph Blocher, *Unsere Politik im 21. Jahrhundert*, Rede vom 15.1.1999, http://www.blocher.ch/uploads/media/990115albis.pdf, Stand: 12.5.2013, S. 5.
195 Christoph Blocher, «Wo kein Wille, ist auch kein Weg», in: Redressement National (Hg.), *Zeitfragen der schweizerischen Wirtschaft und Politik* 127, Dezember 1985, S. 23–31, hier S. 29.

196 Peter Dürrenmatt, «Selbstverantwortliche Gesellschaft und Staat. Kritische Gedanken zur Situation in der Schweiz», in: Redressement National (Hg.), *Zeitfragen der schweizerischen Wirtschaft und Politik* 102, Dezember 1973, S. 7–27, hier S. 12.
197 Dürrenmatt, *Sonderfall oder Endstation*, S. 200.
198 Ebd., S. 201.
199 Ebd., S. 200f.
200 Dürrenmatt, «Selbstverantwortliche Gesellschaft und Staat», S. 12.
201 Ders., *Sonderfall oder Endstation*, S. 201.
202 Vgl. von Salis, «Die Schweiz im kalten Krieg», S. 187.
203 Imhof, «Wer ist bürgerlich?», S. 41.
204 Georg Thürer, «Vorwort», in: ders., *Gemeinschaft im Staatsleben der Schweiz. Grundrisse, Betrachtungen, Mahnworte aus sieben Jahrzehnten. Gesammelt zum 90. Geburtstag des Autors*, Bern/Stuttgart/Wien 1998, S. 7f., hier S. 7.
205 Egli wirkte als Mitherausgeber eines Sammelbandes: Georg Thürer, *Erker. Ansprachen und Aufsätze zur Kultur der Ostschweiz*, hg. v. Emil Egli/Peter Wegelin/Paul Zinsli, Frauenfeld 1978. Vgl. im selben Band Eglis Laudatio «St. Galler Kulturpreis an Georg Thürer. Rede von Emil Egli am 20. November 1966», S. 509–519.
206 Vgl. Emil Egli, «Der Gotthard. Europäische Mitte – schweizerische Brücke», in: ders. (Hg.), *Die Schweiz. Eigenart und Weltverbundenheit*, Lindau/Konstanz 1958, S. 11–18. Einen Überblick zu den verschiedenen Versuchen, den St. Gotthard als geistiges Zentrum symbolisch aufzuladen, bietet Georg Kreis, «St. Gotthard», in: ders., *Schweizer Erinnerungsorte. Aus dem Speicher der Swissness*, Zürich 2010, S. 179–191.
207 Georg Thürer, *Das Spiel vom St. Gotthard. Ein Gleichnis des jungen Schweizers in der werdenden Eidgenossenschaft*, Glarus 1934 (Reihe Schweizerischer Volksspiele 1). Sowie ders., «Der St. Gotthard als Wegweiser», in: NZZ, Nr. 1311, 23.8.1943, S. 1; ders., «Der St. Gotthard als Wegweiser» [Schluss], in: NZZ, Nr. 1313, 24.8.1943, S. 1.
208 Eine Bibliografie der Werke Thürers bis 1978 findet sich in Thürer, *Erker*, S. 471–508.
209 Brief von Karl Schmid an Hans-Rudolf Schwyzer, 24.7.1940. Karl Schmid, *Gesammelte Briefe*, Bd. 1, hg. v. Sylvia Rüdin, Zürich 2000, S. 142.
210 Brief von Karl Schmid an Jakob Jud, 29.4.1943. Ebd., S. 187.
211 «Das Bekenntnis der 15 000: eine unabhängige und demokratische Schweiz. Gewaltige Grenzjugend-Kundgebung», in: *National-Zeitung*, Nr. 246, 1.6.1939, o. S. [S. 5].

212 Thürer widerspricht nicht der Darstellung, «dass ich bei meinen Vorträgen gern das Bild vom Igel gebraucht hätte. Ein Diktator frisst keinen Igel. Doch leider bin ich fast sicher, dass ich nicht der Urheber dieses Bildes gewesen bin. Das verstanden die Leute ohne weiteres. In einem akademischen Milieu hätte ich vielleicht gesagt, dass ein Diktator mit einer Kosten- und Nutzenanalyse untersuchen werde, ob es sich lohnt, ein widerstrebendes Land zu besetzen, oder ob man mehr Truppen zur Besänftigung der Bevölkerung hineinstecken müsse, als man herausholen konnte und so weiter. Der Diktator frisst keinen Igel. Das war ein Bild, das zog, und so musste man sich immer wieder angleichen.» Georg Thürer, *Gegen die nationalsozialistische Bedrohung – für die Selbstbehauptung einer demokratischen Schweiz. Rückblick 1933 bis 1949. Transkription des Kolloquiums im Archiv für Zeitgeschichte, ETH-Zürich, vom 28.6.2000*, o.O. 2001, S. 17. Das Tondokument dieses Kolloquiums mit Thürer findet sich im AfZ, TA Kolloquien FFAfZ/121.

213 Georg Thürer, *Eidgenössische Erinnerungen*, hg. v. Historischen Verein des Kantons St. Gallen, St. Gallen 1989, S. 19 (*Neujahrsblatt* 129).

214 Vgl. ebd.

215 Bekannte Beispiele für junge Gelehrte unter den Frontisten sind Werner Kägi und Emil Staiger. Kägi, engagiert in der Neuen, dann in der Nationalen Front, schrieb 1936/37 eine an die NS-Ideologie angelehnte Dissertation. Staiger, bis zu seiner Distanzierung 1935 Mitglied der Nationalen Front, hielt seine Probevorlesung vom 24. Juli 1933 über Hans Grimms völkisches Werk *Volk ohne Raum* und zitierte in seinem Aufsatz «Dichtung und Nation» im selben Jahr affirmativ aus *Mein Kampf*. Zu Staiger vgl. die Dissertation von Julian Schütt, *Germanistik und Politik. Schweizer Literaturwissenschaft in der Zeit des Nationalsozialismus*, Zürich 1997, S. 65. Zu Kägi vgl. Georg Kreis, «‹Verantwortliches Sein in Gemeinschaft›», in: NZZ, Nr. 255, 2.11.2013, S. 61.

216 So Thürer in seiner Bieler Maturitätsrede vom 21. September 1934. Georg Thürer, «Werden und Wesen der eidgenössischen Demokratie», in: ders., *Gemeinschaft im Staatsleben der Schweiz. Grundrisse, Betrachtungen, Mahnworte aus sieben Jahrzehnten. Gesammelt zum 90. Geburtstag des Autors*, Bern/Stuttgart/Wien 1998, S. 11–20, hier S. 14.

217 Vgl. ders., *Eidgenössische Erinnerungen*, S. 47.

218 Vgl. Walter Wolf, *Faschismus in der Schweiz. Die Geschichte der Frontenbewegung in der deutschen Schweiz, 1930–1945*, Zürich 1969, S. 98.

219 Thürer, *Eidgenössische Erinnerungen*, S. 49.

220 Ebd.

221 Werner Rings, *Schweiz im Krieg 1933–1945*, 9. Aufl., Zürich 1997, S. 132.
222 Meyer, *Anpassung oder Widerstand*, S. 84–87.
223 Baumbergers Wandbild findet sich wiederabgedruckt in Guido Magnaguagno/ Albert Lutz (Hg.), *Dreissiger Jahre Schweiz. Ein Jahrzehnt im Widerspruch. Kunsthaus Zürich. 30. Oktober 1981 bis 10. Januar*, Zürich 1981, S. 492 f.
224 Thürer, «Unsere Höhenstraße», S. 3.
225 Die folgenden Mundart-Zitate stammen aus Georg Thürer, «Im Name vum Härrgot», in: Karl Barth/Emil Brunner/Georg Thürer, *Im Namen Gottes des Allmächtigen 1291–1941*, Zürich o.J. [1941], S. 43–57 (*Kirche und Jugend. Beiträge zur evangelischen Jugendarbeit* 3).
226 Vgl. Rolf Löffler, «‹Zivilverteidigung› – die Entstehungsgeschichte des ‹roten Büchleins›», in: *Schweizerische Zeitschrift für Geschichte* 2, 2004, S. 173–187, hier S. 177.
227 Brief von Karl Schmid an Georg Thürer, 19.2.1963. Schmid, *Gesammelte Briefe*, Bd. 2, S. 762.
228 Ebd.
229 Ebd.
230 Vgl. die Publikation *Dienst und Dank. Ansprachen bei der Feier des 60. Geburtstags von Georg Thürer am 1. September 1968 in Amriswil*, Amriswil 1969.
231 Brief von Karl Schmid an Regine Schmid, 7.8.1968. Schmid, *Gesammelte Briefe*, Bd. 2, S. 997.
232 Brief von Karl Schmid an Bruno Mariacher, 1.9.1968. Ebd., S. 1010.
233 Brief von Karl Schmid an Regine Schmid, 5.9.1968. Ebd., S. 1013.
234 Brief von Karl Schmid an Jean Rudolf von Salis, 7.9.1968. Ebd., S. 1014.
235 Karl Schmid, «Haus und Heimat», in: *Dienst und Dank*, S. 37–44, hier S. 37.
236 Ebd., S. 41.
237 Brief von Karl Schmid an Georg Thürer, 15.6.1959. Schmid, *Gesammelte Briefe*, Bd. 1, S. 621.
238 Ebd.
239 Herausgabe des Zivilverteidigungsbuches (ZVB); chronologische Zusammenfassung der wichtigsten Vorgänge, 21.11.1969. BAR, E 4001 (D) 1976/136, Az. 09.47, Bd. 61, S. 15.
240 Francesca Höchner, «Zivilverteidigung – ein Normenbuch für die Schweiz», in: *Schweizerische Zeitschrift für Geschichte* 2, 2004, S. 188–203.
241 *Zivilverteidigung*, Aarau 1969, S. 267.
242 Georg Thürer, «Der Weg der Schweiz» [1964], in: ders., *Gemeinschaft im Staatsleben der Schweiz*, S. 182–192, S. 183.
243 Ebd.

244 Ebd., S. 186.
245 Vgl. etwa Thürers Bücher *Wesen und Würde der Mundart*, Zürich 1944; *Froh und fry. Schweizerdeutsche Gedichte in Glarner Mundart*, Strassburg/Basel 1985 (*Neue alemannische Mundartdichtung. Serie Schweiz* 1).
246 Thürer, «Der Weg der Schweiz», S. 186.
247 Vgl. «Ein Heidi-Brunnen zu Ehren Johanna Spyris», in: *Schweizerische Lehrerinnenzeitung*, Nr. 21/22, 15.8.1952, S. 295 f.
248 Thürer, «Der Weg der Schweiz», S. 187.
249 Ebd., S. 191.
250 Ebd., S. 185.
251 Viktor Parma/Oswald Sigg, *Die käufliche Schweiz. Für die Rückeroberung der Demokratie durch ihre Bürger*, München 2011, S. 59 f.
252 Vgl. Peter Vogelsanger, *Rede, und schweige nicht! Erinnerungen und Einsichten eines Pfarrers*, Zürich 1990, S. 302–305.
253 Vgl. Georg Kreis, *Kleine Neutralitätsgeschichte der Gegenwart. Ein Inventar zum neutralitätspolitischen Diskurs in der Schweiz seit 1943*, Bern/Stuttgart/Wien 2004, S. 127.
254 Markus Somm, *Christoph Blocher. Der konservative Revolutionär*, Herisau 2009, S. 122.
255 Vgl. Etters Lobesworte für den Künstler Bisa in Hans Schumacher u. a. (Hg.), *Der Bildhauer Josef Bisa*, Schwyz 1972, o. S. [S. 7 f.].
256 Georg Thürer, *Die Wende von Marignano. Eine Besinnung zur 450. Wiederkehr der Schicksalstage von Mitte September 1515*, hg. v. Komitee zur Würdigung der Schlacht von Marignano und ihrer Konsequenzen, Frauenfeld 1965, S. 57.
257 Ebd., S. 57 f.
258 Ebd., S. 58.
259 Christoph Blocher an Georg Thürer, 1.6.1977. Nachlass Georg Thürer, KBSG, VNL 20, B 3/3.
260 Somm, *Christoph Blocher*, S. 344.
261 Georg Thürer, «Zeitgenossen sein – Eidgenossen bleiben. Gedanken zum Wohin und Woher unseres Bundes», in: *Schweizer Journal* 5/6, Mai/Juni 1991, S. 21–23, hier S. 23.
262 Georg Thürer, «Unser Schweizer Standpunkt 1954», in: Neue Helvetische Gesellschaft Ortsgruppe Zürich (Hg.), *Unser Schweizer Standpunkt 1954/1914*, Zürich 1954, S. 33–48, S. 47.
263 Gruppe für Ausbildung im Auftrage des Eidgenössischen Militärdepartementes (Hg.), *Soldatenbuch. Auf Dich kommt es an!*, 2. Aufl., Bern 1959, S. 72.
264 Ebd.

265 Ebd., S. 73.
266 Ebd., S. 74.
267 Thürer, «Zeitgenossen sein – Eidgenossen bleiben», S. 21.
268 Ebd., S. 23.
269 Ebd.
270 Schmid, «Haus und Heimat», S. 41.
271 Vgl. Daniel Thürer, «Schweizerische Neutralität im Wandel», in: *Schweizer Journal* 4, April 1991, S. 22 f.
272 Zur Debatte vgl. Thürers Replik «Der bilaterale Weg – Polemik um ein Gutachten», in: NZZ, Nr. 36, 13.2.2013, S. 21; Blochers Duplik «Wir sitzen nicht im gleichen Boot», in: NZZ, Nr. 54, 6.3.2013, S. 23.
273 Christoph Blocher, *Durehebe – Nöd lugg laa gwünnt!*, Rede vom 18.1.2013, http://www.blocher.ch/uploads/media/Albisgu__etlirede2013.pdf, Stand: 3.2.2014.
274 Zur Gründungsgeschichte der 1952 erstmals erschienenen *Reformatio* unter Chefredaktor und Pfarrer Peter Vogelsanger und den Mitarbeitern der ersten Stunde, Peter Dürrenmatt, Werner Kägi, Albert Hauser und Rudolf Stickelberger, vgl. Peter Vogelsanger, *Mit Leib und Seele. Erlebnisse und Einsichten eines Pfarrers*, Zürich 1977, S. 224–230.
275 So eine Werbeanzeige in der NZZ, Nr. 1116, 21.5.1952, S. 12.
276 Kurt Marti, «Blocheriana» [2000], in: ders., *Notizen und Details 1964–2007*, S. 1227–1231, hier S. 1227.
277 Die Begriffe stammen aus dem *Wall Street Journal* vom 29.7.1992, der *Sonntags-Zeitung* vom 2.2.1992 und dem *Blick* vom 27.11.1992.
278 Andreas Blocher, *Mein Bruder Christoph. Ein Essay*, Zürich 1994, S. 16.
279 Ebd.
280 Fredy Hämmerli, «In der SVP wuchert der Spaltpilz», in: *Cash*, Nr. 6, 7.2.1992, S. 7.
281 Herbert Lüthy, «Die Disteln von 1940» [1973], in: ders., *Gesammelte Werke*, Bd. 4, S. 298–321, S. 304.
282 Vgl. Damir Skenderovic/Christina Späti, *Die 1968er-Jahre in der Schweiz. Aufbruch in Politik und Kultur*, Baden 2012.
283 Christoph Blocher, «Der Freiheit eine Gasse! Robert Nef als liberaler Kampfgefährte», in: Peter Ruch/Pierre Bessard/Daniel Eisele (Hg.), *Robert Nef – Kämpfer für die Freiheit. Hommage an einen bedeutenden Liberalen*, Luzern 2012, S. 19–21, S. 19.
284 «‹Es gibt keine Gemeinschaft auf gleichem Fuss. Überall braucht es einen, der führt, und andere, die sich unterordnen.› Der Unternehmer, Nationalrat und

Offizier Christoph Blocher im Gespräch mit Elisabeth Michel-Alder», in: *Tages-Anzeiger-Magazin*, Nr. 25, 25.6.1983, S. 35–41, hier S. 41.
285 E-Mail von Harro von Senger an d.V., 26.3.2013.
286 «Pragmatiker und Ideologen», in: NZZ, Nr. 419, 11.7.1969, S. 18.
287 Protokoll der Fortsetzung der ordentlichen Schluss-Sitzung des GStR im Sommersemester 1969, Votum Hardmeier, S. 5. Privatbestand Peter Wiesendanger.
288 Zum «zürcher student» Nr. 5, Nov. 68. Privatbestand Harro von Senger. Vgl. auch die spätere kritische Publikation: Anonyme Gruppe für zeitkritische Analysen (Hg.), *Der «Zürcher Student» im Fahrwasser der Linken. Analyse einer Studentenzeitung*, Zürich 1972.
289 Gemeint sind die «mindestens drei Studenten, die mit den Ideen der FSZ [Fortschrittlichen Studentenschaft Zürich; d. V.] sympathisierten oder ihnen zumindest Verständnis entgegenbrachten und ihnen vor allem in den Spalten der Zeitung viel Raum zur Verfügung stellten», erwähnt im Artikel «Die politische Passivität der studentischen Mehrheiten», in: NZZ, Nr. 228, 15.4.1969, S. 21.
290 Georg Kohler/Sepp Moser/Willi Wotreng, «Schwanengesänge», in: zs, Nr. 8, Februar 1969, S. 19.
291 Marina Bolzli, «Ein Reformer, aber kein Vordenker», in: *Berner Zeitung*, Nr. 304, 29.12.2005, S. 2.
292 Klaus E. Jochims, «Autoritäre und demokratische Universität», in: zs, Nr. 5, November 1968, S. 1 u. 11.
293 Ebd.
294 Ebd., S. 1.
295 Die folgenden Zitate stammen aus Harro von Sengers Artikel «Durch Pandemokratismus zur ‹Kritischen Universität›?», in: zs, Nr. 6, Dezember 1968, S. 7.
296 Christoph Blocher, «Mehr Vertrauen in den gesunden Menschenverstand», in: zs, Nr. 7, Januar 1969, S. 7.
297 Ebd. Die nachfolgenden Zitate stammen aus Blochers zs-Artikel.
298 «Grundsätze», in: *Studenten-Ring*, Nr. 1, 1971, S. 1.
299 Nicht von ungefähr schreibt selbst der bekennende Marxist Arnold Künzli in derselben zs-Nummer von einer Neuen Linken, die in einer tendenziösen Mischung aus Marxismus und Anarchismus, Psychoanalyse, Existenzialismus und Sozialwissenschaften «eine neue, zeitgemässere ‹Heilige Schrift›» entdeckt zu haben glaubt. Arnold Künzli, «Vernunft und Apokalypse», in: zs, Nr. 7, Januar 1969, S. 1.
300 Vgl. Franz Aebi, «Fritz Zwicky und die schweizerische Landesverteidigung», in: Roland Müller, *Fritz Zwicky. Leben und Werk des grossen Schweizer Astrophysikers, Raketenforschers und Morphologen (1898–1974)*, Glarus 1986, S. 323–338.

301 Zit. n. Norbert Frei, *1968. Jugendrevolte und globaler Protest*, München 2008, S. 9.
302 Hans Nef, «Gewalt und Gesetz. Rede des Rektors Prof. Dr. Hans Nef», in: Universität Zürich (Hg.), *Jahresbericht 1975/76*, S. 3–10, hier S. 10.
303 Dietrich Schindler, «Hans Nef zum Gedenken», in: NZZ, Nr. 7, 10.1.2000, S. 33.
304 Vgl. Thürer, *Eidgenössische Erinnerungen*, S. 48.
305 Hans Nef, «Professor Dietrich Schindler» [Nekrolog], in: Universität Zürich (Hg.), *Jahresbericht 1947/48*, S. 76–78, hier S. 78.
306 Ebd., S. 77.
307 Blocher, «Der Freiheit eine Gasse!», S. 19 f.
308 Ebd., S. 19.
309 «Das Wunder ist, daß in einem Fall wie dem der Knappheit eines Rohmaterials, ohne daß eine Anordnung ausgegeben wird, ohne daß mehr als vielleicht eine handvoll Menschen, deren Identität durch monatelange Untersuchung nicht festgestellt werden könnte, dazu geführt werden, das Material oder seine Produkte sparsamer zu verwenden; das heißt, sich in der angemessenen Richtung bewegen. […] Ich habe absichtlich das Wort ‹Wunder› gebraucht, um den Leser aus der Gleichgültigkeit herauszureißen, mit der wir oft das Wirken dieses Mechanismus als etwas Selbstverständliches hinnehmen.» Friedrich August von Hayek, «Die Verwertung des Wissens in der Gesellschaft» [1946], in: ders., *Individualismus und wirtschaftliche Ordnung*, Erlenbach-Zürich 1952, S. 103–121, hier S. 116.
310 «Lassen Sie mich daher zum Schluß zu dem am Beginn Gesagten zurückkehren: daß die grundsätzliche Einstellung des wahren Individualismus eine Demut gegenüber den Vorgängen ist, durch die die Menschheit Dinge erreicht hat, die von keinem Einzelnen geplant oder verstanden worden sind und in der Tat größer sind als der Einzelverstand.» Ders., «Wahrer und falscher Individualismus» [1945], in: ders., *Individualismus und wirtschaftliche Ordnung*, S. 9–48, hier S. 47.
311 Vgl. ders., «Why I Am Not a Conservative» [1960], in: Gerhard Schwarz/Michael Wohlgemuth (Hg.), *Das Ringen um die Freiheit. «Die Verfassung der Freiheit» nach 50 Jahren*, Zürich 2011, S. 197–214.
312 Ders., «Die Ursachen der ständigen Gefährdung der Freiheit» [1961], in: ders., *Gesammelte Schriften in deutscher Sprache*, Bd. 5, hg. v. Alfred Bosch/Reinhold Veit/Verena Veit-Bachmann, Tübingen 2002, S. 63–68, hier S. 65.
313 Blocher, «Der Freiheit eine Gasse!», S. 19.
314 Harro von Senger im Gespräch mit d. V., 15.3.2013.

315 Hans U. Rentsch, *Werner Oswald (1904–1979). Bürge der Treibstoffversorgung der Schweiz im Zweiten Weltkrieg*, hg. v. Verein für wirtschaftshistorische Studien, Zürich 1998, S. 9 (*Schweizer Pioniere der Wirtschaft und Technik* 43).

316 Karl Lüönd, *Erfolg als Auftrag. Ems-Chemie: Die Geschichte eines unmöglichen Unternehmens*, Bern 2011, S. 13.

317 Georg Kohler, «Die doppelte Schweizer Geschichte oder: Wie man souverän wird. Zur Diskussion über die Schweiz und das Dritte Reich», in: NZZ, Nr. 148, 30.6.1997, S. 19.

318 Ebd.

319 Rentsch, *Werner Oswald*, S. 13.

320 Ebd., S. 15.

321 Ebd., S. 11.

322 Fritz Hauswirth, «Pionier im Dienste des Autos. Werner Oswald – Bürge der Treibstoffversorgung im Zweiten Weltkrieg», in: *Automobil Revue*, Nr. 2, 6.1.1986, S. 55.

323 Vgl. Roman Schürmann, *Helvetische Jäger. Dramen und Skandale am Militärhimmel*, Zürich 2009, S. 78.

324 Monika Gisler, *Erdöl in der Schweiz. Eine kleine Kulturgeschichte*, hg. v. Verein für wirtschaftshistorische Studien, Zürich o.J. [2011].

325 Vgl. Christoph Schilling, *Blocher. Aufstieg und Mission eines Schweizer Politikers und Unternehmers*, Zürich 1994, S. 59f.

326 Vgl. Theo Haas, «US-Bomber ‹Liberator› abgestürzt», in: Hansruedi Berger (Hg.), *Grenzbesetzung in Graubünden 1939–1945*, Chur 1989, S. 131–133.

327 Vgl. Christiane Uhlig/Petra Barthelmess/Mario König/Peter Pfaffenroth/Bettina Zeugin, *Tarnung, Transfer, Transit. Die Schweiz als Drehscheibe verdeckter deutscher Operationen (1939–1952)*, Zürich 2001, S. 179–188 (*Veröffentlichungen der UEK* 9). Vgl. auch den Artikel von Lukas Straumann/Florian Schmaltz, «Dunkle Schatten über Ems», in: *SonntagsZeitung*, Nr. 34, 25.8.2002, S. 19.

328 Rentsch, *Werner Oswald*, S. 64f.

329 Martin Kreutzberg, «Wie man einen Konzern aufbaut», in: WoZ, Nr. 24, 14.6.2012, S. 7.

330 Lüthy, «11. November 1944», S. 393.

331 Christoph Blocher, «Dr. Werner Oswald zum Gedenken», in: NZZ, Nr. 58, 10./11.3.1979, S. 36.

332 «‹Es gibt keine Gemeinschaft auf gleichem Fuss.›», S. 37.

333 Andreas Strehle/Jürg Wildberger, «Die Emser Werke. Eine wirtschaftliche Grossmacht in Graubünden», in: *Tages-Anzeiger-Magazin*, Nr. 4, 9.2.1979, S. 14–19 u. 30. Mit einer Stellungnahme von Christoph Blocher auf S. 18.

334 Lüönd, *Erfolg als Auftrag*, S. 8.
335 Ulrich Beck, «Zurück in die Zukunft», in: *Der Spiegel*, Nr. 47, 22.11.1993, S. 56–61, hier S. 59.
336 Ders., «Der Konflikt der zwei Modernen», in: Wolfgang Zapf (Hg.), *Die Modernisierung moderner Gesellschaften. Verhandlungen des 25. Deutschen Soziologentages in Frankfurt am Main 1990*, Frankfurt am Main/New York 1991, S. 40–53, hier S. 50.
337 Brief von Christoph Blocher an d. V., 29.4.2013.
338 Zu den frontistischen Jugendjahren Werner Kägis vgl. Kreis, «Verantwortliches Sein in Gemeinschaft», S. 61.
339 Christoph Blocher, «Eidgenössisches. Friedensbewegungen: Im Aufbruch für den Frieden oder für den Krieg?», in: *Reformatio*, Nr. 9, 1982, S. 505–507, hier S. 505.
340 Ebd., S. 505 f.
341 *Der Traum vom Schlachten der heiligsten Kuh*, Roman Brodmann, CH 1987.
342 Der Sozialdemokrat Walter Renschler, ein Kontrahent Blochers im Vorfeld der UNO-Abstimmung 1986, erinnert sich: «Wir waren mehrmals mit – vor allem – Blocher zusammen. Und hier eine kleine Episode. Er hat mich also schon am Anfang aufs Ohr gelegt. Er hat nämlich bei den einleitenden Voten, die wir jeweils abgaben, hat er immer Dinge erzählt, die nicht gestimmt haben. Also beispielsweise hat er immer behauptet, der UNO-Beitritt kostet vier Milliarden Franken, was ja überhaupt nicht stimmte. Er kam auf die vier Milliarden, weil er behauptete, der UNO-Beitritt hat automatisch den Beitritt zu den Bretton-Woods-Institutionen […] zur Folge, und das kostet vier Milliarden. Was ja nicht gestimmt hat. Aber er hat auch noch anderes behauptet. Und ich habe dann die ersten zwei, drei Mal an diesen Veranstaltungen haben wir am Schluss dann gesagt, wenn wir ein Bier getrunken haben, aber du, hör doch mal auf mit diesen – jetzt sagst du das wieder, hm. Es stimmt doch einfach nicht! Ich kanns dir aber noch schicken, wenn dus nicht glaubst. Das nächste Mal kam das wieder, genau. Und da habe ich dann endlich gemerkt, was der Trick war. Der hat das extra gemacht, damit ich meine Zeit verwendete – statt positiv für den UNO-Beitritt mich äussern zu können – negativ in Abwehrposition seine Fehler korrigieren musste. Und er hat dann auch einmal am Abend noch nach der Veranstaltung gesagt, als ich ihm wieder da vorhalte: Ja, du hast mir das jetzt schon mehrmals gesagt, ich weiss es ja auch, dass es nicht stimmt, aber die Leute haben Freude daran.» Dr. Walter Renschler: Engagiert für eine solidarische Aussenpolitik – ein persönlicher Rückblick 1967–1994. Helmut Hubacher: Vier SP-Aussenminister, 7.7.1999. AfZ, TA Kolloquien FFAfZ/117, 45′39″–47′24″.

343 Vgl. Eric Hobsbawm/Terence Ranger (Hg.), *The Invention of Tradition*, Cambridge 1983.
344 Vgl. Guy P. Marchal/Aram Mattioli (Hg.), *Erfundene Schweiz. Konstruktionen nationaler Identität*, Zürich 1992.
345 Peter Bichsel, «Das Ende der Schweizer Unschuld», in: *Der Spiegel*, Nr. 1/2, 5.1.1981, S. 108f., hier S. 109.
346 Christoph Blocher, «Eidgenössisches. Gleichberechtigung – Recht auf Gleichheit?», in: *Reformatio*, Nr. 3, 1981, S. 192–194, hier S. 192.
347 Ebd., S. 193.
348 Ebd.
349 Ebd., S. 193f.
350 Ebd., S. 194.
351 Ebd.
352 Ebd.
353 Ebd.
354 Ebd.
355 Blocher, «Eidgenössisches. Friedensbewegungen», S. 505.
356 Ebd.
357 Somm, *Christoph Blocher*, S. 120.
358 Christoph Blocher, «Eidgenössisches. Gleichberechtigung», S. 193.
359 Ebd.
360 *Video uf de Gass*, Thomas Krempke/Werner Schweizer/Martin Witz, CH 1979, 15′01″–15′12″.
361 *Video uf de Gass*, 15′16″–15′26″.
362 *Video uf de Gass*, 15′27″–15′47″.
363 *Video uf de Gass*, 15′47″–15′51″.
364 Peter Bichsel, «Der Abschied von Links» [1982], in: ders., *Schulmeistereien*, Frankfurt am Main 1998, S. 172–176, S. 175.
365 Salcia Landmann, *Jugendunruhen. Ursachen und Folgen*, Flaach 1982, S. 7 (Schweizerzeit-*Schriftenreihe* 1).
366 Vgl. ebd., S. 43–45.
367 Jeanne Hersch, *Antithesen zu den «Thesen zu den Jugendunruhen» der Eidgenössischen Kommission für Jugendfragen*, Schaffhausen 1982, S. 45.
368 Ebd., S. 19.
369 Ebd.
370 «Von der Konfrontation zur Diskussion», in: NZZ, Nr. 226, 29.9.1980, S. 27.
371 Blocher, «Eidgenössisches. Friedensbewegungen», S. 506.

372 Ders., «Eidgenössisches. Des Schusters Leisten – Anmerkung zu ‹kirchlichen› Verlautbarungen zur Atomenergie», in: *Reformatio*, Nr. 3, 1982, S. 184–187, hier S. 186f.
373 Ders., «Eidgenössisches. Schwangerschaftsabbruch – jetzt föderalistisch?», in: *Reformatio*, Nr. 9, 1981, S. 513–515, hier S. 514.
374 Christoph Blocher, «Eidgenössisches. Ist es Zeit? – Fragen zur Revision des Ehe-Rechtes – wo bleiben die Theologen?», in: *Reformatio*, Nr. 3, 1983, S. 141–144, hier S. 144.
375 Ebd.
376 Ders., «Eidgenössisches. Des Schusters Leistens», S. 185.
377 Ebd., S. 187.
378 Ebd.
379 Ebd., S. 185.
380 Ders., «Eidgenössisches. Ist es Zeit?», S. 143.
381 Ebd.
382 Ebd.
383 Ebd.
384 Georg Kreis fasst nach seinen Forschungen über die Beziehungen der Schweiz mit Südafrika während des Apartheid-Regimes zusammen: «Ich muss als zentrales Ergebnis festhalten, dass diese Südafrikapolitik immer von einer stabilen parlamentarischen Mehrheit gedeckt wurde. Besonders deprimierend ist für mich, dass man auch nach dem Ende der Apartheid keine kritische Bilanz ziehen will.» «Die Löcher und die Lügen», in: WoZ, Nr. 44, 3.11.2005, S. 5. Vgl. auch den Schlussbericht von Georg Kreis, *Die Schweiz und Südafrika 1948–1994. Schlussbericht des im Auftrag des Bundesrates durchgeführten NFP 42+*, Bern/Stuttgart/Wien 2005.
385 AB 1988 NR, S. 310f. Die Rede wurde auch abgedruckt im Bulletin der Arbeitsgruppe südliches Afrika: Christoph Blocher, «Südafrika-Sanktionen: Was wären die Folgen?», in: *asa-Bulletin*, Nr. 4, 12.4.1988, S. 1f.
386 Zur Dekadenzgeschichte des Freisinns vgl. Georg Kohler, «Über den Freisinn – eine Dekadenzgeschichte. Erklärungen für den Niedergang der FDP und Vorschläge für einen Neuanfang», in: NZZ, Nr. 207, 7.9.2007, S. 66.
387 Peter Niggli/Jürg Frischknecht, *Rechte Seilschaften. Wie die «unheimlichen Patrioten» den Zusammenbruch des Kommunismus meisterten*, Zürich 1998, S. 103.
388 Vgl. Alois Riklin, «Isolierte Schweiz. Eine europa- und innenpolitische Lagebeurteilung», in: *Schweizerische Zeitschrift für Politische Wissenschaft* 2/3, 1995, S. 11–34, hier S. 22 (*Sonderheft: Aussenpolitik und Interdependenz*).
389 Zit. n. ebd.

390 Urs Paul Engeler, «Mit 76 Jahren ziehen sie in die Schlacht ihres Lebens», in: *Die Weltwoche*, Nr. 46, 12.11.1992, S. 41 u. 43, hier S. 41.
391 Niggli/Frischknecht, *Rechte Seilschaften*, S. 91.
392 Engeler, «Mit 76 Jahren ziehen sie in die Schlacht ihres Lebens», S. 41. Die nachfolgenden Zitate stammen aus Engelers Artikel.
393 Vgl. Alex Baur, «Wenn der Wind dreht», in: *Die Weltwoche*, Nr. 4, 24.1.2007, S. 40–44.
394 Die nachfolgenden Zitate stammen aus Frischknecht/Haffner/Haldimann, *Die unheimlichen Patrioten*, S. 1.
395 Zit. n. Komitee Schluss mit dem Schnüffelstaat Schweiz (Hg.), *Schnüffelstaat Schweiz. Hundert Jahre sind genug*, Zürich 1990, S. 198.
396 Ebd.
397 Zit. n. Niggli/Frischknecht, *Rechte Seilschaften*, S. 20.
398 Vgl. aus der WoZ-Serie «Die Schweiz im Zweiten Weltkrieg» z.B. die Artikel Markus Heiniger, «Produktionsoase des Dritten Reiches», in: WoZ, Nr. 33, 18.9.1989, S. 4f.; Flurin Condrau, «Die ganz ‹normalen› Wirtschaftsbeziehungen mit Nazideutschland, zum Beispiel: Zigarrenfabrik ‹Villiger Söhne A.-G.›», in: WoZ, Nr. 38, 22.9.1989, S. 4f.; Gian Trepp, «Sündenbock aus Staatsräson», in: WoZ, Nr. 34, 25.9.1989, S. 4f.; Jakob Tanner, «Der Gotthardgranit und der General», in: WoZ, Nr. 35, 1.9.1989, S. 20f.
399 «Abtreten für Oberst Blocher», in: *Blick*, Nr. 31, 7.2.1992, S. 1.
400 *Christoph Blocher – Kein Heimatmüder*, Roland Huber, CH 1995, 10´55˝–11´36˝.
401 Blocher, «Wo kein Wille, ist auch kein Weg», S. 31.
402 Ebd., S. 29.
403 Ebd.
404 Zit. n. Niggli/Frischknecht, *Rechte Seilschaften*, S. 63.
405 Zit. n. ebd.
406 Zit. n. ebd., S. 54.
407 Zit. n. ebd.
408 Christoph Blocher, *Zeit ohne Richtung? Orientierungslosigkeit als Merkmal von Politik und Gesellschaft der Gegenwart*, Flaach 1991, S. 32 (Schweizerzeit-Schriftenreihe 8).
409 Ebd., S. 12.
410 Ebd., S. 13.
411 Ebd., S. 17.
412 Christoph Blocher, *EWR. Der falsche Weg für die Schweiz*, zusammengestellt und bearbeitet v. Wolf Mettler, o.O. o.J. [1992], S. 3.
413 Ebd.

414 Blocher, *Zeit ohne Richtung?*, S. 44.
415 So die NZZ vom 3.7.1992.
416 Robert Naef, «Peter Bichsel, sind Sie auch heimatmüde?», in: *Schweizer Illustrierte*, Nr. 42, 16.10.1995, S. 102–107, hier S. 105.
417 Ebd., S. 104.
418 Rolf Thalmann (Hg.), *So nicht! Umstrittene Plakate in der Schweiz 1883–2009*, Baden 2009, S. 198.
419 Christoph Blocher, *Die sieben Geheimnisse der SVP (streng vertraulich)*, Rede vom 21.1.2000, http://www.blocher.ch/uploads/media/000121albis.pdf, Stand: 13.5.2013, S. 6.
420 Rolf Wespe, «Satan à Fribourg!!!», in: *Tages-Anzeiger*, Nr. 278, 28.11.1992, S. 9.
421 Andreas Blocher, *Der hölzerne Himmel. Abschied vom schweizerischen Lebensplan*, Frauenfeld 2000, S. 115.
422 Zit. n. Paul Widmer, *Die Schweiz als Sonderfall*, Zürich 2008, S. 13.
423 Roger Köppel, «Wir 1992er», in: *Die Weltwoche*, Nr. 48, 28.11.2012, S. 50.
424 Martin Beglinger, «Das letzte Gefecht», in: *Facts*, Nr. 10, 6.3.1997, S. 24–26, hier S. 25.
425 Thomas Buomberger, «Blochers Vorläufer», in: *Basler Zeitung Magazin*, Nr. 32, 9.8.2003, S. 6. Kurz darauf publizierte Buomberger seine Thesen in Buchform: *Kampf gegen unerwünschte Fremde. Von James Schwarzenbach bis Christoph Blocher*, Zürich 2004.
426 Auf Anfrage antwortet Christoph Blochers Sekretariat, E-Mail vom 7.9.2012: «Herr Dr. Blocher hat sich damals eventuell dagegen ausgesprochen – er ist sich nicht mehr sicher –[,] weil sich der Bundesrat mit seinem Gegenvorschlag für eine kontrollierte Einwanderung ausgesprochen hatte.»
427 Buomberger, «Blochers Vorläufer», S. 6.
428 Thürer, «Zeitgenossen sein – Eidgenossen bleiben», S. 23.
429 Fredy Gsteiger, *Blocher. Ein unschweizerisches Phänomen*, Zürich 2002.
430 Sybille Oetliker/Philipp Löpfe, «‹Blocher ist nicht heimatmüde, sondern heimatfremd›», in: *Cash*, Nr. 30, 28.7.1995, S. 34.
431 Andreas Iten, *Blochers Populismus + Widerspruch. Über den Wahrheitsgehalt der Albisgüetlirede '99*, Zürich 1999, S. 7.
432 Ebd., S. 8.
433 Ebd., S. 7.
434 Vgl. ebd., S. 26–44.
435 Niggli/Frischknecht, *Rechte Seilschaften*, S. 57.
436 Jürg Frischknecht, *«Schweiz, wir kommen». Die neuen Fröntler und Rassisten*, Zürich 1991, S. 259.

437 Ebd., S. 258.
438 Ebd., S. 135.
439 Vgl. ebd., S. 257.
440 Hanspeter Kriesi/Romain Lachat/Peter Selb/Simon Bornschier/Marc Helbling (Hg.), *Der Aufstieg der SVP. Acht Kantone im Vergleich*, Zürich 2005, S. 270.
441 Ebd., S. 257.
442 Ebd.
443 Ebd.
444 Christoph Blocher, *Wird die Schweiz an die EU verraten?*, Rede vom 4.9.2010, http://www.blocher.ch/uploads/media/wird_die_schweiz_an_die_eu_verraten_040910_01.pdf, Stand: 13.5.2013, S. 9.
445 Vgl. etwa Rudolf Strahm, *Europa-Entscheid*, Zürich 1992; Peter Bodenmann, «Der Alleingang stirbt», in: *Die Weltwoche*, Nr. 48, 28.11.2012, S. 34–38. Silvan Lipp nennt als hauptsächliche Gründe für das EWR-Nein die Verknüpfung der Vorlage mit dem EG-Beitritt, wie sie der Bundesrat andachte, sowie die schlechte Wirtschaftslage und die damit verbundene Angst der Bevölkerung vor Arbeitsverlust. Vgl. Silvan Lipp, *Standort Schweiz im Umbruch. Etappen der Wirtschaftspolitik im Zeichen der Wettbewerbsfähigkeit*, Zürich 2012, S. 110.
446 Blocher, *Wird die Schweiz an die EU verraten?*, S. 10.
447 Georg Kohler wählt den Begriff im Jahr 2010 und nennt die «Blocher-Schweiz» als Gegenbewegung: «Kulturkampf um die Neubestimmung des Landes ..., das klingt dramatisch und pathetisch und für jemanden, der versucht, so unaufgeregt wie möglich zu bleiben, ziemlich schrill. Trotzdem beharre ich auf der Diagnose, und zwar aus zwei Gründen. Erstens, weil die Schweiz, wie gesagt, seit bald zwanzig Jahren nicht mehr genau wissen kann, was sie eigentlich ausmacht. Und zweitens, weil seit eben diesem Zeitpunkt jene mächtige Bewegung entstanden und gewachsen ist, die trotz allem sehr präzise zu wissen glaubt, was die Schweiz ist und wie man sie zu definieren hat. Nämlich genau so, wie sie im Streit um die Geschichte des letzten Jahrhunderts den Schweizkritikern erschienen ist: neutral als flinker Kleinstaat unter den Grossen. So weit entfernt von transnationalen Verpflichtungen wie irgend möglich. Immer noch getragen von den Werten der ‹geistigen Landesverteidigung›. Wirtschaftlich erfolgreich und misstrauisch gegenüber allen mentalitätsprägenden und sozialethischen Entwicklungen, die sich irgendwie auf ‹68› beziehen lassen – heissen sie Tagesschulen für alleinerziehende Mütter, Fairnessregeln für kommunale Einbürgerungen oder wohlfahrtsstaatlich garantierte Lebensstandards, die sich nicht an untersten Subsistenzminima bemessen und aufgrund völkerrechtlicher Verträge besonders heftig von

den eingewanderten Fremden beansprucht und missbraucht werden ...» Kohler, *Bürgertugend und Willensnation*, S. 89.

448 Von Matt, «Die Schweiz zwischen Ursprung und Fortschritt», S. 56.

449 Vgl. Karl Popper, «Zum Thema Freiheit», in: ders., *Alles Leben ist Problemlösen. Über Erkenntnis, Geschichte und Politik*, München/Zürich 1994, S. 155–172. Zwar sagt Popper in dem von der *Weltwoche* zitierten Referat unter anderem: «Es ist wohl am wahrscheinlichsten, daß diese Menschen [die Besiedler der österreichischen, schweizerischen und französischen Hochalpen; d. V.] in das Gebirge zogen, weil sie das ungewisse Dasein in der Wildnis der Unterjochung durch mächtigere Nachbarn vorzogen.» Ebd., S. 155. Und: «Die Schweizer Demokratie entstand nicht aus dem Stolz, dem Unabhängigkeitssinn und dem Individualismus eines Hochadels, sondern aus dem Stolz, dem Unabhängigkeitssinn und dem Individualismus von Hochgebirgsbauern.» Ebd., S. 156. Und sogar: «In der Schweiz war es [...] nur die traditionelle Entschlossenheit zu kämpfen – auch gegen einen zweifellos übermächtigen Gegner, wie es zuerst die Habsburger und später das Dritte Reich war –, die den Schweizern ihre Unabhängigkeit während des Zweiten Weltkrieges bewahrte.» Ebd., S. 157. Zu Beginn des zweiten Teils seines Vortrags sagt Popper allerdings: «Ich fürchte, dass ich verleitet wurde – verleitet durch die herrliche Umgebung unseres lieben Alpbach, durch dieses wunderbare Zusammenspiel von Natur und Menschenhand, von Heimatliebe und menschlichem Fleiß –, meine einleitenden Worte ein wenig sentimental und romantisch zu gestalten, und ich fühle mich daher verpflichtet, diese sentimentalen und romantischen Einleitungsworte sofort durch eine zweite Einleitung zu neutralisieren, in der ich mich gegen Romantik wende – und insbesondere gegen die Romantik in der Philosophie.» Ebd., S. 157f.

450 «Bleibt die Schweiz? Vielleicht nicht», in: *Die Weltwoche*, Nr. 30, 31.12.2012, S. 42–47, hier S. 42.

451 Markus Somm, «Vier Jahre Obama, vier Jahre Tränen», in: *Basler Zeitung*, Nr. 306, 8.11.2012, S. 3.

452 Die wohl gegensätzlichsten Positionen in der Swissness-Debatte vertreten der Journalist Philipp Gut und der Historiker Jakob Tanner. Letzterer sieht in der Swissness vor allem eine Marke in der globalen Erlebnisgesellschaft, während Gut das Phänomen als Neuaufkommen eines nationalstaatlichen Bewusstseins versteht. Vgl. Jakob Tanner, «Switzerland for sale. Aufstieg und Niedergang eines nationalen Geschäftsmodells», in: Julie Paucker/Peer Teuwsen (Hg.), *Wohin treibt die Schweiz? Zehn Ideen für eine bessere Zukunft*, München 2011, S. 11–37; Jakob Tanner, «Das neue Wohlbehagen im Kleinstaat», in: *Tages-*

Anzeiger, Nr. 279, 30.11.2007, S. 53; Philipp Gut, «Avancen an den Zeitgeist», in: *Die Weltwoche*, Nr. 49, 5.12.2007, S. 12 f.

453 Martin Breitenstein, «Zeit der Schweizerzeit», in: *Basler Zeitung*, Nr. 273, 13.11.2013, S. 9.

454 *Christoph Blocher – Kein Heimatmüder*, Roland Huber, CH 1995, 20′02″–20′27″.

455 *Berg und Geist. Christoph Blocher – Der Politiker und Unternehmer auf dem Faulhorn*, Beat Kuert/Michael Lang, CH 2009, 9′43″–10′14″.

456 Thomas Zaugg, «Mensch Blocher», in: *Das Magazin*, Nr. 48, 29.11.2008, S. 10–30, hier S. 25 f.

457 Karl Schmid, «Die Schweiz vor der europäischen Wirklichkeit» [1968], in: ders., *Gesammelte Werke*, Bd. 5, S. 191–204, hier S. 198.

458 Vgl. Werner Bätzings Nachruf auf Emil Egli in *Geographica Helvetica* 2, 1993, S. 104 f.

459 Karl Gotthilf Kachler/Martin Meyer/Georg Thürer, «Zum Geleit», in: Emil Egli, *Mensch und Landschaft. Kulturgeographische Aufsätze und Reden*, hg. v. Karl Gotthilf Kachler/Martin Meyer/Georg Thürer, Zürich/München 1975, S. VII–XVI, hier S. XIV.

460 Emil Egli, «Erdbild als Schicksal. Von den natürlichen Fundamenten des Kleinstaats» [1945], in: ders., *Erdbild als Schicksal. Aus Raum und Leben des Kleinstaates*, Zürich 1959, S. 10–34, S. 10. «Gedanken und Belege zu diesem Aufsatz wurden erstmals für einen Vortrag in der Neuen Helvetischen Gesellschaft Zürich am 11. Mai 1945 gesammelt», schreibt Egli. Ebd., S. 244.

461 Ders., *Die Schweiz. Eine Landeskunde*, Bern 1947, S. 5.

462 Ders., «Erdbild als Schicksal», S. 10.

463 Ebd., S. 11 f.

464 Vgl. Peter Stadler, *Epochen der Schweizergeschichte*, Zürich 2003, S. 315; Dürrenmatt, *Sonderfall oder Endstation*, S. 79 u. 104.

465 Egli, «Erdbild als Schicksal», S. 24.

466 «Großstaat- und Kleinstaatdenken ist durch die Landschaft mitbedingt.» Ebd., S. 17.

467 Ebd., S. 21.

468 Ebd., S. 34.

469 Ebd., S. 21.

470 Ebd., S. 19.

471 Ebd., S. 25.

472 Ebd., S. 10.

473 Egli, «Das Schweizervolk. Eine Gesamtschau seiner ethischen Eigenart» [1939], in: ders., *Erdbild als Schicksal*, S. 50–59, hier S. 56.

474 Georg Kreis, «Der ‹homo alpinus helveticus›. Zum schweizerischen Rassendiskurs der 30er Jahre», in: Marchal/Mattioli (Hg.), *Erfundene Schweiz*, S. 175–190.
475 Egli, «Erdbild als Schicksal», S. 13.
476 Ebd., S. 12.
477 Ebd., S. 243.
478 Ders., «Die Naturbedingtheit der Stadt Zürich» [1953], in: ders., *Erdbild als Schicksal*, S. 215–231, hier S. 230.
479 Ebd.
480 Vgl. ders., «Der Flugplatz im Landschaftsbild» [1953], in: ders., *Erdbild als Schicksal*, S. 232–240.
481 Brief von Karl Schmid an Emil Egli, 24.1.1972. Schmid, *Gesammelte Briefe*, Bd. 2, S. 1179f.
482 Karl Schmid, «Schillers Tell, unser Tell» [1939], in: ders., *Gesammelte Werke*, Bd. 1, S. 45–51, hier S. 45.
483 Ebd., S. 46.
484 Ebd.
485 Ebd., S. 49.
486 Ebd., S. 48.
487 Ebd.
488 Vgl. Curt Riess, *Das Schauspielhaus Zürich. Sein oder Nichtsein eines ungewöhnlichen Theaters*, München/Wien 1988, S. 155–158.
489 Vgl. «Briefe an die NZZ. Im Banne unserer Geschichte. Adolph Schmidt (Wädenswil)», in: NZZ, Nr. 157, 10.7.1998, S. 46.
490 Schmid, «Schillers Tell, unser Tell», S. 47.
491 Peter von Matt, «Lehrer, Denker, Zeitgenosse», in: *Karl Schmid – ein Schweizer Citoyen*, Juli 2013, S. 10–13, hier S. 10 (*Schweizer Monat Sonderthema* 11).
492 Brief von Karl Schmid an Heinrich Burkhardt/Bruno Mariacher/Adolf Vogt, 22.1.1966. Schmid, *Gesammelte Briefe*, Bd. 2, S. 884.
493 Ebd.
494 Schmid, «Schillers Tell, unser Tell», S. 50.
495 Ebd., S. 51.
496 Karl Schmid, «Die Schweiz vor der europäischen Wirklichkeit» [1968], in: ders., *Gesammelte Werke*, Bd. 5, S. 191–204, hier S. 197.
497 Ebd., S. 198.
498 Zu Karl Schmids Rolle als Literaturwissenschaftler in der geistigen Landesverteidigung vgl. Peter Michael Keller, «Karl Schmid, das Cabaret Cornichon und die Geistige Landesverteidigung», in: Bruno Meier (Hg.), *Das Unbehagen im*

Kleinstaat Schweiz. Der Germanist und politische Denker Karl Schmid (1907–1974), Zürich 2007, S. 62–73.
499 Von Matt, «Lehrer, Denker, Zeitgenosse», S. 10.
500 Ebd., S. 12.
501 Wolf Mettler, *«Liebi Fraue und Manne …» Christoph Blocher – ein Lebensbild von Wolf Mettler*, Schaffhausen 1999, S. 25.
502 Ebd.
503 Christoph Blocher, «Das Leiden der Eliten», in: *Schweizerzeit*, Nr. 5, 5.3.2010, S. 6.
504 Vgl. Georg Kohler, «Land ohne Grösse», in: *Karl Schmid – ein Schweizer Citoyen*, Juli 2013, S. 14–17 (*Schweizer Monat Sonderthema* 11).
505 Von Matt, «Lehrer, Denker, Zeitgenosse», S. 10.
506 Ebd., S. 13.
507 Markus Schneider, «Angreifen, angreifen, angreifen», in: *Die Weltwoche*, Nr. 39, 26.9.2002. S. 36–41, hier S. 41.
508 Iwan Städler, «Blocher liebäugelt mit Initiative gegen Berufsparlamentarier», in: *Tages-Anzeiger*, Nr. 230, 3.10.2012, S. 5.
509 Martin Beglinger, «Kenne deinen Gegner!», in: *Das Magazin*, Nr. 48, 1.12.2007, S. 20–29, hier S. 24.
510 Günter Poser, «Koordinaten schwarzafrikanischer Mentalität», in: *asa-Bulletin*, Nr. 43, 26.8.1985, S. 1–3.
511 Zum Beispiel im *asa-Bulletin*, Nr. 43, 26.8.1985, S. 1.
512 Poser, «Koordinaten schwarzafrikanischer Mentalität», S. 2.
513 Ebd., S. 3.
514 Ebd.
515 Christoph Blocher, «Zur Einführung», in: Arbeitsgruppe südliches Afrika (Hg.), *Südafrika im Brennpunkt V. Referate des 5. Südafrika-Seminars der Arbeitsgruppe südliches Afrika (asa). 23./34. September 1988 in Egerkingen/SO*, April 1989, S. 3–6.
516 Günter Poser, «Afrika denkt anders», in: Arbeitsgruppe südliches Afrika (Hg.), *Südafrika im Brennpunkt V*, S. 7–22.
517 Henry Habegger/Beat Kraushaar, «Christoph Blocher und der schwarze Mann», in: *SonntagsBlick*, Nr. 46, 18.11.2001, S. 7.
518 Hans Letsch, «Bürgerliche Politik – wohin?», in: *Schweizerzeit*, Nr. 16, 29.9.1995, S. 1 f., hier S. 1.
519 Ebd.
520 Hans Letsch, «Ehre, wem Ehre gebührt», in: *Schweizerzeit*, Nr. 14, 25.8.1995, S. 4.
521 Ebd.

522 Dürrenmatt, «Selbstverantwortliche Gesellschaft und Staat», S. 12.
523 Blocher, «Dr. Werner Oswald zum Gedenken» [Nachruf], S. 36.
524 Letsch, «Ehre, wem Ehre gebührt», S. 4.
525 Robert Holzach, *Kann unsere Zeit auf eine Elite verzichten?*, Weinfelden 1980, S. 28 (*Wolfsbergschriften* 5).
526 Ders., «Gedanken zur Unternehmensführung», in: NZZ, Nr. 122, 29.5.1990, S. 83 f., hier S. 83.
527 Ebd.
528 Beispiele dafür sind Blochers Auftritte *Die Schweiz und der Zweite Weltkrieg. Eine Klarstellung*, Rede vom 1.3.1997, http://www.blocher.ch/uploads/media/970301klarstellung.pdf, Stand: 9.5.2013; im Albisgüetli *Die Schweiz im Jubiläumsjahr 1998*, Rede vom 16.1.1998, http://www.blocher.ch/uploads/media/980116albis.pdf, Stand: 9.5.2013.
529 Vgl. Gsteiger, *Blocher*, S. 41.
530 Vgl. Matthias Ackeret, *Das Blocher-Prinzip. Ein Führungsbuch*, Schaffhausen 2007.
531 Judith Giovannelli-Blocher, *Der rote Faden. Die Geschichte meines Lebens*, München 2012, S. 12.
532 Für diese Interpretation vgl. die Rezension von Andreas Strehle, «Der schmale Weg in der Familie Blocher», in: *Tages-Anzeiger*, Nr. 71, 24.3.2012, S. 33.
533 Giovannelli-Blocher, *Der rote Faden*, S. 12.
534 Ebd., S. 15.
535 Blocher, *Mein Bruder Christoph*, S. 12.
536 Ebd., S. 17.
537 Ebd., S. 14.
538 Ebd., S. 12.
539 Giovannelli-Blocher, *Der rote Faden*, S. 18.
540 Ebd., S. 19.
541 Blocher, *Mein Bruder Christoph*, S. 17.
542 Ebd.
543 Ebd.
544 Auch Jean Ziegler entdeckte mit einigem Erstaunen die theologische Seite seines alten politischen Kontrahenten: «Als Fernsehmoderator Patrick Rohr im Frühjahr 2010 die beiden Haudegen zu einem Streitgespräch in die Sendung Baz-Standpunkte einlud, blieben sie einander bei ihrem harten Schlagabtausch nichts schuldig. Blocher zeigte sich hingegen im Vorgespräch mit Rohr erfreut, ‹endlich wieder einmal einem ebenbürtigen Gesprächspartner gegenüberzustehen›. Nach der Sendung bot Blocher Ziegler an, ihn in seinem Auto vom Chauf-

feur an den Bahnhof zu fahren. Auf der Fahrt von Oerlikon in die Stadt diskutierten sie sehr angeregt über eine theologische Frage. Ziegler hatte in der Sendung den französischen Schriftsteller Georges Bernanos zitiert, der schrieb: ‹Gott hat keine anderen Hände als die unseren.› Blocher war darüber sehr aufgebracht. ‹So etwas darf man doch nicht sagen, Gott ist allmächtig, er braucht uns nicht.›» Jürg Wegelin, *Jean Ziegler. Das Leben eines Rebellen*, München 2011, S. 139 f.

545 Blocher, *Mein Bruder Christoph*, S. 37.
546 «‹Es gibt keine Gemeinschaft auf gleichem Fuss.›», S. 35.
547 Ebd.
548 Ebd.
549 Blocher, «Eidgenössisches. Gleichberechtigung», S. 192–194.
550 Vgl. ders., «Eidgenössisches. Ist es Zeit?», S. 143.
551 *Zwei Tage im Dezember. Ein Stimmungsbild*, Roland Huber, CH 2003, 10´12˝–10´20˝.
552 *Zwei Tage im Dezember. Ein Stimmungsbild*, Roland Huber, CH 2003, 10´24˝–10´34˝.
553 Vgl. Zaugg, «Mensch Blocher», S. 16.
554 Blocher, *Mein Bruder Christoph*, S. 18.
555 Christoph Blocher im Gespräch mit d. V., 26.4.2013.
556 Vgl. Blocher, «Eidgenössisches. Schwangerschaftsabbruch», S. 515.
557 Am 9. März 1981 sagt Christoph Blocher im Nationalrat: «Noch ein Wort an die Nichtkatholiken in diesem Saale: Es ist häufig zu hören, für die Katholiken sei es selbstverständlich, dass man sich gegen eine liberalere Abtreibungspraxis wehren müsse; der Protestant sei eben hier freier. Oder man glaubt, es sei eine Angelegenheit der Frauen zu bestimmen, wie der Schutz des ungeborenen Lebens in unserem Strafgesetzbuch geregelt werde. Beides ist meines Erachtens verfehlt. Der Protestant Karl Barth, ein calvinistischer Theologe, der – meine Damen und Herren von der Sozialdemokratischen Partei, die Sie ja eine liberale Lösung wollen, bestimmt kein Mitglied der Schweizerischen Volkspartei war –, schreibt in seiner Dogmatik zur Abtreibung: ‹Die Haltung der römischen Kirche ist zweifellos eindrucksvoll im Kontrast zu der furchtbaren Verlotterung, man könnte wohl sagen zum heimlichen und offenen Massenmord, der in der Neuzeit auf diesem Gebiet gerade inmitten der sogenannten Kulturvölker in Schwung gekommen ist und zur Gewohnheit geworden ist.› Die Forderung, auch das ungeborene Leben durch eine Rechtsordnung zu schützen, ist ein christliches und nicht nur ein katholisches Gebot, ebensosehr ein protestanti-

sches und ebensosehr eines der Frau wie des Mannes. Wir haben es heute noch in der Hand, dies zu tun. Darum empfehle ich Ihnen, Nichteintreten zu beschliessen. Damit ist auch gesagt, dass wir eintreten werden auf das Bundesgesetz über Schwangerschaftsberatungsstellen, denn das soll ohnehin gutgeheissen werden.» AB 1981 NR, S. 133 f.
558 Vgl. Zaugg, «Mensch Blocher», S. 16.
559 Gerhard Blocher, «Karl Barth – ein Zeitgenosse?», in: *Kirchenblatt für die reformierte Schweiz*, Nr. 17, 29.8.1963, S. 258–260.
560 Gerhard Blocher, «Die geistige Situation des Soldaten im Dienst», in: *Allgemeine schweizerische Militärzeitschrift* 1, 1977, S. 11 f., hier S. 11.
561 Ebd.
562 Ebd.
563 Ebd.
564 Ebd.
565 Ebd.
566 Ebd.
567 Ebd.
568 Ebd., S. 11 f.
569 Ebd., S. 12.
570 Ders., «Kirche in Verwirrung. Zu den heutigen Versuchen, eine zeitgemäße Form zu finden», in: NZZ, Nr. 516, 24.9.1969, S. 21 f., hier S. 22.
571 Ebd., S. 21.
572 Ebd., S. 22.
573 Ebd.
574 Vgl. Eberhard Busch, *Karl Barths Lebenslauf. Nach seinen Briefen und autobiographischen Texten*, Zürich 2005, S. 93–122.
575 Brief von Karl Barth an Eduard Thurneysen, 27.9.1917. Karl Barth, *Karl Barth – Eduard Thurneysen. Briefwechsel*, 3 Bde., Bd. 1: *1913–1921*, hg. v. Eduard Thurneysen, Zürich 1973, S. 236 (*Karl Barth-Gesamtausgabe* 3).
576 Ebd.
577 Blocher, «Kirche in Verwirrung», S. 21.
578 Ebd.
579 Ebd.
580 Karl Barth, «Eine Frage und eine Bitte an die Protestanten in Frankreich» [1940], in: ders., *Eine Schweizer Stimme. 1938–1945*, Zollikon-Zürich 1945, S. 147–156, hier S. 150.
581 Blocher, «Kirche in Verwirrung», S. 22.

582 Gerhard Blocher, «Ökologischer Auftrag in der Bibel?», in: NZZ, Nr. 56, 8.3.1988, S. 67.
583 Ebd.
584 Blocher, «Kirche in Verwirrung», S. 21.
585 Ebd.
586 Ebd., S. 22.
587 Ebd.
588 Vgl. Martin Beglinger, «Bruder Blocher», in: *Das Magazin*, Nr. 16, 18.4.1998, S. 40–48, hier S. 45.
589 Gerhard Blocher, *Gottes Lachen im Leichenzug der «Kirche». Die Bekehrung Gottes und die Heitere Wendung der Kirche*, Schaffhausen 1998, S. 16.
590 Vgl. Beglinger, «Bruder Blocher», S. 46.
591 Vgl. Blocher, *Gottes Lachen im Leichenzug der «Kirche»*, S. 19–29.
592 Ebd., S. 16.
593 Ebd., S. 20.
594 Werner Gysel, «Nur ein heiterer Gott?», in: NZZ, Nr. 156, 9.7.1999, S. 16.
595 Blocher, *Gottes Lachen im Leichenzug der «Kirche»*, S. 107–131.
596 Ebd., S. 16.
597 Ebd., S. 15.
598 Ebd., S. 107.
599 Ebd., S. 105.
600 Ebd., S. 80.
601 Vgl. Beglinger, «Bruder Blocher», S. 48.
602 Gerhard Blocher, *Von der Schönheit der Volkskirche. Eine Festschrift*, hg. v. evangelisch-reformierten Kirchenrat des Kantons Schaffhausen, Schaffhausen 1989, S. 33.
603 Ebd.
604 «Flawiler Pfarrer suspendiert», in: NZZ, Nr. 136, 13.6.1977, S. 14.
605 «Eine Pfarrerabberufung in St. Gallen», in: NZZ, Nr. 108, 10.5.1977, S. 37.
606 Blocher, *Gottes Lachen im Leichenzug der «Kirche»*, S. 105.
607 Ebd., S. 105 f.
608 Ebd., S. 22.
609 Schmid, «Schillers Tell, unser Tell», S. 51.

ABKÜRZUNGSVERZEICHNIS

AB	Amtliches Bulletin der Bundesversammlung
a. D.	ausser Dienst
AfZ	Archiv für Zeitgeschichte, ETH Zürich
AUNS	Aktion für eine unabhängige und neutrale Schweiz
asa	Arbeitsgruppe südliches Afrika
BAR	Schweizerisches Bundesarchiv, Bern
BBl	Bundesblatt
BGB	Bauern-, Gewerbe- und Bürgerpartei
CVP	Christlichdemokratische Volkspartei
d. V.	der Verfasser
EG	Europäische Gemeinschaft
ETH	Eidgenössische Technische Hochschule, Zürich
EU	Europäische Union
EWR	Europäischer Wirtschaftsraum
FDP	Freisinnig-Demokratische Partei
FSZ	Fortschrittliche Studentenschaft Zürich
GSoA	Gruppe für eine Schweiz ohne Armee
GStR	Grosser Studentenrat, Universität Zürich
Hovag	Holzverzuckerungs AG, Domat/Ems
KBSG	Kantonsbibliothek Vadiana St. Gallen
KStR	Kleiner Studentenrat, Universität Zürich
NFP	Nationalfondsprojekt
NHG	Neue Helvetische Gesellschaft
NR	Nationalrat
NZZ	Neue Zürcher Zeitung
o. J.	ohne Jahresangabe
o. O.	ohne Ortsangabe
o. S.	ohne Seitenangabe
PdA	Partei der Arbeit
SAD	Schweizerischer Aufklärungsdienst
StadtASG	Stadtarchiv St. Gallen

StAZG   Staatsarchiv Zug
Sten. Bull.   Amtliches Stenographisches Bulletin
SVP   Schweizerische Volkspartei
SP   Sozialdemokratische Partei
UEK   Unabhängige Expertenkommission Schweiz –
                Zweiter Weltkrieg
WoZ   *Die Wochenzeitung*
zit. n.   zitiert nach
zs   *zürcher student. Offizielles Organ der Studentenschaften der Universität Zürich und der Eidgenössischen Technischen Hochschule*

BIBLIOGRAFIE

1. Quellen

1.1 Ungedruckte Quellen

Schweizerisches Bundesarchiv, Bern (BAR). E 4001 (D) 1976/136, Az. 09.47, Bd. 61, S. 15. Herausgabe des Zivilverteidigungsbuches (ZVB); chronologische Zusammenfassung der wichtigsten Vorgänge, 21.11.1969.
Kantonsbibliothek Vadiana St. Gallen (KBSG). Nachlass Georg Thürer, VNL 20, B 3/3. Brief von Christoph Blocher an Georg Thürer, 1.6.1977.
Privatbestand Harro von Senger. Zum «zürcher student» Nr. 5, Nov. 68.
Privatbestand Peter Wiesendanger. Protokoll der Fortsetzung der ordentlichen Schluss-Sitzung des GStR im Sommersemester 1969.
Staatsarchiv Zug (StAZG). Nachlass Philipp Etter, P 70, 2 G (provisorischer Vermerk). Brief von Philipp Etter an Gonzague de Reynold, 27.8.1962.

1.2 Gedruckte Quellen

«Abtreten für Oberst Blocher», in: *Blick*, Nr. 31, 7.2.1992.
Ackeret, Matthias, *Das Blocher-Prinzip. Ein Führungsbuch*, Schaffhausen 2007.
Anonyme Gruppe für zeitkritische Analysen (Hg.), *Der «Zürcher Student» im Fahrwasser der Linken. Analyse einer Studentenzeitung*, Zürich 1972.
Barth, Karl, «Eine Frage und eine Bitte an die Protestanten in Frankreich» [1940], in: ders., *Eine Schweizer Stimme. 1938–1945*, Zollikon-Zürich 1945, S. 147–156.
Ders., *Karl Barth – Eduard Thurneysen. Briefwechsel*, 3 Bde., Bd. 1: *1913–1921*, hg. v. Eduard Thurneysen, Zürich 1973 (*Karl Barth-Gesamtausgabe* 3).
Baur, Alex, «Wenn der Wind dreht», in: *Die Weltwoche*, Nr. 4, 24.1.2007, S. 40–44.
Beck Ulrich, «Zurück in die Zukunft», in: *Der Spiegel*, Nr. 47, 22.11.1993, S. 56–61.
Beglinger, Martin, «Das letzte Gefecht», in: *Facts*, Nr. 10, 6.3.1997, S. 24–26.
Ders., «Bruder Blocher», in: *Das Magazin*, Nr. 16, 18.4.1998, S. 40–48.
Ders., «Kenne deinen Gegner!», in: *Das Magazin*, Nr. 48, 1.12.2007, S. 20–29.
Bichsel, Peter, «Das Ende der Schweizer Unschuld», in: *Der Spiegel*, Nr. 1/2, 5.1.1981, S. 108 f.
Ders., «Der Abschied von Links» [1982], in: ders., *Schulmeistereien*, Frankfurt am Main 1998, S. 172–176.
«Bleibt die Schweiz? Vielleicht nicht», in: *Die Weltwoche*, Nr. 30, 31.12.2012, S. 42–47.

Blocher, Andreas, *Mein Bruder Christoph. Ein Essay*, Zürich 1994.
Ders., *Der hölzerne Himmel. Abschied vom schweizerischen Lebensplan*, Frauenfeld 2000.
Blocher, Christoph, «Mehr Vertrauen in den gesunden Menschenverstand», in: zs, Nr. 7, Januar 1969, S. 7.
Ders., «Dr. Werner Oswald zum Gedenken» [Nachruf], in: NZZ, Nr. 58, 10./11.3.1979, S. 36.
Ders., «Eidgenössisches. Gleichberechtigung – Recht auf Gleichheit?», in: *Reformatio*, Nr. 3, 1981, S. 192–194.
Ders., «Eidgenössisches. Schwangerschaftsabbruch – jetzt föderalistisch?», in: *Reformatio*, Nr. 9, 1981, S. 513–515.
Ders., «Eidgenössisches. Des Schusters Leisten – Anmerkung zu ‹kirchlichen› Verlautbarungen zur Atomenergie», in: *Reformatio*, Nr. 3, 1982, S. 184–187.
Ders., «Eidgenössisches. Friedensbewegungen: Im Aufbruch für den Frieden oder für den Krieg?», in: *Reformatio*, Nr. 9, 1982, S. 505–507.
Ders., «Eidgenössisches. Ist es Zeit? – Fragen zur Revision des Ehe-Rechtes – wo bleiben die Theologen?», in: *Reformatio*, Nr. 3, 1983, S. 141–144.
Ders., «Wo kein Wille, ist auch kein Weg», in: Redressement National (Hg.), *Zeitfragen der schweizerischen Wirtschaft und Politik* 127, Dezember 1985, S. 23–31.
Ders., «Südafrika-Sanktionen: Was wären die Folgen?», in: *asa-Bulletin*, Nr. 4, 12.4.1988, S. 1 f.
Ders., «Zur Einführung», in: Arbeitsgruppe südliches Afrika (Hg.), *Südafrika im Brennpunkt V. Referate des 5. Südafrika-Seminars der Arbeitsgruppe südliches Afrika (asa). 23./34. September 1988 in Egerkingen/SO*, April 1989, S. 3–6.
Ders., *Zeit ohne Richtung? Orientierungslosigkeit als Merkmal von Politik und Gesellschaft der Gegenwart*, Flaach 1991 (*Schweizerzeit*-Schriftenreihe 8).
Ders., «Das Leiden der Eliten», in: *Schweizerzeit*, Nr. 5, 5.3.2010, S. 6.
Ders., «Der Freiheit eine Gasse! Robert Nef als liberaler Kampfgefährte», in: Peter Ruch/Pierre Bessard/Daniel Eisele (Hg.), *Robert Nef – Kämpfer für die Freiheit. Hommage an einen bedeutenden Liberalen*, Luzern 2012, S. 19–21.
Ders., «Wir sitzen nicht im gleichen Boot», in: NZZ, Nr. 54, 6.3.2013, S. 23.
Blocher, Gerhard, «Karl Barth – ein Zeitgenosse?», in: *Kirchenblatt für die reformierte Schweiz*, Nr. 17, 29.8.1963, S. 258–260.
Ders., «Kirche in Verwirrung. Zu den heutigen Versuchen, eine zeitgemäße Form zu finden», in: NZZ, Nr. 516, 24.9.1969, S. 21 f.
Ders., «Die geistige Situation des Soldaten im Dienst», in: *Allgemeine schweizerische Militärzeitschrift* 1, 1977, S. 11 f.
Ders., «Ökologischer Auftrag in der Bibel?», in: NZZ, Nr. 56, 8.3.1988, S. 67.

Ders., *Von der Schönheit der Volkskirche. Eine Festschrift*, hg. v. evangelisch-reformierten Kirchenrat des Kantons Schaffhausen, Schaffhausen 1989.

Ders., *Gottes Lachen im Leichenzug der «Kirche». Die Bekehrung Gottes und die Heitere Wendung der Kirche*, Schaffhausen 1998.

Bodenmann, Peter, «Der Alleingang stirbt», in: *Die Weltwoche*, Nr. 48, 28.11.2012, S. 34–38.

Bolzli, Marina, «Ein Reformer, aber kein Vordenker», in: *Berner Zeitung*, Nr. 304, 29.12.2005, S. 2.

Botschaft des Bundesrates an die Bundesversammlung über die Organisation und die Aufgaben der schweizerischen Kulturwahrung und Kulturwerbung, 9.12.1938. BBl 1938 II, S. 985–1035.

Botschaft des Bundesrates an die Bundesversammlung über die Errichtung einer Stiftung «Pro Helvetia», 29.7.1948. BBl 1948 II, S. 965–979.

Botschaft zum Bundesgesetz über die Stiftung Pro Helvetia, 8.6.2007. BBl 2007, S. 4857–4878.

Breitenstein, Martin, «Zeit der Schweizerzeit», in: *Basler Zeitung*, Nr. 273, 13.11.2013, S. 9.

«Briefe an die NZZ. Im Banne unserer Geschichte. Adolph Schmidt (Wädenswil)», in: NZZ, Nr. 157, 10.7.1998, S. 46.

Buomberger, Thomas, «Blochers Vorläufer», in: *Basler Zeitung Magazin*, Nr. 32, 9.8.2003, S. 6.

Celio, Enrico, «Die Kunst verherrlicht die Ehre des Heeres», in: Komitee Schweizer Wehrgeist in der Kunst (Hg.), *Schweizer Wehrgeist in der Kunst*, Basel 1940, o. S. [S. 13 f.].

Condrau, Flurin, «Die ganz ‹normalen› Wirtschaftsbeziehungen mit Nazideutschland, zum Beispiel: Zigarrenfabrik ‹Villiger Söhne A.-G.›», in: WoZ, Nr. 38, 22.9.1989, S. 4 f.

Cordey, Pierre/Bernhard, Roberto/Burnand, Guy u. a. (Hg.), *Das Buch der Expo. The book of the Expo. Erinnerungsbuch der Schweizerischen Landesausstellung Lausanne 1964. Book of memories of the Swiss national exhibition Lausanne 1964*, Bern/Lausanne 1964.

«Das Bekenntnis der 15 000: eine unabhängige und demokratische Schweiz. Gewaltige Grenzjugend-Kundgebung», in: *National-Zeitung*, Nr. 246, 1.6.1939, o. S. [5].

«Die Löcher und die Lügen», in: WoZ, Nr. 44, 3.11.2005, S. 5.

«Die politische Passivität der studentischen Mehrheiten», in: NZZ, Nr. 228, 15.4.1969, S. 21.

Dienst und Dank. Ansprachen bei der Feier des 60. Geburtstags von Georg Thürer am 1. September 1968 in Amriswil, Amriswil 1969.

Duttweiler, Gottlieb (Hg.), *Eines Volkes Sein und Schaffen. Die Schweizerische Landesausstellung 1939 in Zürich in 300 Bildern*, Zürich o.J. [1940].
Dürrenmatt, Friedrich, *Werkausgabe in siebenunddreißig Bänden*, Bde. 7, 28 u. 29, Zürich 1998.
Dürrenmatt, Peter, «Ulrich Dürrenmatt 1849–1908», in: *Jahrbuch des Oberaargaus* 1, 1958, S. 101–106.
Ders., «Schlusswort», in: Pierre Cordey/Roberto Bernhard/Guy Burnand u. a. (Hg.), *Das Buch der Expo. The book of the Expo. Erinnerungsbuch der Schweizerischen Landesausstellung Lausanne 1964. Book of memories of the Swiss national exhibition Lausanne 1964*, Bern/Lausanne 1964, S. 218 f.
Ders., «Selbstverantwortliche Gesellschaft und Staat. Kritische Gedanken zur Situation in der Schweiz», in: Redressement National (Hg.), *Zeitfragen der schweizerischen Wirtschaft und Politik* 102, Dezember 1973, S. 7–27.
Dürrenmatt, Peter, *Schweizer Geschichte*, 2 Bde., Zürich 1976.
Ders., *Sonderfall oder Endstation. Die Schweiz im sozialistischen Zeitalter*, Zürich 1979.
Ders., «Eine Jugend in Herzogenbuchsee. Ausschnitte aus einer Autobiographie», in: *Jahrbuch des Oberaargaus* 38, 1995, S. 19–44.
Eco, Umberto, «Antwort auf Harry Lime» [1964], in: Georg Kohler, Stanislaus von Moos (Hg.), *Expo-Syndrom. Materialien zur Landesausstellung 1883–2002*, Zürich 2002, S. 135–147.
Egli, Emil (Hg.), *Erlebte Landschaft. Die Heimat im Denken und Dasein der Schweizer. Eine landeskundliche Anthologie*, Zürich 1943.
Ders., *Die Schweiz. Eine Landeskunde*, Bern 1947.
Ders., *Swiss life and landscape*, London o.J. [1949].
Ders., «Der Gotthard. Europäische Mitte – schweizerische Brücke», in: ders. (Hg.), *Die Schweiz. Eigenart und Weltverbundenheit*, Lindau/Konstanz 1958, S. 11–18.
Ders., *Erdbild als Schicksal. Aus Raum und Leben des Kleinstaates*, Zürich 1959.
Ders., *Mensch und Landschaft. Kulturgeographische Aufsätze und Reden*, hg. v. Karl Gotthilf Kachler/Martin Meyer/Georg Thürer, Zürich/München 1975.
Ders., «St. Galler Kulturpreis an Georg Thürer. Rede von Emil Egli am 20. November 1966», in: Georg Thürer, *Erker. Ansprachen und Aufsätze zur Kultur der Ostschweiz*, hg. v. Emil Egli/Peter Wegelin/Paul Zinsli, Frauenfeld 1978, S. 509–519.
«Ein Heidi-Brunnen zu Ehren Johanna Spyris», in: *Schweizerische Lehrerinnenzeitung*, Nr. 21/22, 15.8.1952, 295 f.
«Eine Pfarrerabberufung in St. Gallen», in: NZZ, Nr. 108, 10.5.1977, S. 37.
Engeler, Urs Paul, «Mit 76 Jahren ziehen sie in die Schlacht ihres Lebens», in: *Die Weltwoche*, Nr. 46, 12.11.1992, S. 41 u. 43.

«‹Es gibt keine Gemeinschaft auf gleichem Fuss. Überall braucht es einen, der führt, und andere, die sich unterordnen.› Der Unternehmer, Nationalrat und Offizier Christoph Blocher im Gespräch mit Elisabeth Michel-Alder», in: *Tages-Anzeiger-Magazin*, Nr. 25, 25.6.1983, S. 35–41.
Etter, Philipp, *Die vaterländische Erneuerung und wir*, Zug 1933.
Ders., *Die schweizerische Demokratie*, Olten/Konstanz 1934 (*Aus Wissenschaft und Leben* 4).
Ders., «Kunst und wehrhaftes Volk», in: Komitee Schweizer Wehrgeist in der Kunst (Hg.), *Schweizer Wehrgeist in der Kunst*, Basel 1938, 11 f.
Ders., *Sinn der Landesverteidigung*, hg. v. Eidgenössische Technische Hochschule Zürich, Aarau 1936 (*Kultur- und staatswissenschaftliche Schriften* 14).
Ders., *Geistige Landesverteidigung. Vortrag gehalten in Bern von Bundesrat Philipp Etter in der Versammlung des Vaterländischen Verbandes des Kts. Bern am 29. Januar 1937*, Immensee 1937.
«Flawiler Pfarrer suspendiert», in: NZZ, Nr. 136, 13.6.1977, S. 14.
Gisler, Monika, *Erdöl in der Schweiz. Eine kleine Kulturgeschichte*, hg. v. Verein für wirtschaftshistorische Studien, Zürich o. J. [2011].
Geistige Landesverteidigung, 28.3.1939. Voten Hauser u. Etter. Sten. Bull. 1939 NR, S. 204–206 u. 210–212.
Giovannelli-Blocher, Judith, *Der rote Faden. Die Geschichte meines Lebens*, München 2012.
Globi an der Landes-Ausstellung, Zürich 1939.
«Grundsätze», in: *Studenten-Ring*, Nr. 1, 1971, S. 1.
Gruppe für Ausbildung im Auftrage des Eidgenössischen Militärdepartementes (Hg.), *Soldatenbuch. Auf Dich kommt es an!*, 2. Aufl., Bern 1959.
Gut, Philipp, «Avancen an den Zeitgeist», in: *Die Weltwoche*, Nr. 49, 5.12.2007, S. 12 f.
Gysel, Werner, «Nur ein heiterer Gott?», in: NZZ, Nr. 156, 9.7.1999, S. 16.
Haas, Theo, «US-Bomber ‹Liberator› abgestürzt», in: Hansruedi Berger (Hg.), *Grenzbesetzung in Graubünden 1939–1945*, Chur 1989, S. 131–133.
Habegger, Henry/Kraushaar, Beat, «Christoph Blocher und der schwarze Mann», in: *SonntagsBlick*, Nr. 46, 18.11.2001, S. 7.
Hämmerli, Fredy, «In der SVP wuchert der Spaltpilz», in: *Cash*, Nr. 6, 7.2.1992, S. 7.
Hauswirth, Fritz, «Pionier im Dienste des Autos. Werner Oswald – Bürge der Treibstoffversorgung im Zweiten Weltkrieg», in: *Automobil Revue*, Nr. 2, 6.1.1986, S. 55.
Hayek, Friedrich August von, «Wahrer und falscher Individualismus» [1945], in: ders., *Individualismus und wirtschaftliche Ordnung*, Erlenbach-Zürich 1952, S. 9–48.

Ders., «Die Verwertung des Wissens in der Gesellschaft» [1946], in: ders., *Individualismus und wirtschaftliche Ordnung*, Erlenbach-Zürich 1952, S. 103–121.

Ders., «Why I Am Not a Conservative» [1960], in: Gerhard Schwarz/Michael Wohlgemuth (Hg.), *Das Ringen um die Freiheit. «Die Verfassung der Freiheit» nach 50 Jahren*, Zürich 2011, S. 197–214.

Ders., «Die Ursachen der ständigen Gefährdung der Freiheit» [1961], in: ders., *Gesammelte Schriften in deutscher Sprache*, Bd. 5, hg. v. Alfred Bosch/Reinhold Veit/Verena Veit-Bachmann, Tübingen 2002, S. 63–68.

Heiniger, Markus, «Produktionsoase des Dritten Reiches», in: WoZ, Nr. 33, 18.9.1989, S. 4f.

Hersch, Jeanne, *Antithesen zu den «Thesen zu den Jugendunruhen» der Eidgenössischen Kommission für Jugendfragen*, Schauffhausen 1982.

Hobsbawm, Eric/Ranger, Terence (Hg.), *The Invention of Tradition*, Cambridge 1983.

Holzach, Robert, *Kann unsere Zeit auf eine Elite verzichten?*, Weinfelden 1980 (*Wolfsbergschriften* 5).

Ders., «Gedanken zur Unternehmensführung», in: NZZ, Nr. 122, 29.5.1990, S. 83 f.

Huber, Hans Armin, «Geistige Landesverteidigung», in: *Die Schweizer Armee von heute. Das aktuelle Standardwerk über die Schweiz in Wehr und Waffen*, Murten 1953, S. 364–367.

Ders., *Geistige Landesverteidigung*, o.O. 1960 (Vortrag von Oberst H.A. Huber, Verb. Of. Heer und Haus im 4. AK anläßlich der Generalversammlung der Gesellschaft der Schweiz. Feldprediger vom 21. Juni 1960 in Luzern).

Ders., *Geistige Landesverteidigung im revolutionären Krieg*, Frauenfeld 1962 (*Schriften des SAD* 7).

Ders. (Hg.), *Sonderheft Zwanzig Jahre SAD*, Frauenfeld 1968 (*Mitteilungen des Schweizerischen Aufklärungs-Dienstes* 5).

Ders., «Die geistige Landesverteidigung in der Schweiz. Theorie und Praxis», in: *Österreichische militärische Zeitschrift* 5, September/Oktober 1971, S. 265–267.

Interpellation Rechsteiner Südafrika-Politik, 15.3.1988, Votum Blocher. AB 1988 NR, S. 310f.

Jochims, Klaus E., «Autoritäre und demokratische Universität», in: zs, Nr. 5, November 1968, S. 1 u. 11.

Kohler, Georg/Moser, Sepp/Wottreng, Willi, «Schwanengesänge», in: zs, Nr. 8, Februar 1969, S. 19.

Komitee Schluss mit dem Schnüffelstaat Schweiz (Hg.), *Schnüffelstaat Schweiz. Hundert Jahre sind genug*, Zürich 1990.

Komitee Schweizer Wehrgeist in der Kunst (Hg.), *Schweizer Wehrgeist in der Kunst*, Basel 1938.
Dass. (Hg.), *Schweizer Wehrgeist in der Kunst*, Basel 1940.
Dass. (Hg.), *Art et armée. Notre esprit militaire exprimé par l'art*, Basel 1940.
Köppel, Roger, «Wir 1992er», in: *Die Weltwoche*, Nr. 48, 28.11.2012, S. 50.
Kreutzberg, Martin, «Wie man einen Konzern aufbaut», in: WoZ, Nr. 24, 14.6.2012, S. 7.
Künzli, Arnold, «Die Neurose des Igels», in: Peter Rippmann u.a. (Hg.), *Expo 64. Trugbild der Schweiz*, Basel 1964, S. 35–50.
Ders., «Vernunft und Apokalypse», in: zs, Nr. 7, Januar 1969, S. 1.
Landmann, Salcia, *Jugendunruhen. Ursachen und Folgen*, Flaach 1982 (Schweizerzeit-Schriftenreihe 1).
Letsch, Hans, «Ehre, wem Ehre gebührt», in: *Schweizerzeit*, Nr. 14, 25.8.1995, S. 4.
Ders., «Bürgerliche Politik – wohin?», in: *Schweizerzeit*, Nr. 16, 29.9.1995, S. 1 f.
Lüthy, Herbert, «11. November 1944» [1944], in: ders., *Gesammelte Werke*, Bd. 1, S. 392–396.
Ders., «Die Schweiz als Antithese» [1961], in: ders., *Gesammelte Werke*, Bd. 3, S. 410–430.
Ders., «Die Disteln von 1940» [1973], in: ders., *Gesammelte Werke*, Bd. 4, S. 298–321.
Ders., *Gesammelte Werke*, 7 Bde., hg. v. Irene Riesen/Urs Bitterli, Zürich 2002–2005.
Marti, Kurt, «Panderma, Vasarely, Expo» [1964], in: ders, *Notizen und Details 1964–2007*, S. 18–21.
Ders., «Blocheriana» [2000], in: ders., *Notizen und Details 1964–2007*, S. 1227–1231.
Ders., *Notizen und Details 1964–2007. Beiträge aus der Zeitschrift* Reformatio, hg. v. Hektor Leibundgut/Klaus Bäumlin/Bernhard Schlup, Zürich 2010.
Mettler, Wolf, *«Liebi Fraue und Manne ...» Christoph Blocher – ein Lebensbild von Wolf Mettler*, Schaffhausen 1999.
Meyer, Alice, *Anpassung oder Widerstand. Die Schweiz zur Zeit des deutschen Nationalsozialismus*, neu hg. mit einem Geleitwort von Marthe Gosteli u. einem Nachwort v. Christa Altorfer, Frauenfeld/Stuttgart/Wien 2010.
Muralt, Leonhard von, *Über den Sinn der Schweizergeschichte. Vortrag vor der Jahresversammlung der Allgemeinen Geschichtforschenden Gesellschaft der Schweiz in Zürich am 27. September 1936*, Zürich 1936.
Ders., «Zum Problem ‹Freiheit und Notwendigkeit› bei Ranke» [1949], in: ders., *Der Historiker und die Geschichte. Ausgewählte Aufsätze und Vorträge*, hg. v. Fritz Büsser/Hanno Helbling/Peter Stadler, Zürich 1960, S. 30–34.

Ders., «Karl Meyer als Forscher und Lehrer» [1951], in: ders., *Der Historiker und die Geschichte*, S. 46–54.
Ders., «Sinn und Recht vaterländischer Geschichte?» [1952], in: ders., *Der Historiker und die Geschichte*, S. 57–61.
Naef, Robert, «Peter Bichsel, sind Sie auch heimatmüde?», in: *Schweizer Illustrierte*, Nr. 42, 16.10.1995, S. 102–107.
Nef, Hans, «Professor Dietrich Schindler» [Nekrolog], in: Universität Zürich (Hg.), *Jahresbericht 1947/48*, S. 76–78.
Ders., «Gewalt und Gesetz. Rede des Rektors Prof. Dr. Hans Nef», in: Universität Zürich (Hg.), *Jahresbericht 1975/76*, S. 3–10.
Oetliker, Sybille/Löpfe, Philipp, «‹Blocher ist nicht heimatmüde, sondern heimatfremd›», in: *Cash*, Nr. 30, 28.7.1995, S. 34.
Popper, Karl, «Zum Thema Freiheit», in: ders., *Alles Leben ist Problemlösen. Über Erkenntnis, Geschichte und Politik*, München/Zürich 1994, S. 155–172.
Poser, Günter, «Koordinaten schwarzafrikanischer Mentalität», in: *asa-Bulletin*, Nr. 43, 26.8.1985, S. 1–3.
Ders., «Afrika denkt anders», in: Arbeitsgruppe südliches Afrika (Hg.), *Südafrika im Brennpunkt V. Referate des 5. Südafrika-Seminars der Arbeitsgruppe südliches Afrika (asa). 23./34. September 1988 in Egerkingen/SO*, April 1989, S. 7–22.
«Pragmatiker und Ideologen», in: NZZ, Nr. 419, 11.7.1969, S. 18.
Reynold, Gonzague de, «Introduction», in: Komitee Schweizer Wehrgeist in der Kunst (Hg.), *Art et armée. Notre esprit militaire exprime par l'art*, Basel 1940, S. 13–16.
Ders., *Mes Mémoires*, 3 Bde., Genf 1960–1963.
Senger, Harro von, «Durch Pandemokratismus zur ‹Kritischen Universität›?», in: zs, Nr. 6, Dezember 1968, S. 7.
Schmid, Karl, «Versuch über die schweizerische Nationalität» [1957], in: ders., *Gesammelte Werke*, Bd. 2, S. 273–359.
Ders., «Unbehagen im Kleinstaat» [1963], in: ders., *Gesammelte Werke*, Bd. 4, S. 109–277.
Ders., «Die Schweiz vor der europäischen Wirklichkeit» [1968], in: ders., *Gesammelte Werke*, Bd. 5, S. 191–204.
Ders., «Haus und Heimat», in: *Dienst und Dank. Ansprachen bei der Feier des 60. Geburtstags von Georg Thürer am 1. September 1968 in Amriswil*, Amriswil 1969, S. 37–44.
Ders., *Gesammelte Werke*, 6 Bde., hg. v. Thomas Sprecher/Judith Niederberger, Zürich 1998.
Ders., *Gesammelte Briefe*, 2 Bde., hg. v. Sylvia Rüdin, Zürich 2000.

Schneider, Markus, «Angreifen, angreifen, angreifen», in: *Die Weltwoche*, Nr. 39, 26.9.2002, S. 36–41.
Schumacher, Hans u. a. (Hg.), *Der Bildhauer Josef Bisa*, Schwyz 1972.
Schwangerschaftsabbruch Standesinitiative der Kantone Neuenburg, Genf, Basel-Stadt und Waadt Parlamentarische Initiativen Girard, Condrau, Gautier und Christinat, 9.3.1981, Votum Blocher. AB 1981 NR, S. 132–134.
Schweizerische Landesausstellung 1939 Zürich. Katalog. Offizieller Führer mit Ausstellerverzeichnis und Orientierungsplan, Zürich 1939.
Schweizerische Landesausstellung 1939 Zürich (Hg.), *Die Schweiz im Spiegel der Landesausstellung 1939*, Zürich 1940 (*Die Schweiz im Spiegel der Landesausstellung 1939* 1).
Dies. (Hg.) *Kunst in der Schweiz*, Zürich 1940 (*Die Schweiz im Spiegel der Landesausstellung 1939* 3).
Somm, Markus, «Vier Jahre Obama, vier Jahre Tränen», in: *Basler Zeitung*, Nr. 306, 8.11.2012, S. 3.
Städler, Iwan, «Blocher liebäugelt mit Initiative gegen Berufsparlamentarier», in: *Tages-Anzeiger*, Nr. 230, 3.10.2012, S. 5.
Stickelberger, Emanuel, «Einführung. Krieg und Kunst in der Schweiz», in: Komitee Schweizer Wehrgeist in der Kunst (Hg.), *Schweizer Wehrgeist in der Kunst*, Basel 1938, S. 13–16.
Strahm, Rudolf, *Europa-Entscheid*, Zürich 1992.
Strehle, Andreas/Wildberger, Jürg, «Die Emser Werke. Eine wirtschaftliche Grossmacht in Graubünden», in: *Tages-Anzeiger-Magazin*, Nr. 4, 9.2.1979, S. 14–19 u. 30.
Tanner, Jakob, «Der Gotthardgranit und der General», in: WoZ, Nr. 35, 1.9.1989, S. 20 f.
Ders., «Hand in Hand mit den Nazis», in: *Bilanz*, Nr. 10, Oktober 1989, S. 346–352.
Ders., «Das neue Wohlbehagen im Kleinstaat», in: *Tages-Anzeiger*, Nr. 279, 30.11.2007, S. 53.
Thürer, Daniel, «Schweizerische Neutralität im Wandel», in: *Schweizer Journal* 4, April 1991, S. 22 f.
Ders., «Der bilaterale Weg – Polemik um ein Gutachten», in: NZZ, Nr. 36, 13.2.2013, S. 21
Thürer, Georg, *Das Spiel vom St. Gotthard. Ein Gleichnis des jungen Schweizers in der werdenden Eidgenossenschaft*, Glarus 1934 (*Reihe Schweizerischer Volksspiele* 1).
Ders., «Unsere Höhenstraße», in: NZZ, Nr. 1196, 2.7.1939, S. 3 f.

Ders., «Im Name vum Härrgot», in: Karl Barth/Emil Brunner/Georg Thürer, *Im Namen Gottes des Allmächtigen 1291–1941*, Zürich o.J. [1941], S. 43–57 (*Kirche und Jugend. Beiträge zur evangelischen Jugendarbeit* 3).
Ders., «Der St. Gotthard als Wegweiser», in: NZZ, Nr. 1311, 23.8.1943, S. 1.
Ders., «Der St. Gotthard als Wegweiser» [Schluss], in: NZZ, Nr. 1313, 24.8.1943, S. 1.
Ders., *Wesen und Würde der Mundart*, Zürich 1944.
Ders., «Unser Schweizer Standpunkt 1954», in: Neue Helvetische Gesellschaft Ortsgruppe Zürich (Hg.), *Unser Schweizer Standpunkt 1954/1914*, Zürich 1954, S. 33–48.
Ders., «Der Weg der Schweiz» [1964], in: ders., *Gemeinschaft im Staatsleben der Schweiz*, Bern/Stuttgart/Wien 1998, S. 182–192.
Ders., *Die Wende von Marignano. Eine Besinnung zur 450. Wiederkehr der Schicksalstage von Mitte September 1515*, hg. v. Komitee zur Würdigung der Schlacht von Marignano und ihrer Konsequenzen, Frauenfeld 1965.
Ders., *Erker. Ansprachen und Aufsätze zur Kultur der Ostschweiz*, hg. v. Emil Egli/Peter Wegelin/Paul Zinsli, Frauenfeld 1978.
Ders., *Froh und fry. Schweizerdeutsche Gedichte in Glarner Mundart*, Strassburg/Basel 1985 (*Neue alemannische Mundartdichtung. Serie Schweiz* 1).
Ders., *Eidgenössische Erinnerungen*, hg. v. Historischen Verein des Kantons St. Gallen, St. Gallen 1989 (*Neujahrsblatt* 129).
Ders., «Zeitgenossen sein – Eidgenossen bleiben. Gedanken zum Wohin und Woher unseres Bundes», in: *Schweizer Journal* 5/6, Mai/Juni 1991, S. 21–23.
Ders., «Vorwort», in: ders., *Gemeinschaft im Staatsleben der Schweiz. Grundrisse, Betrachtungen, Mahnworte aus sieben Jahrzehnten. Gesammelt zum 90. Geburtstag des Autors*, Bern/Stuttgart/Wien 1998, S. 7 f.
Ders., *Gegen die nationalsozialistische Bedrohung – für die Selbstbehauptung einer demokratischen Schweiz. Rückblick 1933 bis 1949. Transkription des Kolloquiums im Archiv für Zeitgeschichte, ETH-Zürich, vom 28.6.2000*, o. O. 2001.
Trepp, Gian, «Sündenbock aus Staatsräson», in: WoZ, Nr. 34, 25.9.1989, S. 4 f.
Vallotton, Henry, «Auf ewig frei!», in: Hans W. Kopp (Hg.), *Unser Schweizer Standpunkt. 1914. 1939. 1964*, Berlin/München 1964, S. 31–33.
Vogelsanger, Peter, *Mit Leib und Seele. Erlebnisse und Einsichten eines Pfarrers*, Zürich 1977.
Ders., *Rede, und schweige nicht! Erinnerungen und Einsichten eines Pfarrers.* Zürich 1990.
«Von der Konfrontation zur Diskussion», in: NZZ, Nr. 226, 29.9.1980, S. 27.
Wagner, Julius (Hg.), *Heimat und Volk. Die Höhenstrasse der Schweizerischen Landesausstellung 1939*, Zürich 1939.

Wegelin, Jürg, *Jean Ziegler. Das Leben eines Rebellen*, München 2011.
Wespe, Rolf, «Satan à Fribourg!!!», in: *Tages-Anzeiger*, Nr. 278, 28.11.1992, S. 9.
Wottreng, Willi, «Der kurze Ruhm des Nationalbildhauers» [Nachruf], in: *NZZ am Sonntag*, Nr. 16, 20.4.2003, S. 22.
Zaugg, Thomas, «Mensch Blocher», in: *Das Magazin*, Nr. 48, 29.11.2008, S. 10–30.
Zivilverteidigung, Aarau 1969.

1.3 Internetseiten

Blocher, Christoph, *Die Schweiz und der Zweite Weltkrieg. Eine Klarstellung*, Rede vom 1.3.1997, http://www.blocher.ch/uploads/media/970301klarstellung.pdf, Stand: 9.5.2013.
Ders., *Die Schweiz im Jubiläumsjahr 1998*, Rede vom 16.1.1998, http://www.blocher.ch/uploads/media/980116albis.pdf, Stand: 9.5.2013.
Ders., *Unsere Politik im 21. Jahrhundert*, Rede vom 15.1.1999, http://www.blocher.ch/uploads/media/990115albis.pdf, Stand: 12.5.2013.
Ders., *Die sieben Geheimnisse der SVP (streng vertraulich)*, Rede vom 21.1.2000, http://www.blocher.ch/uploads/media/000121albis.pdf, Stand: 13.5.2013.
Ders., *Wird die Schweiz an die EU verraten?*, Rede vom 4.9.2010, http://www.blocher.ch/uploads/media/wird_die_schweiz_an_die_eu_verraten_040910_01.pdf, Stand: 13.5.2013.
Ders., *Durehebe – Nöd lugg laa gwünnt!*, Rede vom 18.1.2013, http://www.blocher.ch/uploads/media/Albisgu__etlirede2013.pdf, Stand: 3.2.2014.
Schom, Alan Morris, *A Survey of Nazi and Pro-Nazi Groups in Switzerland: 1930–1945. Chapter 15. Sample bibliography of articles pamphlets and books either on the Jews or antisemitic, or for Hitler, Mussolini, Fascism etc.*, http://www.wiesenthal.com/site/pp.asp?c=lsKWLbPJLnF&b=4441407#.UylNOJFEpd1, Stand: 19.3.2014.

1.4 Filme

Berg und Geist. Christoph Blocher – Der Politiker und Unternehmer auf dem Faulhorn
Beat Kuert/Michael Lang, CH 2009

Christoph Blocher – Kein Heimatmüder
Roland Huber, CH 1995

Der 8. Schwyzer
Oskar Wälterlin, CH 1940

Der Traum vom Schlachten der heiligsten Kuh
Roman Brodmann, CH 1987

Landammann Stauffacher
Leopold Lindtberg, CH 1941

L'honneur perdu de la Suisse
Daniel Monnat, CH 1997

Video uf de Gass
Thomas Krempke/Werner Schweizer/Martin Witz, CH 1979

Zwei Tage im Dezember. Ein Stimmungsbild
Roland Huber, CH 2003

1.5 Tondokumente

Dr. Walter Renschler: Engagiert für eine solidarische Aussenpolitik – ein persönlicher Rückblick 1967–1994. Helmut Hubacher: Vier SP-Aussenminister, 7.7.1999. AfZ, TA Kolloquien FFAfZ/117.
Prof. Dr. Georg Thürer: Gegen die nationalsozialistische Bedrohung, 28.6.2000. AfZ, TA Kolloquien FFAfZ/121.

2. Auskunftspersonen

Christoph Blocher – E-Mail vom 7.9.2012, Gespräch vom 26.4.2013, Brief vom 29.4.2013.
Georg Kreis – E-Mail vom 2.5.2013.
Harro von Senger – Gespräch vom 15.3.2013, E-Mail vom 26.3.2013.

3. Literatur

Aebi, Franz, «Fritz Zwicky und die schweizerische Landesverteidigung», in: Roland Müller, *Fritz Zwicky. Leben und Werk des grossen Schweizer Astrophysikers, Raketenforschers und Morphologen (1898–1974)*, Glarus 1986, S. 323–338.
Bätzing, Werner, «Emil Egli» [Nekrolog], in: *Geographica Helvetica* 2, 1993, S. 104f.

Beck, Ulrich, «Der Konflikt der zwei Modernen», in: Wolfgang Zapf (Hg.), *Die Modernisierung moderner Gesellschaften*, Frankfurt am Main/New York 1991, S. 40–53.
Béguin, Pierre, *Le balcon sur l'Europe. Petite histoire de la Suisse pendant la guerre 1939–1945*, Neuenburg 1950.
Bergier, Jean-François/Bartoszewski, Wladyslaw/Friedländer, Saul u.a. (Hg.), *Die Schweiz, der Nationalsozialismus und der Zweite Weltkrieg. Schlussbericht der Unabhängigen Expertenkommission Schweiz – Zweiter Weltkrieg*, Zürich 2002.
Ders., *Wilhelm Tell. Realität und Mythos*, Zürich 2012.
Bonjour, Edgar, *Geschichte der schweizerischen Neutralität*, Bd. 3, 5. Aufl., Basel 1976.
Bretscher-Spindler, Katharina, *Vom heissen zum Kalten Krieg. Vorgeschichte und Geschichte der Schweiz im Kalten Krieg 1943–1968*, Zürich 1997.
Busch, Eberhard, *Karl Barths Lebenslauf. Nach seinen Briefen und autobiographischen Texten*, Zürich 2005.
Buomberger, Thomas, *Kampf gegen unerwünschte Fremde. Von James Schwarzenbach bis Christoph Blocher*, Zürich 2004.
Eberle, Thomas S./Imhof, Kurt (Hg), *Sonderfall Schweiz*, Zürich 2007.
Feller, Richard/Bonjour, Edgar, *Geschichtsschreibung der Schweiz. Vom Spätmittelalter zur Neuzeit*, Bd. 2, 2., durchges. u. erw. Aufl., Basel/Stuttgart 1979.
Fisch, Arnold, «Das Konservative. Zu Peter Dürrenmatts Buch ‹Zeitwende›», in: *Schweizer Monatshefte* 3, 1987, S. 250–257.
Frei, Norbert, *1968. Jugendrevolte und globaler Protest*, München 2008.
Frischknecht, Jürg/Haffner, Peter/Haldimann, Ueli/Niggli, Peter, *Die unheimlichen Patrioten. Politische Reaktion in der Schweiz. Ein aktuelles Handbuch mit Nachtrag 1979–84*, 6. Aufl., Zürich 1987.
Frischknecht, Jürg, *«Schweiz, wir kommen». Die neuen Fröntler und Rassisten*, Zürich 1991.
«Geistige Landesverteidigung: helvetischer Totalitarismus oder antitotalitärer Basiskonsens? Hans-Ulrich Jost und Kurt Imhof (in einem Streitgespräch)», in: Schweizerisches Landesmuseum Zürich (Hg.), *Die Erfindung der Schweiz 1848–1998. Bildentwürfe einer Nation*, Zürich 1998, S. 364–380.
Graf, Christoph, «Die Schweiz in den 1930er Jahren. Bericht über ein Forschungsseminar», in: Schweizerisches Bundesarchiv (Hg.), *Studien und Quellen* 9, Bern 1983, S. 127–142.
Gsteiger, Fredy, *Blocher. Ein unschweizerisches Phänomen*, Zürich 2002.
Haas, Martin/Hauswirth, René (Hg.), *Festgabe Leonhard von Muralt. Zum siebzigsten Geburtstag. 17. Mai 1970. Überreicht von Freunden und Schülern*, Zürich 1970.

Hauser, Claude/Tanner, Jakob/Seger, Bruno (Hg.), *Zwischen Kultur und Politik. Pro Helvetia 1939 bis 2009*, Zürich 2010.
Höchner, Francesca, «Zivilverteidigung – ein Normenbuch für die Schweiz», in: *Schweizerische Zeitschrift für Geschichte* 2, 2004, S. 188–203.
Im Hof, Ulrich, *Mythos Schweiz. Identität, Nation, Geschichte 1291–1991*, Zürich 1991.
Imhof, Kurt/Kleger, Heinz/Romano, Gaetano (Hg.), *Zwischen Konflikt und Konkordanz. Analyse von Medienereignissen in der Schweiz der Vor- und Zwischenkriegszeit*, Zürich 1993 (*Krise und sozialer Wandel* 1).
Dies. (Hg.), *Konkordanz und Kalter Krieg. Analyse von Medienereignissen in der Schweiz der Zwischen- und Nachkriegszeit*, Zürich 1996 (*Krise und sozialer Wandel* 2).
Imhof, Kurt, «Sonderfallsdiskurse und Pfadabhängigkeit: Der Fall Schweiz», in: Thomas S. Eberle, Kurt Imhof (Hg.), *Sonderfall Schweiz*, Zürich 2007, S. 25–55.
Ders., «Wer ist bürgerlich?», in: *Das Magazin*, Nr. 42, 20.10.2007, S. 40–48.
Ders., «Das Böse. Zur Weltordnung des Kalten Krieges in der Schweiz», in: Juerg Albrecht/Georg Kohler/Bruno Maurer (Hg.), *Expansion der Moderne. Wirtschaftswunder – Kalter Krieg – Avantgarde – Populärkultur*, Zürich 2012, S. 81–104 (*outlines* 5).
Iten, Andreas, *Blochers Populismus + Widerspruch. Über den Wahrheitsgehalt der Albisgüetlirede '99*, Zürich 1999.
Jost, Hans Ulrich, «Bedrohung und Enge (1939–1945)», in: *Geschichte der Schweiz und der Schweizer*, Bd. 3, Basel 1983, S. 101–189.
Ders., «Menace et repliment 1939–1945», in: *Nouvelle histoire de la Suisse et des Suisses*, Bd. 3, Lausanne 1983, S. 91–178.
Ders., *Die reaktionäre Avantgarde. Die Geburt der neuen Rechten in der Schweiz um 1900*, Zürich 1992.
Ders., *Politik und Wirtschaft im Krieg. Die Schweiz 1938–1948*, Zürich 1998.
Keller, Peter Michael, «Karl Schmid, das Cabaret Cornichon und die Geistige Landesverteidigung», in: Bruno Meier (Hg.), *Das Unbehagen im Kleinstaat Schweiz. Der Germanist und politische Denker Karl Schmid (1907–1974)*, Zürich 2007, S. 62–73.
Kohler, Georg, «Die doppelte Schweizer Geschichte oder: Wie man souverän wird. Zur Diskussion über die Schweiz und das Dritte Reich», in: NZZ, Nr. 148, 30.6.1997, S. 19.
Ders., «Über den helvetischen Basiskonsens und die Reformfähigkeit der Schweiz. Versuch einer Zusammenfassung», in: *Schweizerische Zeitschrift für Politikwissenschaft* 3, 1999, S. 124–133.

Ders., «Über den Freisinn – eine Dekadenzgeschichte. Erklärungen für den Niedergang der FDP und Vorschläge für einen Neuanfang», in: NZZ, Nr. 207, 7.9.2007, S. 66.
Ders., *Bürgertugend und Willensnation. Über den Gemeinsinn und die Schweiz*, Zürich 2010.
Ders., «Konsumglück, Kalter Krieg und Zweite Moderne. Die Schweiz und die Fifties», in: Thomas Buomberger/Peter Pfrunder (Hg.), *Schöner leben, mehr haben. Die 50er Jahre in der Schweiz im Geiste des Konsums*, Zürich 2012, S. 7–19.
Ders., «Land ohne Grösse», in: *Karl Schmid – ein Schweizer Citoyen*, Juli 2013, S. 14–17 (*Schweizer Monat Sonderthema* 11).
Kreis, Georg, «Schweizergeist in schiefer Projektion», in: NZZ, Nr. 3, 6.1.1975, S. 17.
Ders., «Helvetischer Totalitarismus», in: *Basler Magazin*, Nr. 4, 27.1.1979, S. 1 f. u. 15.
Ders., «Glanz und Elend der Moderne. Die beiden Ufer der Landesausstellung von 1939», in: *Schweizer Monatshefte* 4, 1989, S. 267–270.
Ders., «Philipp Etter – ‹voll auf eidgenössischem Boden›», in: Aram Mattioli (Hg.), *Intellektuelle von rechts. Ideologie und Politik in der Schweiz 1918–1939*, Zürich 1995, S. 201–217.
Ders., *Kleine Neutralitätsgeschichte der Gegenwart. Ein Inventar zum neutralitätspolitischen Diskurs in der Schweiz seit 1943*, Bern/Stuttgart/Wien 2004.
Ders., *Die Schweiz und Südafrika 1948–1994. Schlussbericht des im Auftrag des Bundesrates durchgeführten NFP 42+*, Bern/Stuttgart/Wien 2005.
Ders., «Geistige Landesverteidigung im Kalten Krieg», in: *Basler Zeitung*, Nr. 232, 6.10.2009, S. 6.
Ders., «St. Gotthard», in: ders., *Schweizer Erinnerungsorte. Aus dem Speicher der Swissness*, Zürich 2010, S. 179–191.
Ders., *Das «Helvetische Malaise». Max Imbodens historischer Zuruf und seine überzeitliche Bedeutung*, Zürich 2011.
Ders., «Verantwortliches Sein in Gemeinschaft», in: NZZ, Nr. 255, 2.11.2013, S. 61.
Kriesi, Hanspeter/Lachat, Romain/Selb, Peter/Bornschier, Simon/Helbling, Marc (Hg.), *Der Aufstieg der SVP. Acht Kantone im Vergleich*, Zürich 2005.
Lasserre, André, *Schweiz: Die dunkeln Jahre. Öffentliche Meinung 1939–1945*, Zürich 1992.
Lipp, Silvan, *Standort Schweiz im Umbruch. Etappen der Wirtschaftspolitik im Zeichen der Wettbewerbsfähigkeit*, Zürich 2012.
Löffler, Rolf, «‹Zivilverteidigung› – die Entstehungsgeschichte des ‹roten Büchleins›», in: *Schweizerische Zeitschrift für Geschichte* 2, 2004, S. 173–187.

Lüönd, Karl, *Erfolg als Auftrag. Ems-Chemie: Die Geschichte eines unmöglichen Unternehmens*, Bern 2011.

Magnaguagno, Guido/Lutz, Albert (Hg.), *Dreissiger Jahre Schweiz. Ein Jahrzehnt im Widerspruch. Kunsthaus Zürich. 30. Oktober 1981 bis 10. Januar*, Zürich 1981.

Marchal, Guy P./Mattioli, Aram (Hg.), *Erfundene Schweiz. Konstruktionen nationaler Identität*, Zürich 1992.

Matt, Peter von, «Die Schweiz zwischen Ursprung und Fortschritt. Zur Seelengeschichte einer Nation», in: ders., *Das Kalb vor der Gotthardpost. Zur Literatur und Politik der Schweiz*, München 2012, S. 9–93.

Ders., «Lehrer, Denker, Zeitgenosse», in: *Karl Schmid – ein Schweizer Citoyen*, Juli 2013, S. 10–13 (*Schweizer Monat Sonderthema* 11).

Mattioli, Aram, *Zwischen Demokratie und totalitärer Diktatur. Gonzague de Reynold und die Tradition der autoritären Rechten in der Schweiz*, Zürich 1994.

Ders., «Die intellektuelle Rechte und die Krise der demokratischen Schweiz. Überlegungen zu einem zeitgeschichtlichen Niemandsland», in: ders. (Hg.), *Intellektuelle von rechts. Ideologie und Politik in der Schweiz 1918–1939*, Zürich 1995, S. 1–27.

Maurer, Theres, «Die ‹Berner Volkszeitung› von Ulrich Dürrenmatt», in: Aram Mattioli (Hg.), *Antisemitismus in der Schweiz 1848–1960*, Zürich 1998, S. 241–263.

Mooser, Josef, «Die ‹Geistige Landesverteidigung› in den 1930er Jahren. Profile und Kontexte eines vielschichtigen Phänomens der schweizerischen politischen Kultur in der Zwischenkriegszeit», in: *Schweizerische Zeitschrift für Geschichte* 4, 1997, S. 685–708.

Morandi, Pietro, *Krise und Verständigung. Die Richtlinienbewegung und die Entstehung der Konkordanzdemokratie 1933–1939*, Zürich 1995.

Möckli, Werner, *Schweizergeist – Landigeist? Das schweizerische Selbstverständnis beim Ausbruch des Zweiten Weltkrieges*, Zürich 1973.

Niggli, Peter/Frischknecht, Jürg, *Rechte Seilschaften. Wie die «unheimlichen Patrioten» den Zusammenbruch des Kommunismus meisterten*, Zürich 1998.

Parma, Viktor/Sigg, Oswald, *Die käufliche Schweiz. Für die Rückeroberung der Demokratie durch ihre Bürger*, München 2011.

Perrig, Igor, *Geistige Landesverteidigung im Kalten Krieg. Der Schweizerische Aufklärungsdienst (SAD) und Heer und Haus 1945–1964*, Freiburg 1993.

Pfister, Martin, *Die Wahl von Philipp Etter in den Bundesrat 1934. Ereignisse, Ideologien, soziales Umfeld*, unveröff. Lizentiatsarbeit der Universität Freiburg (CH), Freiburg 1995.

Rentsch, Hans U., *Werner Oswald (1904–1979). Bürge der Treibstoffversorgung der Schweiz im Zweiten Weltkrieg*, hg. v. Verein für wirtschaftshistorische Studien, Zürich 1998 (*Schweizer Pioniere der Wirtschaft und Technik* 43).

Riess, Curt, *Das Schauspielhaus Zürich. Sein oder Nichtsein eines ungewöhnlichen Theaters*, München/Wien 1988.

Riklin, Alois, «Isolierte Schweiz. Eine europa- und innenpolitische Lagebeurteilung», in: *Schweizerische Zeitschrift für Politische Wissenschaft* 2/3, 1995, S. 11–34.

Rings, Werner, «Anpassung ist noch keine Kollaboration», in: *Politik und Wirtschaft* 6, 1989, S. 41–42 u. 44.

Ders., *Schweiz im Krieg 1933–1945*, 9. Aufl., Zürich 1997.

Rüedi, Peter, *Dürrenmatt oder Die Ahnung vom Ganzen. Biographie*, Zürich 2011.

Salis, Jean Rudolf von, «Die Schweiz im kalten Krieg», in: ders., *Schwierige Schweiz. Beiträge zu einigen Gegenwartsfragen*, Zürich 1968, S. 187–205.

Sarasin, Philipp, «Metaphern der Ambivalenz. Philipp Etters ‹Reden an das Schweizervolk› von 1939 und die Politik der Schweiz im Zweiten Weltkrieg», in: ders., *Geschichtswissenschaft und Diskursanalyse*, Frankfurt am Main 2003, S. 170–190.

Schilling, Christoph, *Blocher. Aufstieg und Mission eines Schweizer Politikers und Unternehmers*, Zürich 1994.

Schindler, Dietrich, «Hans Nef zum Gedenken», in: NZZ, Nr. 7, 10.1.2000, S. 33.

Schürmann, Roman, *Helvetische Jäger. Dramen und Skandale am Militärhimmel*, Zürich 2009.

Schütt, Julian, *Germanistik und Politik. Schweizer Literaturwissenschaft in der Zeit des Nationalsozialismus*, Zürich 1997.

Sidler, Roger, *Arnold Künzli. Kalter Krieg und «geistige Landesverteidigung» – eine Fallstudie*, Zürich 2006.

Skenderovic, Damir/Späti, Christina, *Die 1968er-Jahre in der Schweiz. Aufbruch in Politik und Kultur*, Baden 2012.

Somm, Markus, *Christoph Blocher. Der konservative Revolutionär*, Herisau 2009.

Sprecher, Thomas, *Karl Schmid (1907–1974). Ein Schweizer Citoyen*, Zürich 2013.

Stadler, Peter, *Epochen der Schweizergeschichte*, Zürich 2003.

Straumann, Lukas/Schmaltz, Florian, «Dunkle Schatten über Ems», in: *SonntagsZeitung*, Nr. 34, 25.8.2002, S. 19.

Strehle, Andreas, «Der schmale Weg in der Familie Blocher», in: *Tages-Anzeiger*, Nr. 71, 24.3.2012.

Tanner, Jakob, *Bundeshaushalt, Währung und Kriegswirtschaft. Eine finanzsoziologische Analyse der Schweiz zwischen 1938 und 1953*, Zürich 1986.

Ders., «Switzerland for sale. Aufstieg und Niedergang eines nationalen Geschäftsmodells», in: Julie Paucker/Peer Teuwsen (Hg.), *Wohin treibt die Schweiz? Zehn Ideen für eine bessere Zukunft*, München 2011, S. 11–37.

Thalmann, Rolf (Hg.), *So nicht! Umstrittene Plakate in der Schweiz 1883–2009*, Baden 2009.

Uhlig, Christiane/Barthelmess, Petra/König, Mario/Pfaffenroth, Peter/Zeugin, Bettina, *Tarnung, Transfer, Transit. Die Schweiz als Drehscheibe verdeckter deutscher Operationen (1939–1952)*, Zürich 2001, S. 179–188 *(Veröffentlichungen der UEK 9)*.

Wider, Werner, *Der Schweizer Film 1929–1964. Die Schweiz als Ritual*, 2 Bde., Zürich 1981.

Widmer, Josef, «Philipp Etter 1891–1977», in: Urs Altermatt (Hg.), *Die Schweizer Bundesräte. Ein biographisches Lexikon*, Zürich 1991, S. 389–394.

Widmer, Paul, *Die Schweiz als Sonderfall*, Zürich 2008.

Wolf, Walter, *Faschismus in der Schweiz. Die Geschichte der Frontenbewegung in der deutschen Schweiz, 1930–1945*, Zürich 1969.

BILDNACHWEIS

1. Ringier Dokumentation Bild/ATP.
2. Ringier Dokumentation Bild/ATP/Schürch.
3. Schweizerische Landesausstellung 1939 Zürich (Hg.), *Die Schweiz im Spiegel der Landesausstellung 1939*, Zürich 1940, S. 120 (*Die Schweiz im Spiegel der Landesausstellung 1939* 1).
4. Leonhard von Muralt, *Der Historiker und die Geschichte. Ausgewählte Aufsätze und Vorträge*, hg. v. Fritz Büsser/Hanno Helbling/Peter Stadler, Zürich 1960, S. 5.
5. Ringier Dokumentation Bild.
6. Keystone/STR.
7. ETH-Bibliothek Zürich, Bildarchiv.
8. Keystone/STR.
9. Ringier Dokumentation Bild/Werner Pfändler.
10. ETH-Bibliothek Zürich, Bildarchiv.
11. Ringier Dokumentation Bild/ATP/Feld.
12. StadtASG, PA Foto Gross, 20518.
13. Keystone/STR.
14. Graphische Sammlung, Schweizerische Nationalbibliothek, Bern.
15. Graphische Sammlung, Schweizerische Nationalbibliothek, Bern.
16. *Zivilverteidigung*, http://www.libenter.ch/090610_zivilverteidigung_1969_v1.4_de.pdf, Stand: 11.5.2013, S. 165.
17. *Zivilverteidigung*, http://www.libenter.ch/090610_zivilverteidigung_1969_v1.4_de.pdf, Stand: 11.5.2013, S. 137.
18. Schweizerisches Sozialarchiv, Sozarch_F_5031-Fa-0005.
19. zs, Nr. 5, November 1968, S. 14.
20. Graphische Sammlung, Schweizerische Nationalbibliothek, Bern.
21. Hans U. Rentsch, *Werner Oswald (1904–1979). Bürge der Treibstoffversorgung der Schweiz im Zweiten Weltkrieg*, hg. v. Verein für wirtschaftshistorische Studien, Zürich 1998, S. 70 (*Schweizer Pioniere der Wirtschaft und Technik* 43).
22. Keystone/STR.

23 Ringier Dokumentation Bild/Laslo Irmes.
24 Ringier Dokumentation Bild/Laslo Irmes.
25 Schweizerisches Sozialarchiv, Sozarch_F_Ob-0002-014.
26 Schweizerisches Sozialarchiv, Sozarch_F_Ob-0002-015.
27 Ringier Dokumentation Bild/Felix Aeberli.
28 Graphische Sammlung, Schweizerische Nationalbibliothek, Bern.
29 Umschlagabbildung Emil Egli, *Swiss life and landscape*, London o.J. [1949].
30 Privatbestand Christoph Blocher.
31 Landeskirchliches Archiv Stuttgart, Inv. Nr. 07.950.
32 Karl Barth-Archiv, Basel.
33 Titelblatt *Der Spiegel*, Nr. 52, 23.12.1959.
34 Ringier Dokumentation Bild/Sabine Wunderlin.
35 Ringier Dokumentation Bild/*Blick*/Markus Stücklin.

NAMENVERZEICHNIS

Armingeon, Klaus
127

Barth, Karl
11, 68, 83, 154 f., 158, 160, 170

Baumberger, Otto
62, 66, 79

Beck, Ulrich
101

Béguin, Pierre
27

Bichsel, Peter
104, 109, 126, 168

Bisa, Josef
78

Blocher, Andreas
85, 126, 148, 152, 154

Blocher, Gerhard
148, 153 f., 156–163, 165 f., 170

Blocher, Wolfram
148, 170

Bodenmann, Peter
120

Bonjour, Edgar
17

Brandenberger, Hans
36–38

Bremi, Ulrich
126

Brignoni, Serge
71

Buomberger, Thomas
127

Calgari, Guido
78

Celio, Enrico
21, 172

Dürrenmatt, Friedrich
9, 52, 54, 168

Dürrenmatt, Peter
9, 49 f., 52–58, 69 f., 83, 147, 149, 167

Ebner, Martin
11

Eco, Umberto
41, 43

Egli, Emil
9, 11, 61, 91, 132, 136–140, 142, 144, 167 f.

Erni Hans
38, 48

Etter, Philipp
13–17, 19–21, 27, 32, 39, 50, 61, 71, 78, 167 f.

Farner, Konrad
38, 49

Felber, René
126

Frisch, Max
45, 48 f., 65, 168

Frischknecht, Jürg
128

Giovannelli-Blocher, Judith
148, 150, 152

Gsteiger, Fredy
127

Guisan, Henri
26, 97

Hauser, Fritz
13, 15, 39

Hayek, Friedrich August von
95

Held, Thomas
87 f.

Hersch, Jeanne
46, 110

Hitler, Adolf
14, 19, 24, 26, 38, 50, 53, 66, 98 f., 122, 138, 155

Hobsbawm, Eric
104

Hodler, Ferdinand
35, 59, 70, 72, 76

Holzach, Robert
149 f.

Huber, Hans Armin
49–52, 58, 78

Imboden, Max
49

Imhof, Kurt
23, 36, 43, 59

Inglin, Meinrad
78

Iten, Andreas
127

Jochims, Klaus
87, 89 f.

Jost, Hans Ulrich
15, 20–24, 38

Kägi, Werner
83, 101, 103, 138

Kelsen, Hans
95

Kohler, Georg
12, 36, 88, 98, 120, 143

Kopp, Elisabeth
119, 124

Kopp, Hans W.
52, 119

Kreis, Georg
15, 22 f., 35, 138

Künzli, Arnold
48, 58

Landmann, Salcia
109 f.

Lasserre, André
27

Letsch, Hans
147, 149

Leuenberger, Moritz
88 f., 119

Lüthy, Herbert
45–47, 58, 86, 100

Marti, Kurt
43, 83

Matt, Peter von
17, 134, 141–143,

Mattioli, Aram
17, 20

Meili, Armin
38

Mettler, Wolf
147

Meyer, Alice
30, 49, 66

Meyer, Karl
28, 64, 66 f., 138

Minger, Rudolf
21

Mises, Ludwig von
95

Muralt, Leonhard von
27–32

Muschg, Adolf
49, 168

Nef, Hans
93–95, 154, 167

Nef, Robert
94

Ogi, Adolf
118

Oswald, Werner
10, 77 f., 85, 95–101, 142 f., 149

Pilet-Golaz, Marcel
99

Popper, Karl
134, 197 f.

Poser, Günter
144 f.

Reihlen, Charlotte
150 f.

Renschler, Walter
107, 191

Reynold, Gonzague de
15–17, 19, 21, 138

Richner, Beat
88

Rings, Werner
66

Rougemont, Denis de
45, 48

Salis, Jean Rudolf von
46, 49–51, 58, 69, 119

Sarasin, Philipp
15, 17

Schaefer, Alfred
77

Schaeppi, Benno
63

Schmid, Karl
9–11, 45, 58, 61, 63, 65, 69f., 78, 81, 125, 136, 139–144, 166f.

Schwarzenbach, James
127

Senger, Harro von
86–92, 95

Senn, Nikolaus
149

Somm, Markus
106, 134

Stickelberger, Emanuel
21

Tanner, Jakob
26

Tell, Wilhelm
9f., 28, 42, 59, 67f., 140–142, 166

Thürer, Daniel
81

Thürer, Georg
9–11, 35, 59–71, 73, 75–81, 83, 94, 127, 136, 138, 142, 143, 167–169

Tinguely, Jean
41–43, 45, 52, 76

Vautier, Bern
121

Vogelsanger, Peter
83

Wälterlin, Oskar
24

Wottreng, Willi
88

Zermatten, Maurice
78

Ziegler, Jean
46, 201f.

Zogg, Werner
71

Zwicky, Fritz
92

- Michael Herrmann
  SOTOMO   Politologue

- Jürg Frischknecht
  extrême droite